D1755246

Pablo de la Riestra · Elmar Arnhold

DAS UNZERSTÖRTE ERBE DEUTSCHLANDS

Husum

Abbildungen Umschlag: vorn: TÜBINGEN, Altstadt von Süden (Foto Hajo Dietz, Nürnberg);
hinten: MEISSEN, Blick vom Dom auf die Dächer der Altstadt (Foto Pablo de la Riestra)

Bibliografische Information der Deutschen Nationalbibliothek

Die Deutsche Nationalbibliothek verzeichnet diese Publikation in der Deutschen
Nationalbibliografie; detaillierte bibliografische Daten sind im Internet
über http://dnb.dnb.de abrufbar.

© 2015 by Husum Druck- und Verlagsgesellschaft mbH u. Co. KG, Husum
Gesamtherstellung: Husum Druck- und Verlagsgesellschaft
Postfach 1480, D-25804 Husum – www.verlagsgruppe.de
ISBN 978-3-89876-803-0

Vorwort

Dieses Buch handelt von historischen Städten in Deutschland, die als Flächendenkmäler den Zweiten Weltkrieg überdauert haben.

Wer über das Unzerstörte schreibt, muss auch über die Zerstörung reden. Zerstörungen gab und gibt es leider immer wieder, nicht nur als Folge kriegerischer Handlungen. Die Zeit massiver, kriegsbedingter Verluste an Kulturgütern in Deutschland war viel weniger der Siebenjährige Krieg oder die Napoleonische Zeit als das 17. Jahrhundert: 1618–48 der Dreißigjährige Krieg, 1688–97 der Orléanssche Krieg (Ludwig XIV. von Frankreich gegen den deutschen Südwesten). Vor allem die Jahre 1940–45, in denen bis zur letzten Minute eine noch nie dagewesene Vernichtungsmaschinerie tobte.

Flächenbombardements sind die exakte Verneinung der Flächendenkmäler.

Dass die Menschheit in der Lage war und ist, ein solch unfassbares Zerstörungswerk in Gang zu setzen, übersteigt jede Vorstellungskraft.

Der von Deutschland ausgegangene Zweite Weltkrieg schlug mit unermesslicher Härte zurück. In der Geschichte der Verluste kulturellen Erbes gab es noch nie ein so schwarzes Jahr wie 1945. Damals gingen neben vielen anderen Städten Nürnberg, Dresden, Würzburg, Hildesheim und Tokio unter. Die Zerstörung der japanische Hauptstadt, die im Wesentlichen in sechs Wellen erfolgte, insbesondere der Angriff von 9. auf den 10. 3. 1945 mit 83.793 Toten in einer Nacht, entfachte etwa die dreifache Zerstörungskraft wie die der Dresdener Apokalypse nur drei Wochen früher. Bei den Zerbombungen Tokios wurden außer der gesamten Hausarchitektur auch die herrlichen Kaiserpaläste aus Holz wegradiert. Jene verhängnisvolle Nacht in Tokio überstieg auch die spätere Zerstörung von Hiroshima und Nagasaki bei Weitem, wenn auch ohne radioaktive Folgen.

Die Überwindung dieser Traumata in Deutschland wird – entgegen der Vorstellung, man könnte solche Verluste einfach rationell und „schnell" verarbeiten – voraussichtlich Generationen beschäftigen. Zu sehr ist das Thema in einen tiefen Komplex von Schuldgefühlen und zu Realität gewordenen Alpträumen verwickelt.

Das Problem wird durch die völlig irrationale (und wohl politisch motivierte) Parole: „In Deutschland ist mehr nach dem Krieg als während des Krieges zerstört worden" keinesfalls gelöst. Diese Behauptung hält weder im absoluten noch im relativen Sinne einer Überprüfung stand. Hat man nach dem Krieg auch unnötigerweise stehen gebliebene Denkmäler abgerissen, so bleiben dies alles in allem Minimalinterventionen, die immer in einem Szenario äußerster Verwüstung erfolgten. Zu Recht hat beispielsweise Dr. Erich Mulzer den Verlust von historischer Bausubstanz im Nürnberg der Nachkriegszeit beklagt, die Zahlen bleiben aber wie folgt: Von den ca. 3000 Bürgerhäusern aus reichsstädtischer Zeit blieben in Nürnberg nach 1945 etwa 300 stehen. Davon hat man in der Folgezeit etwa 50 abgerissen. So sieht es aus, für Nürnberg und für Deutschland, Ost und West, mit insignifikanten Schwankungen, je nach Situation vor Ort.

Den Deutschen sollte bekannt sein, dass im Ausland nicht vom „Wirtschaftswunder", sondern vom „Deutschen Wunder" die Rede ist. Dies meint nicht das Materielle, sondern den Willen der Bevölkerung zum Wiederaufbau, was trotz aller Kritikpunkte eine zutiefst bewundernswerte Leistung europäischer Geschichte darstellt. Kein Besucher im heutigen Nürnberg kann wirklich glauben, dass die Altstadt zu 90 % zerstört war. Allerdings fehlt in Deutschland der konsequente Wiederaufbau gänzlich. Ironischerweise wurde er beispielsweise von Polen im ehemaligen deutschen Danzig durchgeführt. Selbstverständlich hat Danzig die Qualität eines Flächendenkmals wiedergewonnen, was bei Nürnberg trotz des dominanten historischen Charakters der Altstadt nicht der Fall ist.

Zum Komplex des in diesem Band vorgestellten Stoffes gehört eine kurze Reflexion über die Bewertung des historischen Baubestandes in Deutschland. Auch hier ist Nachholbedarf feststellbar: Die Kunstgeschichtsschreibung hat sich zu lange in eine ziemlich einseitige Richtung entwickelt, die, obwohl obsolet, immer wieder und auch in der moderneren Literatur spürbar ist. So steht beispielsweise bei der 2007 in München, Berlin, London und New York veröffentlichten *Geschichte der Kunst in Deutschland,* Band IV, „Reisende aus dem Ausland konnten Ende des 16. Jh. in den süddeutschen Städten und im Rheinland Urbanität sowie Umfang und herausragende technische und handwerkliche Qualität von Bauten und Bildwerken bewundern". Sätze wie dieser widerspiegeln ein schlecht verstandenes Verhältnis Nord-Süd, das historisch nur noch irrig ist. Nicht zuletzt ist in Niedersachsen oder Sachsen-Anhalt eine wesentlich bedeutendere Romanik als etwa in Bayern vorzufinden. Der Autorin des Satzes entgeht offensichtlich unter anderem auch das sehr frühe hochwertige urbane Niveau Lübecks, dessen Straßen schon 1310 mit Steinen gepflastert waren – 60 Jahre also vor Nürnberg! Der Stadtgrundriss der Hansestadt steht den besten Schöpfungen des Südens (so Landshut) in nichts nach. Die von der Lübecker Bürgerschaft finanzierte, bahnbrechende Marienkirche ist doppelt so groß wie beide Hauptpfarrkirchen Nürnbergs. Von einem Bau wie der 1577 errichteten Alten Börse in Hamburg konnte der Süden in jener Zeit nur träumen. Die Marienkirche in Stralsund war höher als das Straßburger Münster und, nicht genug damit, ideales Vorbild für den Bau der Münchener Frauenkirche. Was das Fachwerk betrifft, so ist der Norden bis heute dem Süden in Reichtum der Formen und in punkto Flächendenkmäler überlegen. So viel Baden-Württemberg von wertvollem Fachwerk auch bietet, Städte wie Goslar, Quedlinburg, Duderstadt, Einbeck, Celle und Hannoversch-Münden bleiben mit ganz wenigen Ausnahmen (beispielsweise Schwäbisch Hall) unübertroffen. Das in höchsten Tönen real oder vermeintlich von Alexander von Humboldt gelobte Hannoversch-Münden bleibt vom Touristenstrom unberührt, während das kriegsvernichtete Kassel in unmittelbarer Nähe Mündens international wahrgenommen wird – leider ohne seine Umgebung.

Es stimmt schon, dass der Barock im katholischen Süden besonders viele Schätze hinterlassen hat, die eine Entsprechung im Norden vermissen lassen. Dies sollte aber nicht als „absolutes Kriterium" in dieser Problematik betrachtet werden. Es darf auch nicht vergessen werden, dass die großartigste urbane Leistung der Zeit sehr wohl im heute so schrecklich geschrumpften – und trotzdem so sehenswerten – Dresden anzusehen ist, also nicht im Süden.

Schwer nachvollziehbare Unwägbarkeiten führen zur Erklärung von Städten oder Bauten zum Weltkulturerbe der UNESCO, oder eben nicht. Da Politik und Geld hier leider auch eine beträchtliche Rolle spielen, darf davon ausgegangen werden, dass oft genug eine sachliche Begründung für das Außer-Acht-Lassen vieler Objekte fehlt.

Wenig verständlich ist in diesem Zusammenhang die 2009 erfolgte Aberkennung des Welterbe-Titels Dresdens – wegen des Baus einer Brücke –, während das Herz des Weltkulturerbes Lübeck seit 2005 durch ein in Volumen und Gestalt völlig unpassendes Kaufhaus, vis-à-vis vom gotischen Rathaus, ruiniert bleibt, ohne jegliche Reaktion seitens der UNESCO. So lange dieses Gebäude steht, hat Lübeck den Titel nicht verdient; die Behauptung, eine solche Architektur hätte etwas mit der Gotik zu tun, macht die Sache nur noch peinlicher.

Die Richtlinien der deutschen Denkmalpflege, die unter anderem ein Tabu über Rekonstruktionen verhängt haben, wirken sich in einem Land mit derartigen Kriegsverlusten negativ aus. Es dürfte hier keine Verbote geben, die eher für eine Denkblockade als für vernünftiges

Handeln sprechen. Es gäbe heute einige der schönsten Städte Europas nicht – so Arras, Ypern, Saint-Malo oder Danzig –, wäre man dort in der jeweiligen Nachkriegszeit nach deutschen Prinzipien vorgegangen. Wenn die internationale Moderne zum Gebot erhoben wird, wird sie genauso gefährlich wie die Ewig-Gestrigen-Mentalität. Mehr Besinnung auf die kulturhistorischen Wurzeln hätte den weitgehend misslungenen Wiederaufbau von Köln, Frankfurt, Kassel, Gießen oder Magdeburg verhindert. Positive Beispiele dagegen sind Nürnberg, Freiburg und Münster.

Als Kenner und Liebhaber aller Gegenden Deutschlands war es mir ein Herzensanliegen, das grandiose und wenig bekannte unzerstörte Erbe des Landes mit fundierten Texten und guten Aufnahmen in Form eines Buches zu präsentieren. Zu meinem Vorhaben gesellte sich mein Fachkollege Elmar Arnhold aus Braunschweig, ein exzellenter Kenner der Thematik. Da das Erbe so immens groß ist, wäre unser Wunsch, dass der vorliegende nur der erste Band von mehreren ist, um den zahlreichen Orten gerecht zu werden, die hier leider keinen Platz finden konnten. Restlos überzeugende Argumente für das Weglassen von Städten in diesem Band gab es außer dem Gesamtumfang und der Absicht, alle Bundesländer zu berücksichtigen, nicht – ich denke etwa an Greifswald, Wolgast, Havelberg, Osterwieck, Tangermünde, Wittenberg, Göttingen, Einbeck, Helmstedt, Eisenach, Heiligenstadt, Schmalkalden, Altenburg, Pirna, Bautzen, Rochlitz, Fürth, Burghausen, Neuötting, Kempten, Füssen, Bad Wimpfen, Villingen, Überlingen, Blaubeuren, Ladenburg, Wertheim, Büdingen, Fritzlar, Wetzlar, Bacharach, Oberwesel, Oppenheim, Sankt Wendel – um nur einige zu nennen, die mir spontan ins Gedächtnis kommen. In all diesen Städten habe ich das Glück erlebt, einzigartige historische Architekturensembles vorzufinden. Alle hätten einen Platz in diesem Werk verdient.

Die Arbeitsaufteilung mit Elmar Arnhold erfolgte bis auf einige Ausnahmen nach unseren jeweiligen Hauptwohnsitzen, Braunschweig und Nürnberg. Er hat mehr den Norden, ich mehr den Süden behandelt – dies reflektiert jedoch keine persönlichen Präferenzen.

Am jeweiligen Kapitelende stehen „PdlR" oder „EA" als Abkürzung unserer Autorschaft.

Für unsere Arbeit konnte der vorzügliche Luftbildfotograf Hajo Dietz aus Nürnberg gewonnen werden. Es war ein Privileg, dass er unsere Sonderwünsche mit derartiger Qualität umsetzen konnte.

Auf Fotografien von Innenräumen, die überaus zahlreich bei unseren Beständen vorhanden sind, haben wir ausnahmslos verzichtet, da es hier um Städtebilder und Außenräume geht.

Mein Dank gilt Ingwert Paulsen vom Husum Verlag, der sich bei einem gemeinsamen Mittagessen auf der Veste Coburg schnell vom Nutzen des Projekts überzeugen konnte. Ebenso geht mein ganz besonderer Dank an Theo Noll, Nürnberg, der viele Fotoexkursionen begleitete und aktiv unterstützte sowie einige Fotos erstellte und die Bearbeitung aller Bilder übernahm.

Dr. Pablo de la Riestra, Nürnberg, im Mai 2015

Vorwort

Die vorliegende Publikation will die Aufmerksamkeit auf historische Stadtkerne in Deutschland lenken. Hier existieren noch immer intakte historische Ensembles, die wesentlich zur Identität der Städte selbst, aber auch entschieden zur Identität unseres Landes beitragen. Die Initiative zu dieser Veröffentlichung ging von Dr. Pablo de la Riestra aus. Unsere gemeinsame Passion für die Architektur und die alten deutschen Städte führte uns zu einer herzlichen, kollegialen Freundschaft und zu dieser schönen Arbeit zusammen.

Wir haben für diese Veröffentlichung 50 alte Stadtkerne ausgewählt, die Orte aller Regionen der Bundesrepublik repräsentieren. Zudem soll ein Einblick in das Kaleidoskop der Geschichte historischer Stadtbaukunst in Deutschland gegeben werden: in Städte mit römischen Wurzeln, geistliche Zentren, Burgstädte, mittelalterliche Gründungen sowie frühneuzeitliche Residenzen und in die Stadt des 19. Jahrhunderts. Diese Orte sind eine noch heute existierende Bühne unserer Geschichte. Sie versprühen nach wie vor das Fluidum ihrer einstigen Bedeutung und Bestimmung: Eine Küstenstadt wie Stralsund verkörpert hanseatischen Geist, während ehemalige Residenzen wie Ludwigsburg oder Wolfenbüttel den gestaltenden Willen der Fürsten tradieren.

Es zeigt sich: Die Fülle des städtebaulichen Erbes ist so umfangreich, dass uns die Auswahl durchaus schwerfiel. Diese Tatsache ist letztlich nicht unerfreulich – es gibt viel mehr zu entdecken, als dieses Buch präsentiert. Der kundige Leser wird sicherlich manches städtebauliche Kleinod vermissen. Zugegeben: Unsere Auswahl ist selbstverständlich nicht frei von subjektiven Entscheidungen. Zuerst einmal soll die Schönheit dieses kulturellen Erbes dargeboten werden. Im Vordergrund stehen hier die aus vorindustriellen Epochen überkommenen Stadtbilder. Es ist immer wieder erstaunlich, welche Leistungen unsere Vorfahren unter den heute nicht mehr vorstellbaren, harten Lebensbedingungen früherer Jahrhunderte vollbracht haben.

Die bauliche Vielfalt deutscher Städte ist unendlich reich. Sie reicht von der Backsteinarchitektur des Nordens über die von Fachwerkbauten beherrschten Landstriche in Niedersachsen, Hessen und Südwestdeutschland bis zu den von Naturstein- und Putzbauten dominierten Regionen. Hinzu kommt eine weitere „Backsteinlandschaft" in Bayern. Innerhalb der einzelnen Landesteile bestehen wiederum zahlreiche Differenzierungen. Schon Nachbarstädte mit prinzipiell gleichen Bautraditionen, Baumaterialien und Architekturformen heben sich voneinander ab. So zeigen die Kaufmannshäuser in den großen Hansestädten immer ihren eigenen Charakter: Ein Backsteingiebelhaus in Lüneburg ist anders detailliert als eines in Lübeck, Wismar oder Stralsund. In jeder niedersächsischen Fachwerkstadt weisen die Bauten individuelle und ortstypische Schnitzereien auf. Ein Renaissancebürgerhaus in Görlitz ist anders strukturiert als etwa in Torgau. Hinzu kommt die Farbigkeit der historischen Stadtbilder, immer geprägt von den ortstypischen Baumaterialien: Ob man den Grünsandstein Soests bewundert oder das warme Rot der mainfränkischen Städte genießt. Dann die Dachlandschaften: Giebelhäuser oder traufständige Bebauung, Schiefer- oder Ziegeldeckung – und dies in großer Vielfalt. Wie schrieb schon Georg Dehio: „Eine köstliche Eigenschaft der alten deutschen Städte ist ihre physiognomische Mannigfaltigkeit. Eine jede ist sozusagen eine volle Persönlichkeit. Und nicht nur in dem Sinne, dass jedes Stadtbild im ganzen sich von jedem unterscheidet, sondern auch so, dass der Ortsgenius jedem einzelnen Gebäude seinen besonderen Stempel aufdrückt." Die Schönheit der alten Stadtbilder erweckt den Eindruck, als sei hier die Materie beseelt. Wie eben jede Persönlichkeit eine Seele besitzt. Leider sind viele unserer „Stadtpersönlichkeiten" ihrer Seele beraubt worden.

Daher soll der Buchtitel „Das unzerstörte Erbe Deutschlands" auch zum Nachdenken anregen. Die Fülle des hier gezeigten baulichen Erbes befindet sich vorwiegend in den Regionen, die wir als „Provinz" zu bezeichnen pflegen. Geschlossen erhaltene historische Quartiere sind in erster Linie in den Klein- und Mittelstädten vorhanden. Nur wenigen größeren Städten ist das Privileg einer intakt gebliebenen Altstadt vergönnt, so Erfurt, Regensburg und Bamberg. Die Metropolen und viele der kulturhistorisch besonders wertvollen „kleinen Großstädte" wie Würzburg oder Hildesheim hingegen sind dem Zerstörungswahn des Zweiten Weltkrieges zum Opfer gefallen. Wenn hier auch die großen Baudenkmäler wiederaufgebaut werden konnten – das Fluidum und die geschichtliche Tiefe dieser Stadtkerne ist unwiederbringlich verloren. Wir denken zuerst an Dresden oder Nürnberg. Aber wem ist heute noch bewusst, dass in Frankfurt am Main oder Braunschweig bis 1944 Altstädte existierten, die mit über 2000 historischen Bürgerhäusern zu den spektakulärsten in Europa gehörten? Der Verlust von oft über 90 % der historischen Bausubstanz hat diese Städte von ihrer Herkunft abgeschnitten, dies schmerzt dauerhaft. Besonders dort, wo der Neuaufbau in bewusster Abkehr von der historischen Stadt vollzogen wurde. Die Verwundungen des Krieges wirken auch hier über die Generationen hinweg.

Nach dem Zweiten Weltkrieg war Deutschland über 40 Jahre lang geteilt. In der ehemaligen Deutschen Demokratischen Republik haben politische Ideologie und Mangelwirtschaft zu großen Verlusten und Verfallserscheinungen an der historischen Bausubstanz geführt. Andererseits blieben zahlreiche alte Stadtkerne in großer Authentizität erhalten. Es fehlten die Mittel und die Investoren, die in der alten Bundesrepublik vielfach Stadtbilder mit maßstabslosen Neubebauungen und Straßendurchbrüchen beschädigten. Heute zeigen sich die Städte in den östlichen Bundesländern häufig mit besser erhaltenem und restauriertem Denkmalbestand als in den westlichen Landesteilen.

Die Autoren erhoffen sich, dass die Lektüre zur Sensibilität im Umgang mit unserem gebauten Erbe anregt. Dieses ist auch heute noch – und wieder – vielfach gefährdet. Der demografische Wandel und eine weitere Verstädterung sorgen in vielen ländlichen Kommunen für schwindende Bevölkerungszahlen. Historische Quartiere prosperierender Städte hingegen sind einem erhöhten Investitionsdruck ausgesetzt. Kurz: Es wird nach wie vor und wieder verstärkt abgerissen. Der Schwund an historischer Bausubstanz setzt sich schleichend fort. Gleichzeitig geht die ästhetische Verwüstung in den Stadtrandgebieten, der „Zwischenstadt", in großen Schritten weiter. Hier gibt es Zivilisation, aber keine Kultur. Die Bewahrung der Zeugnisse unserer abendländischen Stadtkultur sollte dagegen auch in Zukunft selbstverständlich sein. Sie sind, auch im globalen Maßstab, einzigartig und gehören zum kostbarsten materiellen Besitz Europas.

„Das unzerstörte Erbe Deutschlands" ist nicht als Architektur- oder Kunstführer konzipiert. Es soll ein Buch der Erbauung und eines zum Staunen sein. Eingängige Texte führen in die Geschichte und die typischen Charakterzüge der Städte ein. Der Hauptakzent liegt auf den sorgfältig ausgewählten Fotografien, die zumeist von Pablo de la Riestra angefertigt wurden. Jedem der 50 Orte ist ein exzellentes Luftbild aus der Hand des erfahrenen Luftbildfotografen Hajo Dietz aus Nürnberg vorangestellt. So gelangt man von der Übersicht in das Detail.

Unser besonderer Dank gilt dem Verleger Ingwert Paulsen und seiner spontanen Zusage zur Publikation dieses Buches. Ein großer Dank geht auch an Kurt-Rainer Daubach in Höxter. Er hat mit viel Sympathie für das Vorhaben sämtliche Texte zur Korrektur gelesen.

Elmar Arnhold, Braunschweig, Juni 2015

Zerstörung historischer Stadtkerne im Zweiten Weltkrieg
20% bis 50%   50% bis 80%   über 80%

Karte der 50 hier behandelten unzerstörten Orte

1 Luftbild von Westen

ANSBACH

2 Blick vom Stadthaus auf den Martin-Luther-Platz aus, links Rathausgiebel, rechts St. Johannis

3 Kanzlei, Detail der Westfassade

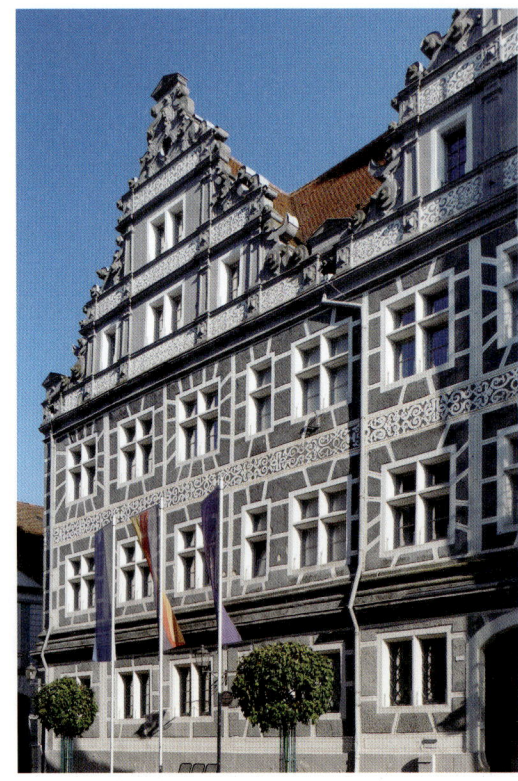

4 Behringer Hof, Arkadenhof

Die eiförmige Altstadt von Ansbach zeigt eine dichte historische Bebauung, deren Hauptgliederung aus der Luft deutlich ablesbar ist (Foto 1): Die in Ost-West-Richtung laufende, einmal verrückte Hauptachse wird von dem straßenartigen Johann-Sebastian-Bach-Platz und dem Martin-Luther-Platz gebildet – sie verbinden das Schlossareal mit der Würzburger Straße am nordwestlichen Ende der Altstadt. Quer zwischen den zwei Straßenplätzen steht nicht wie zu erwarten etwa das Rathaus, sondern das ehemalige Landhaus (heute „Stadthaus"), ein Bau von 1532 zwischen Gotik und Renaissance. Das Rathaus selbst findet man schräg gegenüber vom Stadthaus, es sticht durch seine Volutengiebel des 17. Jahrhunderts hervor (Foto 2). Die genannte Ost-West-Ausrichtung der Kernstadt wird stark durch die geosteten Baukörper der Kirchen St. Johannis und St. Gumbertus betont. Die Stadtachse teilt die Kernstadt in zwei ungleiche Flächen, die südliche ist die weitaus größere.

Der Ursprung des heutigen Ansbach ist im östlichen Altstadtbereich zu suchen. An der Stelle der 1525 lutherisch gewordenen Gumbertuskirche gründete der gleichnamige Edelfreier im Jahre 748 ein Benediktinerkloster. Drei Jahrhunderte später wird Ansbach als Markt, 1221 als Stadt erwähnt. Die Marktsiedlung entstand westlich des Klosters. Ursprünglich waren die Klostervögte die Stadtherren, die Nachfolge übernahmen die Staufer

5 St. Gumbertus, Westwerk

und seit 1331 die Nürnberger-Brandenburgischen Burggrafen (Hohenzollern), die hier bis 1791 regierten. Am östlichen Stadtrand ließ das stolze Geschlecht eine Burg bauen, die im 16. Jahrhundert zu einem herrlichen Wasserschloss gedieh, das seinerseits ab 1706 barock umgebaut wurde. Nürnberg gelang es 1422–27 die Burggrafen endgültig innerhalb seiner Stadtmauer auszuschalten, jedoch beanspruchten die Hohenzollern weiterhin die Vorherrschaft in Franken – sie strebten nämlich die Gründung eines Herzogtums an. In diesem Zusammenhang wurden sie zu Erzfeinden (nicht nur) Nürnbergs und mussten 1449–53 und 1552–54 militärisch neutralisiert werden, was dem Land unterschiedliche Zerstörungen durch alle involvierten Parteien zufügte.

Das späte 17. Jahrhundert brachte die sogenannte „Neue Auslage", eine regelmäßig angelegte Hugenottensiedlung südlich der Kernstadt, die sich bis heute auch gut erhalten hat. Im 18. Jahrhundert wurde Ansbach als Residenzstadt ausgebaut. Der Kernstadt blieb eine barocke Neuordnung erspart und sie präsentiert sich nach wie vor als typisch mittelalterliche Summe individueller Hausparzellierung. 1792 preußisch geworden, gehörte Ansbach acht Jahre später bereits zu Bayern. 1838 avancierte es zur Regierungssitz von Mittelfranken, was es nach Unterbrechungen heute noch ist.

Die Wohnbebauung der Kernstadt entstand überwiegend als Fachwerk, jedoch täuscht die Barockisierung des Hausbestandes seit dem späten 17. Jahrhundert ein Überwiegen von jüngeren Massivbauten vor (Konrad Bedal). Dabei sind oft nur die Fassaden in verputztem Backstein ausgeführt. Selbst Neubauten des 18. Jahrhunderts wurden – bis auf die Fassaden – in Fachwerk gezimmert. Der Bestand an älterem Fachwerk vor 1600 ist beachtlich, aber noch nicht restlos identifiziert.

Direkt hinter der Gumbertuskirche steht einer der für die östliche Altstadt typischen Stiftshöfe, der sogenannte Behringer Hof von 1564 (Foto 4). Das polygonale Treppentürmchen findet sich ebenfalls an mehreren Innenhöfen der Kernstadt.

Steinbauten der Renaissance prägen das Stadtbild mit. Sie fallen durch ihre Zwerchhaus-artige Giebel auf, so auch die alte Kanzlei (Foto 3), ein Werk des Gideon Bacher aus Ulm mit dem für die Zeit um 1600 in der Donaustadt hoch entwickelten Sgraffitto-Putz – hier mit perspektivischem Effekt. Als Gästehaus des Markgrafen baute derselbe Meister nach 1600 den „Neuen Bau", der als „Gesandtenhaus" bekannt war. Repräsentative Zwerchhäuser wies das ursprüngliche Schloss ebenfalls auf.

Von den Sakralbauten blieb die Pfarrkirche St. Johannis in ihrer gotischen Gestalt erhalten, wenn auch ohne das ursprüngliche Mobiliar. Die ungleich hohen Chorflankentürme werden kurioserweise durch eine Holzbrücke quer

Kunstwerke. Unter dem Hauptaltar findet sich eine frühromanische Krypta aus dem XI. Jahrhundert, die erst 1934 (!) freigelegt wurde.

Besonders bekannt ist die Ansbacher Residenz (Foto 6), deren barocker Umbau 1703 mit dem Hof begann. Auftraggeber war Markgraf Wilhelm Friedrich, Baumeister der aus Wien kommende Gabriel de Gabrieli. Um 1741 war das Schloss vollendet. Zwei weitere Meister traten der Nachfolge von Gabrielis bei. Das Ergebnis war das heutige Schloss mit seiner respektablen Ausdehnung, in dessen Obergeschoss 27 Prunkräume besichtigt werden können. Erich Bachmann bemerkt: „Kaum eine andere Residenz in Deutschland hat ihren ursprünglichen historischen Zustand nicht nur in den wandfesten Teilen, sondern auch in der beweglichen Einrichtung mit dieser Reinheit bewahrt" – eine überaus erfreuliche Feststellung. Im Gebäudekomplex sind heute die Amtsräume des Regierungsbezirkes von Mittelfranken untergebracht.

Schlosspark und Orangerie fehlen in Ansbach natürlich nicht.

Die um die Kernstadt erhaltene Bebauung von meist schlichten, zweigeschossigen Barockhäusern macht viel vom Reiz Ansbachs aus (Foto 7).

PdlR

6 Residenz, Ostfassade

7 Häuser Schalkhäuser Straße 12–16

durch das Chordach verbunden. Bis auf die geometrisch aufwendig gestalteten Chorstrebepfeiler bleibt die Architektur schlicht. Die Stadtpfarrkirche Sankt Gumbertus ist vor allem durch das dreitürmige Westwerk bemerkenswert (Foto 5). Die niedrigen Steinhelme von 1493–95 wurden von Heinrich Kugler aus Nördlingen ausgeführt und versuchen in ihrer Exotik, das spätgotische Formvokabular zu überwinden. Der größere Mittelhelm von 1594 ist erneut dem Ulmer Meister Gideon Bacher zu verdanken. Geradezu beispiellos ist sein Kunstgriff, den traditionellen durchbrochenen Maßwerkhelm durch sogenannte „Metallornamente" zu ersetzen und damit Renaissancehaftes zu schaffen. Das Langhaus von St. Gumbertus wurde 1736–38 von Leopoldo Retty zu einer barocken Predigtkirche umgebaut – ein kühler, kahler Raum. Immerhin hat sich der alte spätgotische Chor von 1501–24 (die Schwanenritterkapelle) gut erhalten. Er ist architektonisch bemerkenswert und außerdem voller

8 Luftbild von Nordwest

BAD MÜNSTEREIFEL

9 Stiftskirche, Westwerk

10 Blick über die Marktstraße auf die Fassade der Jesuitenkirche

Die kleine Stadt in der Eifel ist gut erhalten: Ein sehenswertes Denkmalensemble in idyllischer Lage konnte mit wenigen, vereinzelten Kriegsverlusten – allen voran der Ratskeller von 1582 – bis in unsere Zeit überdauern (Foto 8). Seit dem 14. Jahrhundert war Münstereifel, neben Düren und Euskirchen, ein Hauptort des Herzogtums Jülich. Man bedenke: Düren wurde am 16.11.1944 zu 99 % zerstört, Euskirchen zwischen Oktober 1944 und März 1945 zu über 80 %. Jülich erlitt damals eine Zerstörung von 97 %.

Ein Wunder, dass sich zumindest Münstereifel als einzige Stadt des einstigen Herzogtums mit einem historischen Kern zeigen kann. Allerdings wurde die als Sitz der Jülicher Amtmänner genutzte Burg bereits 1689 durch die Franzosen zerstört. Sie steht am östlichen Steilufer der Erft (Luftbild oben links), integriert in das ungefähre Fünfeck der die Altstadt noch umgebenden Stadtmauer. Burg und Stadtmauer gehen auf Walram von Jülich in der zweiten Hälfte des 13. Jahrhunderts zurück. Der mittelalterliche Stadtgrundriss umfasst eine Fläche von 18 ha. Durch die Umnutzung der Stadttore zu Wohnungen konnte man deren Sanierung und Erhalt sichern.

Zwei Sakralbauten waren für die Stadtgeschichte entscheidend: die ehemalige Stiftskirche der Benediktiner – eine Gründung um 830 – mit

11 Romanisches Haus, Langenhecke 6

12 Rathaus, Fassade

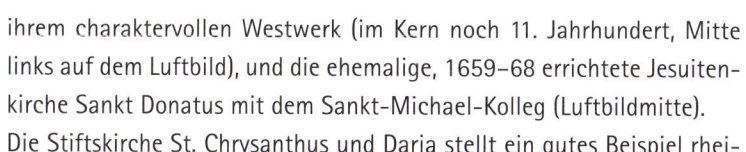

13 Eckhaus Alte Gasse/Kapuzinergasse

ihrem charaktervollen Westwerk (im Kern noch 11. Jahrhundert, Mitte links auf dem Luftbild), und die ehemalige, 1659–68 errichtete Jesuitenkirche Sankt Donatus mit dem Sankt-Michael-Kolleg (Luftbildmitte).

Die Stiftskirche St. Chrysanthus und Daria stellt ein gutes Beispiel rheinischer Romanik dar (Foto 9). Von außen ist die Assoziation mit dem heute stark rekonstruierten Westblock von Sankt Pantaleon in Köln unvermeidlich. Auch hier musste man erneuern: 1584 restaurierte man den südlichen Flankenturm, 1875 den nördlichen. Als Ganzes ist das Werk jedoch genuiner als der Westbau von Sankt Pantaleon, wenn auch weit weniger bekannt. Das Innere ist mit seiner Architektur und Ausstattung ebenso sehenswert. Eine fünfschiffige Krypta verursacht die Erhöhung des Chors. In diesen Ostpartien findet man auch die meisten erhaltenen Kunstwerke der Kirche.

Die Jesuitenkirche Sankt Donatus (Foto 10) ist in mehrfacher Hinsicht von großem Interesse. Von außen ist sie schlicht und ohne Turm, doch überrascht umso mehr das in der Formensprache der Nachgotik vom 17. Jahrhundert ausgeformte Innere. Warum im Rheinland und in Westfalen die deutschen Jesuiten auf das Formenrepertoire der Spätgotik zurückgriffen, ist umstritten. Eine Parallele besteht insbesondere mit dem großen

14 Orchheimer Straße, Haus „Windeck"

Meisterwerk dieser Gattung – Mariä Himmelfahrt in Köln. Was in Münstereifel Bewunderung auslöst, ist nicht nur das herrliche Netzrippengewölbe, es sind auch die hängenden Emporen, deren Unterseite ebenfalls rippengewölbt wurde – die Statik erklärt sich nur dank des Baumaterials: Holz, während die Umfassungsmauern massiv gebaut sind und auf der Nordseite gar mit besonders dicken geböschten Mauern. Wie auch immer, Sankt Donatus ist eine der schönsten Kirchen, die der Jesuitenorden nördlich der Alpen gebaut hat.

Am sogenannten Klosterplatz hinter der Stiftskirche stehen noch die ehemaligen Kanonikerhäuser, die in der Mehrzahl barock sind. Unter ihnen fällt das 1167 errichtete „Romanische Haus" auf (Langenhecke 6, heute Museum, Foto 11), das 1962 nach Befund rekonstruierend wiederhergestellt wurde. Das Areal des Stiftes war wie üblich durch eine Immunitätsmauer geschützt: Zum Rathaus hin befand sich in der Mauer ein Torbogen, durch den man Schutz vor der weltlichen Gerichtsbarkeit finden konnte.

Das rot angestrichene steinerne Rathaus wurde 1454 gebaut und 1926–30 restauriert (Foto 12). Der Knick an der Fassade markiert die Erweiterung von 1551 mit Tordurchfahrt und Gerichtslaube. Beide Fassadenteile sind durch gleiche Kreuzstockfenster vereinheitlicht. Das Dach wurde im 18. Jahrhundert als Mansarde neu verzimmert.

Kommt man in die Stadt vom Norden her durch das Werther Tor, präsentiert sich eine qualitätsvolle städtebauliche Situation an der Erft. Als erste Stadt in Nordrhein-Westfalen hat Münstereifel bereits 1982 eine Denkmalbereichssatzung erlassen und arbeitet darüber hinaus bis heute an Nachbesserungen. Erste Verordnungen über die Baugestaltung gab es hier schon seit 1933.

Prägend für das Stadtbild ist ein Nebeneinander von Fachwerk- und Massivbauten, der Bestand an Ersteren ist nicht unbeachtlich. Einen Höhepunkt bildet die Orchheimer Straße, in der die Kaufmannschaft ansässig war. Das hohe „Haus Windeck" von 1644–64 (Foto 14) weist besonders reiche Schnitzereien rheinischer Prägung auf, der dreigeschossige Giebel endet in einer Art Haube.

Zahlreiche Fachwerkhäuser datieren ins 18. Jahrhundert. Das Eckhaus Alte Gasse/Kapuzinergasse liefert ein gutes Beispiel für das ungewöhnliche, teilweise rostförmige Holzgefüge (Foto 13). Älteres, bis ins 15. Jahrhundert datierendes Fachwerk entgeht dem geschulten Auge in der Altstadt nicht – auch wenn später hier und dort Änderungen, auch rekonstruktiver Art, unternommen wurden.

PdlR

15 Luftbild von Nordwest

BAMBERG

16 Dom, Westtürme von West/Nordwest

17 Alte Hofhaltung, Domstraße

Das als Welterbe anerkannte alte Bamberg kann als „lächelnde Altstadt" gelten. Alles ist hier stimmig: die harmonische und kontrastreiche – aber nicht kontrapunktistische – Komposition einer in die schöne Topografie zerstreute Altstadt (Foto 15), die hohe Qualität der Einzeldenkmäler, der Erhaltungszustand und, nicht zuletzt, die hohe Poesie des Ensembles.
In den Quellen erscheint Bamberg erstmals um 903–06. Der damals erwähnte *castrum babenberch* ist der heutige Domberg. 906 kam Bamberg in Königshand, später nach Bayern und letztlich an das Herzogspaar Heinrich und Kunigunde. Als Heinrich König wurde, stiftete er 1007 das Bistum Bamberg. Dem Dom kommt die Vaterschaft über die Stadt zu. Allerdings entwickelte sich Bamberg um mehrere Siedlungskerne, die niemals zu einem vollständig ummauerten Stadtorganismus wuchsen, was historisch zu Interessenkonflikten führte (so der Immunitätsstreit zwischen Bischof, Domkapitel und Stadt). Bamberg bestand aus drei Zonen, die bereits im 13./14. Jahrhundert existierten und, bis heute deutlich erkennbar, bis ins 19. Jahrhundert gleich groß blieben. Das „kleine Prag an der Regnitz" hat gegenüber der tschechischen Kapitale immerhin den Vorteil, dass die Architektur des 19. Jahrhunderts die kostbare ältere

Bausubstanz nicht ersetzte, überformte oder gar verdeckte (wie es im entschieden größeren Prag an einigen Stellen entwicklungsbedingt der Fall ist). Bamberg konnte als Flächendenkmal den Krieg überstehen, die geringen Schäden wären auch mit Prag vergleichbar – wo 1945 im Herzen der Altstadt ein ganzer Rathaustrakt unterging und die Emmauskirche teilzerstört wurde.

Vereinfachend ausgedrückt bestand das „dreifache Bamberg" aus einem geistlichen, einem bürgerlichen und einem bäuerlichen Teil. Die geistliche Stadt selbst liegt organisch-unregelmäßig als „Bergstadt" da: die mandelförmige „Domakropolis" und der Michaelsberg stechen als Erstes hervor, westlich vom Dom St. Jakob, viel weiter südlich vom Dom St. Stephan – dazwischen jedoch liegt der „bürgerliche" Kaulberg um die obere Pfarre, die sich trotzdem auf dem Boden der Domimmunität befand (es handelte sich um eine Oberpfarrei des Domkapitels), wenn auch ihr Turm Stadtturm war – wie man sieht, komplexe Verhältnisse. Die „Inselstadt" zwischen den zwei Armen der Regnitz ist kompakter gebaut als der Dombereich mit seinen Kurien und Stiften. Als dritter historischer Stadtteil befand sich jenseits des rechten Regnitz-Arms die locker bebaute „Gärtnerstadt". Die Häuser hier sind niedriger als in der Bürgerstadt. In allen drei Stadtbereichen stößt man auf traufständigen Hausbau. Wie richtigerweise von Konrad Bedal festgestellt, ist Bamberg nur vordergründig eine „barocke" Stadt, da die Zahl der mittelalterlichen Bauten auffallend hoch ist – darunter sogar Dachwerke aus dem 12. Jahrhundert. Das auch als „fränkisches Rom" bekannte, siebenhügelige Bamberg verdient diese Bezeichnung dank seiner sehr zahlreichen Kirchen und Klöster: aus der Romanik die Kapellen der Alten Hofhaltung, der Dom, Sankt Jakob; aus der Gotik: Teile des Doms, obere Pfarre, Dominikaner-, Elisabeth-, Heilig-Grab-Kirche, Sankt Gangolf, Teile von Sankt Michael; aus dem Barock die Karmeliter- und die Jesuitenkirche Sankt Martin, Sankt Stephan, Sankt Getreu, Institutskirche – ein reiches Erbe! Möchte man den sakralen Bestand würdigen, so erhalten der Dom als spätromanisch-frühgotisches und die Obere Pfarre als spätgotisches Werk die Palme.

Auf dem Luftbild (Foto 15) lässt sich ein Großteil der Stadtstruktur gut erkennen: auf der rechten Bildhälfte im Vordergrund einzelne Domkurien (Domizil der Domherren) aus Mittelalter und Barock, an sie angrenzend die unregelmäßige Fachwerkarchitektur der Alten Hofhaltung (Wohnsitz des Bischofs im Mittelalter), gegenüber in mehrfach gebrochenem Grundriss die Neue Residenz (Wohnsitz des Bischofs im Barock), der freie Domplatz zwischen der Residenz und dem viertürmigen Dom, weiter nach oben nach mehreren Höfen die Obere Pfarre mit ihrem Einturm und noch weiter oben der ebenfalls einturmige Bau von Sankt Stephan. In der linken Bildhälfte fließt der linke Regnitzarm, beiderseits erstreckt sich die Stadt der Bürger: Domseitig ist die Kurve der Oberen Sandstraße erkennbar, sie führt zum Baukörper der turmlosen Dominikanerkirche, darüber erkennt man die Rathausinsel. Das Ostufer der Regnitz zeigt die niedrige, pittoreske

18 Ehemalige Kurie, Karolinenstraße 1

19 Neue Residenz, Domplatzfassaden

20 Michaelsberg mit St. Michael von Süden
21 Obere Pfarre von Südost

Bebauung der Fischerhäuser, die seit dem 19. Jahrhundert unter dem Namen „Klein Venedig" bekannt sind – natürlich ohne jegliche architektonische Verwandtschaft mit der Lagunenstadt. Am oberen linken Bildrand in der „Bürgerstadt" sind noch das mit Schiefer gedeckte Dach der Jesuitenkirche Sankt Martin und die Kurve der Langen Straße zu sehen.

Die Dominanz von Dom und Residenz ist offensichtlich. Der Dom wurde gegen 1200 begonnen und 1237 geweiht. Er ist doppelchörig, das Querhaus findet sich im Westen. Die spätromanische Architektur zeigt sich im Ostchor besonders dekorationsfreudig. Die Westtürme (Foto 16) verraten den starken Einfluss der im Mittelalter vielfach rezipierten Kathedrale von Laon in der Pikardie, hier wohl über Lausanne vermittelt. Der Typus erscheint auch in Naumburg und Palermo. Berühmt ist der Bamberger Dom vor allem wegen der großartigen Qualität seiner Skulpturen – allen voran der „Bamberger Reiter" der 1220er-Jahre, der vielleicht den idealisierten Ungarnkönig Stephan darstellt.

Die dem Dom angeschlossene Alte Hofhaltung (Foto 17) wäre beinahe einer barocken Erweiterung der Neuen Residenz zum Opfer gefallen, was aus Geldmangel zum Glück nicht geschah. Im 1489 gezimmerten Nordflügel wohnte der Fürstbischof. Dies erinnert daran, wie falsch es ist, das Fachwerk als „volkstümlich" deklassieren zu wollen. Es war der Hochadel und es waren höchstgestellte Prälaten, die oft genug Fachwerkwände favorisierten. Die hohen Domherrn in Bamberg lebten in Fachwerkkurien, die ebenfalls zum Teil erhalten blieben, so die Kurie Karolinenstraße 1 aus dem Jahr 1491 (Foto 18) – dies hatte mit Bescheidenheit nichts zu tun. Dieses Haus ist eine Köstlichkeit – wer hier *Palazzi* vermisst, hat die Architekturgeschichte nicht verstanden.

In der Renaissance wurde die Alte Hofhaltung unter anderem mit dem Ratstubenbau von 1570 bereichert. In der Spätrenaissance begann 1604 Jakob Wolff aus Nürnberg mit dem Bau einer Neuen Residenz. Aber erst unter Fürstbischof Lothar Franz von Schönborn begann 1693 Johann Le-

22 Altes Rathaus mit Oberer Brücke von Südwest

23 Blick vom Schloss Geyerswörth auf die Häuser „Am Kanal"

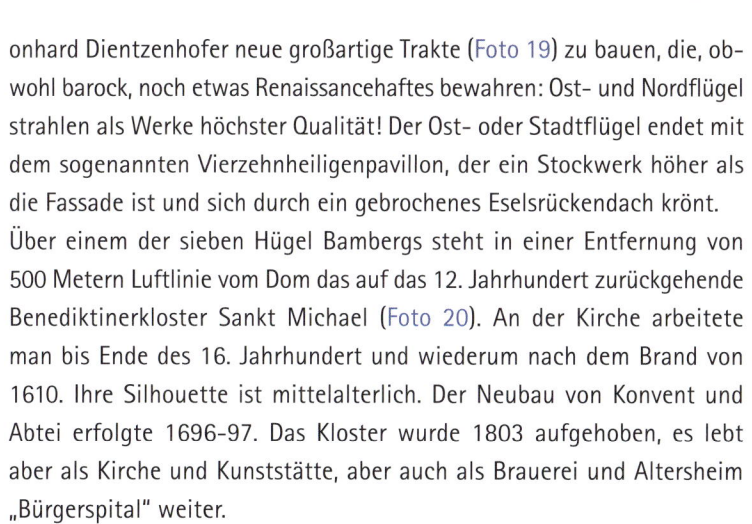

24 Linker Regnitzarm mit Schloss Concordia

onhard Dientzenhofer neue großartige Trakte (Foto 19) zu bauen, die, obwohl barock, noch etwas Renaissancehaftes bewahren: Ost- und Nordflügel strahlen als Werke höchster Qualität! Der Ost- oder Stadtflügel endet mit dem sogenannten Vierzehnheiligenpavillon, der ein Stockwerk höher als die Fassade ist und sich durch ein gebrochenes Eselsrückendach krönt.

Über einem der sieben Hügel Bambergs steht in einer Entfernung von 500 Metern Luftlinie vom Dom das auf das 12. Jahrhundert zurückgehende Benediktinerkloster Sankt Michael (Foto 20). An der Kirche arbeitete man bis Ende des 16. Jahrhundert und wiederum nach dem Brand von 1610. Ihre Silhouette ist mittelalterlich. Der Neubau von Konvent und Abtei erfolgte 1696-97. Das Kloster wurde 1803 aufgehoben, es lebt aber als Kirche und Kunststätte, aber auch als Brauerei und Altersheim „Bürgerspital" weiter.

Wie angedeutet stellt die Obere Pfarre einen Höhepunkt sakraler Baukunst und einen wesentlichen Stadtakzent dar (Foto 21). Begonnen um 1392 stand sie 1430 unter Dach. Außer dem im Mittelalter unvollendet gebliebenen Stadtturm mit seinem genialen Blendmaßwerk steht der Chor in der Originalität seines Konzepts, der Plastizität des Bauvolumens und der Qualität der Gliederung der besten Kathedralgotik in nichts nach. Noch mehr, er übernimmt die Nachfolge der berühmten Parlerbauten und ist in einem Atemzug mit Schwäbisch Gmünd, Kolín an der Elbe, Sankt Sebald in Nürnberg, der Salzburger Franziskanerkirche und weiteren, absoluten Meisterwerken zwischen 1350 und 1450 zu nennen.

Das alte Rathaus bildet eine Insel mitten im linken Regnitzarm (Foto 22). Aus einer Zeichnung um 1480 wissen wir, dass bis auf den steinernen Durchfahrtsturm alles Sichtfachwerk war, wie heute noch das Haus über dem Eisbrecher. Die Datierung lautet 1467, mit offensichtlichen Bereicherungen des Holzgefüges aus dem 16. Jahrhundert Turm und lang gestreckter Flügel wurden im Spätbarock überformt bzw. vollständig ausgemalt (1755), was in den 1960er-Jahren rekonstruierend wiederhergestellt wurde. Hatten im Mittelalter die Bürger Bambergs so eine große Angst vor dem Bischof, dass sie diese geschützte, wortwörtlich insuläre Lage aussuchten?

Neben dem Rathaus steht das Renaissanceschloss Geyerswörth, in dessen Turm ein Besuch möglich ist. Von der gezimmerten Haube aus ergeben sich herrliche Ausblicke auf die Stadt, so auch auf die Häuser „am Kanal", deren Balkone klar von der früheren Gerberfunktion Zeugnis ablegen (Foto 23). Flussaufwärts kommt man bis ans Schloss Concordia (Foto 24). Das L-förmige Palais am Wasser wurde 1715–22 für Johann Ignaz Tobias Böttinger errichtet, der zwei Jahre zuvor sein palastartiges Stadtwohnhaus vollendet hatte: das hier nicht gezeigte Böttingerhaus. Das ergötzliche Schloss Concordia ist ein Meisterwerk seiner Zeit, wahrscheinlich durch Johann Dientzenhofer gebaut. Vom Wasser her war der Palast mit Gondeln erreichbar, er wendet sich dem Fluss zu und zeigt der Stadt den Rücken.

Das vom Dom am weitesten entfernte Gotteshaus der Altstadt ist Sankt Gangolf. Es liegt in der „Theuerstadt" (Gärtnerstadt). Seine ungleich breiten Türme wurden romanisch begonnen und gotisch vollendet. Die gotischen Helme wurden 1671 durch schiefergedeckte Barockhauben ersetzt (Foto 25). Sie scheinen am anderen Ende der Altstadt den Dom zu grüßen und schließen den großen „Bogen" der mittelalterlichen Sakralbauten des fränkischen Roms ab. Von hier bis Sankt Michael sind es mehr als anderthalb Kilometer Luftlinie.

PdlR

25 Blick auf die Türme von St. Gangolf, den Dom (rechts) und die Karmeliterkirche (links)

26 Luftbild von Süden mit Schloss und Stadtkirche, daneben das Rathaus. Vorn: der Französische Garten

CELLE

27 Schloss, Ostfassade. Der Südostturm (links) birgt den Chor der Schlosskapelle.

28 Schuhstraße, Ensemble mit Giebelhäusern aus dem 15. bis 18. Jahrhundert

Am Südwestrand der Lüneburger Heide befindet sich die alte Residenzstadt Celle. Diese niedersächsische Stadt kann mit einem hochrangigen Architekturerbe aufwarten. Und nicht nur dies – die ganze Altstadt ist ein einziges Denkmal des mittelalterlichen Städtebaus. Hinzu kommen schöne Parkanlagen und die bedeutenden Zeugnisse aus dem Bauschaffen der Weimarer Republik, hier vertreten durch die Werke des Architekten Otto Haesler. Schon damals erfolgte der bislang größte Eingriff in die historische Altstadt: der 1929 erfolgte Bau eines Kaufhauses in einer monumentalen Variante der 1920er-Jahre-Architektur (1964/65 umgebaut). In der Nähe lockt Wienhausen, eines der schönsten Heideklöster, mit gediegener Backsteingotik und großartiger Ausstattung. Zwischen Wienhausen und dem heutigen Celle liegen die Ursprünge der Stadt: im Dorf Altencelle, das im 10. Jahrhundert als „Kellu" überliefert ist. Hier befand sich ein Allerübergang mit Siedlung und benachbarter Burganlage. Siedlung und Burg wurden 1292 von Otto dem Strengen, Herzog des welfischen Teilfürstentums Lüneburg, an einen günstigeren Ort flussabwärts verlegt. Der Fürst ließ umgehend eine neue Stadt über regelmäßigem Grundriss anlegen (Foto 26), sie erhielt bereits 1301 ihre Rechte. Am Westende dieser Planstadt entstand die neue Burg, die von 1378 bis 1705 als Hauptresidenz des Teilfürstentums diente. Im Anfangsstadium zeigte der Stadtgrundriss drei von West nach Ost ausgerichtete Parallelstraßen, die von einer Ausfallstraße nach Norden gekreuzt wurden. Letztere bildet einen Straßenmarkt, wo das Rathaus seinen Standort fand, und überquert im Norden die Aller. An der Westseite des Rathauses befindet sich der Kirchhof von St. Marien, der Stadtkirche. Die beiden südlich angelagerten Parallelstraßenzüge mit der keilförmigen Platzanlage (Großer Plan) kamen erst in der Regierungszeit Herzog Ernsts (1522–46) hinzu.

Ernst, „der Bekenner", ließ ab 1533 auch die Baumaßnahmen vornehmen, welche die Residenz zu einem Renaissanceschloss umformten. Die zur Stadt hin ausgerichtete Schauseite zeigt sich noch weitgehend im Erscheinungsbild der Frührenaissance (Foto 27), wovon die zahlreichen Zwerchhäuser mit ihren halbrunden Aufsätzen zeugen („Welsche Giebel"). Diese Ostansicht bietet mit ihren unterschiedlichen Ecktürmen und der leicht asymmetrischen Akzentuierung eine vorzügliche Wirkung. Das gotische Maßwerkfenster der Kapelle und die frühbarocken Fensterformen des polygonalen Nordturms zeugen von der vielfältigen Baugeschichte dieser Schlossanlage. Ältester Gebäudeteil war der Bergfried im Nordflügel, er tritt äußerlich nicht mehr in Erscheinung. Bedeutende Umbauten der um 1300 entstandenen Burg erfolgten im späten 14. und späten 15. Jahrhundert. Die spätgotische Schlosskapelle wurde 1485

29 Luftbild mit Fachwerkbebauung zwischen Schuhstraße (oben) und Zöllnerstraße

30 Am Heiligen Kreuz, Traufenhäuser der Spätrenaissance mit Zwerchhäusern

31 Hoppenerhaus, Giebelfront zur Poststraße

geweiht, mit ihrer endgültigen Ausgestaltung und Ausstattung nach 1560 rückte sie in die Reihe der schönsten protestantischen Residenzkapellen. Prägend für die Fassaden von Nord-, West- und Südflügel ist der barocke Umbau unter Herzog Georg Wilhelm (1665–70), dessen Entwürfe von Lorenzo Bedogni die Architektur des oberitalienischen Barock nach Celle brachte. Seinerzeit entstanden auch die frühbarocken Appartements und das Schlosstheater, welches als ältestes erhaltenes seiner Art in Deutschland gilt. Von der einstigen Schlossbefestigung zeugt noch das Geviert der Gräben. Sie sind heute in eine gepflegte Parkgestaltung eingebettet. Mit dem Tod Georg Wilhelms endete 1705 die Ära Celles als Residenzstadt, das Fürstentum Lüneburg wurde Teil des Kurfürstentums Hannover. Somit blieb der alte Stadtkern im Zustand des frühen 18. Jahrhunderts großenteils bestehen.

Die Altstadt wird durch den ehemaligen, teils zu Grünanlagen gestalteten, Befestigungsring deutlich von den Erweiterungen geschieden. Sie ist eine absolute Hochburg der niedersächsischen Fachwerkarchitektur. Bestimmende Einheit der langen Straßenzüge ist das Giebelhaus (Fotos 28, 29). Traufenhäuser fügen sich meist mit Zwerchhäusern in die Giebelreihen ein (Foto 30). Windeluken in den Giebeln deuten auf die ursprüngliche Speicherfunktion von Ober- und Dachgeschossen. Aus der Zeit um 1500 stammen die ältesten Häuser. Sie zeigen kräftig vorkragende Obergeschosse, wobei die Balkenköpfe von kernig profilierten Knaggen unterstützt werden. An den Stockwerkschwellen findet man das Treppenfries, eine charakteristische spätgotische Zierform des niedersächsischen Fachwerks. Höhepunkt der Celle'schen Holzbaukunst ist das Hoppenerhaus von 1532 (Foto 31). Das im Aufbau noch gotisch wirkende Eckgebäude ist mit reichhaltigem Schnitzwerk versehen. Die Schnitzereien zeigen heute oft schwer zu deutende und durchaus humorvolle Darstellungen von Fabelwesen, Gottheiten, Putten und allerlei sonderbaren Gestalten, eingebettet in Ranken- und Kandelaberwerk. Das Ornament lässt Einflüsse der damals in Stichen verbreiteten Frührenaissance-Dekorationen erkennen. Bei den Fachwerkhäusern der Spätrenaissance um 1600 fallen die geringer bemessenen Vorkragungen auf, die Zierformen sind jetzt vielfach als reiches Beschlagwerk geformt. Im

17. Jahrhundert verschwanden nach und nach die Schnitzereien, und schließlich auch die Auskragungen der Stockwerke (Foto 32). Ideal des 18. Jahrhunderts war das an die Erscheinung massiver Gebäude angepasste Fachwerkhaus. Sämtliche Entwicklungen frühneuzeitlicher Fachwerkarchitektur sind in Celle an Dutzenden von Beispielen zu studieren. Ein Fachwerkbau ist auch die baulich unversehrt erhaltene Barocksynagoge von 1740. Die kleinteilige Parzellen- und Gebäudestruktur wird lediglich von einem großmaßstäblichen Kaufhausbau (1929 bzw. 1964/65) durchbrochen, seine Fassadenkompartimente und Betonraster sollten die umgebenden Fachwerkhäuser zitieren.

Schönster Profanbau neben dem Schloss ist jedoch das Rathaus (Foto 33). Das lange, riegelartige Gebäude springt in den Straßenraum vor und gliedert sich in zwei Teile. Das Augenmerk muss sich auf den Nordteil richten, er entstand 1561-79 über einem spätmittelalterlichen Vorgängerbau und ist ein Prunkstück der Renaissancearchitektur. Ungemein lebendig ist die Traufseite zum Markt: Drei Zwerchgiebel, der nördliche über einem Erker aufragend, eine dreibogige Laube und die Auslucht geben der Front ein fein justiertes Gleichgewicht. Das mittlere Zwerchhaus zeigt noch einmal einen „Welschen Giebel", die beiden anderen jedoch Beschlagwerk, Voluten und Obelisken der Spätrenaissance. Solche Details prägen auch den prächtigen Nordgiebel. Seine städtebauliche Wirkung reicht bis zum ehemaligen Hehlentor am nördlichen Stadtwall. Er wurde 1579 von einem Hamelner Baumeister geschaffen. Der Volutengiebel ist konsequent mit Pilasterordnungen gegliedert und reich mit Beschlagwerk dekoriert. Eine Fassadensanierung von 1984/85 brachte zahlreiche Farbfassungen zutage, mutig beschloss man die Restaurierung und Rekonstruktion der fantastischen Illusionsmalerei von 1697. Sie ist eines der wenigen Zeugnisse zur Außenfarbigkeit frühneuzeitlicher Architektur in Norddeutschland.

Die benachbarte Stadtkirche St. Marien setzt mit ihrem Westturm eine nicht ursprüngliche Höhendominante. Der Turm ist erst 1913/14 entstanden, während die Backstein-Hallenkirche selbst im 14. Jahrhundert errichtet wurde. Das Innere ist weitgehend barockisiert, ohne den gotischen Ursprung völlig zu verwischen. Als Grablege des Herzogshauses enthält St. Marien zahlreiche Grabdenkmäler und Epitaphien von beachtlicher Qualität.

Auch außerhalb der Altstadt stößt man auf eine vielfältige Denkmallandschaft und schöne Parkanlagen, so den Französischen Garten (Foto 26). Westlich des Stadtkerns entstand auf Initiative Herzog Georg Wilhelms im späten 17. Jahrhundert eine planmäßig angelegte Vorstadt: die Trift. Dort existiert neben einer Reihe von palaisartigen Hofbeamtenhäusern aus Fachwerk auch ein schlossartiges Gebäude, welches 1710–32 allerdings als Zucht-, Werk- und Tollhaus errichtet wurde. Nicht zu vergessen sind die Wohnsiedlungen, die Altstädter Schule und die Villenbauten von Otto Haesler, die seit den 1920er-Jahren besondere Akzente in der Stadtlandschaft bilden.

EA

32 Großer Plan, Nordseite

33 Rathaus Ostfassade mit barocker Fassadenmalerei

34 Veste Coburg, Luftbild, Blick von Südosten

Seite 31: 35 Luftbild von Osten mit Residenzschloss und Schlossplatz (Vordergrund), Moritzkirche (vorne links) und Markt (Bildmitte)

COBURG

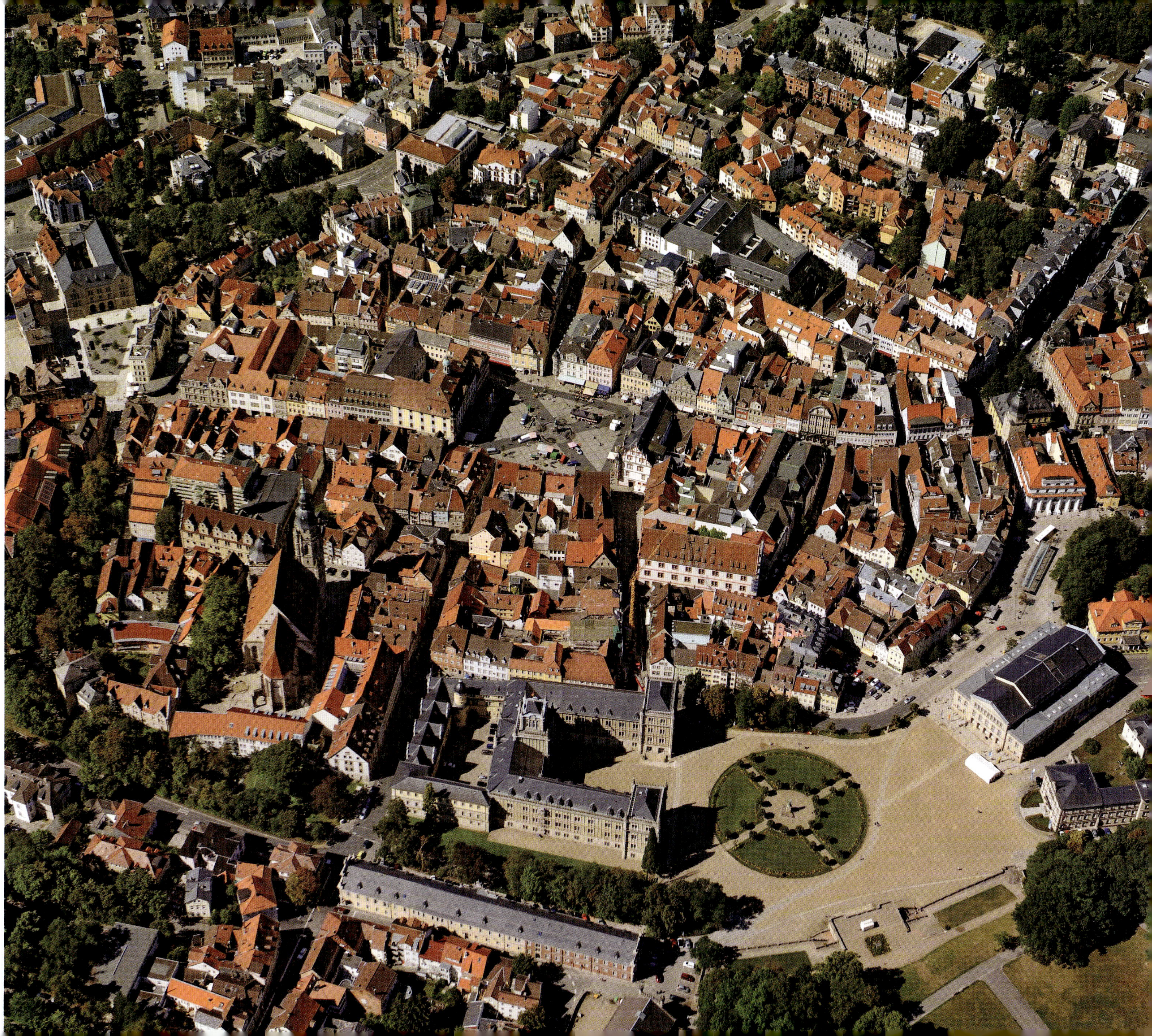

36 Rosenauschlösschen, Blick über den Teich auf die Nordostfassade

37 Hahnmühle am Steinweg 68

Meter östlich der Veste ist eine wohl ältere Befestigungsanlage („Fürwitz") überliefert, die im Gelände noch ablesbar ist. Beide Burgstätten weisen archäologische Spuren einer Besiedlung seit der Jungsteinzeit auf. 1075 entstand auf dem Festungsberg eine Propstei des Benediktinerklosters Saalfeld. Die 1225 als „sloss" bezeichnete Veste gehörte damals mit ihrem Umland zum Herzogtum Andechs-Meranien und gelangte 1248 an die Grafschaft Henneberg. Um 1200 war die Burganlage neu entstanden, ihr Aufbau ist für die Veste bestimmend geblieben: Im Westen des Burgplateaus entstand die Vorburg, in seiner Osthälfte die Kernburg mit Palas, Kemenate und Kapelle. Der Bergfried ist nur in seinem Fundament erhalten. Von der stauferzeitlichen Burg des 13. Jahrhunderts sind heute noch der Blaue Turm in der Vorburg und Teile des einstigen Palas (Küche) vorhanden.

1353 kamen Veste, Stadt und Coburger Land an das mächtige Herrschergeschlecht der Wettiner. Nach der Landesteilung unter die Ernestinische und Albertinische Linie (1485) gehörte Coburg bis 1918 zu den Ernesti-

Das oberfränkische Coburg war über viele Jahrhunderte Residenz eines der kleinen wettinischen Fürstentümer, die sich überwiegend in Thüringen erstreckten. Sachsen-Coburg war das südlichste dieser Teilfürstentümer. Im 19. und frühen 20. Jahrhundert sorgten die verwandtschaftlichen und politischen Verbindungen der Herzöge von Sachsen-Coburg und Gotha dafür, dass Angehörige ihrer Familie auf die Königsthrone mehrerer europäischer Staaten gelangten. So gehen die Windsors und das belgische Königshaus auf das hiesige Herzogshaus zurück. Die Stadt Coburg kam mit dem Coburger Land nach dem Ersten Weltkrieg an Bayern. Sie präsentiert sich als vorzüglich erhaltene kleine Residenz mit einem großartigen historischen Stadtbild. Ihr Wahrzeichen ist jedoch die weithin sichtbare Veste, einer der berühmtesten Wehrbauten Deutschlands (Foto 34). Ob sich die erste urkundliche Erwähnung von „Koburk" im Jahr 1056 auf die heutige Veste bezieht, kann nicht sicher bestimmt werden: Nur 200

38 Moritzkirche, Westbau, Blick aus der Neugasse

39 Blick vom Turm der Moritzkirche auf Residenzschloss und Veste

nischen Territorien. Ihre Geschichte ist durch eine komplizierte Aufsplitterung in verschiedene Teilfürstentümer gekennzeichnet. Die Wettiner ließen die Veste seit dem 15. Jahrhundert mehrfach ausbauen und verstärken. Wohl ab 1430 entstand unterhalb der vorhandenen Ringmauern und ihrer vorgelagerten Zwingermauer ein zweiter Befestigungsgürtel mit Halbrundtürmen. Das nach einem Brand 1489 wiederhergestellte „Hohe Haus" (Zeughaus) in der Vorburg trägt seinen Namen zu Recht. Es ragt als wuchtiger Baukörper mit gewaltigem Steildach über der Ringmauer auf und ist in seiner ursprünglichen, vorzüglich proportionierten Gestalt weitgehend unverändert. Die Hohe Kemenate zeigt ebenfalls noch spätgotische Architektur. Sie beinhaltet die Große Hofstube, einen der größten deutschen Profanräume des Spätmittelalters. Nach einem weiteren Brand im Jahr 1500 erhielt das Fürstenhaus (Palas) im Zuge seiner Wiederherstellung eine Fachwerkfront. Das 16. Jahrhundert brachte eine Verstärkung der Festungsanlage mit mächtigen Bastionen. Sie entstanden unter Herzog Johann Casimir, in dessen Regierungszeit (1586–1633) Coburg eine erste Blütezeit als Residenzstadt erlebe.

Inzwischen hatte Herzog Johann Ernst (reg. 1542–53) die Residenz längst in ein neues Schloss in der Stadt Coburg verlegt. Im 18. Jahrhundert geriet die Veste in Verfall. Ab 1838 erfolgten Restaurierungen und Ergänzungen im Sinne des Historismus. So entstand im Südosten des Fürstenbaus 1851 die neugotische Lutherkapelle. Schließlich widmete sich der renommierte Burgenforscher Bodo Ebhard einer weiteren, von 1898 bis 1929 währenden Restaurierung und Neugestaltung. Sie prägt mit ihren Ergän-

40 Residenzschloss, Altanbau im Hof

zungen der Turmsilhouette und den Um- und Neubauten die heutige Gestalt der Anlage wesentlich. Die von Ebhard erneuerte, reizvolle Fachwerkfassade des Fürstenbaus beherrscht den Hof der Kernburg.

Im Tal unterhalb der Veste entstand, im Bereich der alten Siedlung „Trufalistat", während des 13. Jahrhunderts die planmäßig angelegte Stadt Coburg (Foto 35). Dort querte der bedeutende Fernhandelsweg Nürnberg-Erfurt (heute Bundesstraße 4) das Flüsschen Itz. Coburg wurde erstmals 1217 als Stadt genannt und erhielt 1331 von Kaiser Ludwig dem Bayern das Stadtrecht. Ihr Mauerring erhielt vier Tore, von denen das Juden- und das Spitaltor noch erhalten sind. Vor den Toren entstanden schon um 1300 Vorstädte. Sie wurden im 14. Jahrhundert teilweise mit weiteren Stadtmauern geschützt, wovon das Ketschentor zeugt. Die vier Torstraßen führen direkt auf den weiträumigen Markt, der zu den schönsten Marktplätzen weit und breit gezählt werden kann. Neben Rathaus und ehemaliger Kanzlei prägen alte Bürgerhäuser nicht nur den Markt, sondern auch die Straßenzüge der heutigen Innenstadt noch fast lückenlos.

In der Fülle historischer Wohnbauten sind Fachwerkhäuser am häufigsten vertreten. Man erkennt dies nicht auf Anhieb: Seit dem 18. Jahrhundert wurden ältere und neu errichtete Fachwerkbauten zumeist verputzt. Die Prunkstücke der Fachwerkarchitektur stammen aus dem Spätmittelalter und zeigen kräftige Balkengefüge mit Verstrebungen, so das stattliche Eckhaus Markt/Herrngasse und das Münzmeisterhaus von 1444. Als besonderes Kleinod ist auch das „Rosenauschlösschen" zu nennen (Foto 36). Es wurde 1424 mit steinernem Erdgeschoss als Weiherhaus im Rittersteich (nördlich der Altstadt) errichtet und nur wenig später mit einer bemerkenswerten Fachwerkkonstruktion aufgestockt. Seit der Spätrenaissance weist die Architektur der Wohnbauten auch nach Thüringen. Einige der wenigen repräsentativen Steinhäuser erhielten, wie die zeitgenössischen Gebäude von Stadt und Regierung, polygonale Eckerker. Sie sind über stämmigen Säulen aufgebaut und werden als „Coburger Erker" bezeichnet. Als Ausnahme erscheint das herrliche oberfränkische Zierstrebenwerk der Hahnmühle am Steinweg von 1622 (Foto 37). Die Putzbauten des Barock und Rokoko sind in einigen Beispielen mit reichen Stukkaturen verziert. Eine Vielzahl der Häuser aus Barock und Klassizismus präsentiert sich jedoch in schlichtem Gewand und erinnert an die gleichzeitigen Bürgerbauten in Weimar oder Eisenach. Einen Coburger Erker zeigt auch das Rathaus am Markt, dessen Kernbauten aus Spätgotik und Renaissance 1750/51 vereinheitlichend umgebaut wurden.

Dominant ragt im Stadtbild der Westbau der Moritzkirche auf (Foto 38). Der abseits des Marktes gelegene, spätgotische Kirchenbau entstand in drei Etappen: in der Mitte des 14. Jahrhunderts der schlanke Chor, ab 1450 der doppeltürmig geplante Westbau (unvollendet) und um 1520 das Hallenlanghaus. Reiche Bauformen der Spätgotik zeigen das Westportal, der Nordturm (Turmaufsatz und Schweifhaube von 1566–86) und besonders die grazile Michaelskapelle zwischen den Westtürmen. Die dreischiffige Halle wurde 1738–42 zu einem barocken Emporensaal mit stuckierter Flachdecke umgebaut – ein Raumbild, das der gotische Außenbau nicht erwarten lässt.

Der Chor von St. Moritz diente als Grablege der Herzöge, die mit ihrer Bautätigkeit das Stadtbild Coburgs seit dem 16. Jahrhundert entschieden prägten. Sie hatten 1543 die Residenz von der Veste in die Stadt verlegt. Das neue Schloss, die Ehrenburg, fand seinen Platz an Stelle des Franziskanerklosters am Ostrand der Altstadt (Foto 39). Bis zum letzten Ausbau unter Johann Casimir entstand bis 1627 ein vielteiliges Renaissanceschloss, das drei Höfe umfasste. Davon erhalten sind die südlichen Gebäudeteile mit ihrem in die Stadt weisenden Eckerker, den Zwerchgiebeln und dem Schmuckstück des Altanenbaus im Hof. Er wurde von Giovanni Bonalino entworfen und zeigt anhand seiner (ursprünglich offenen) Lauben eine gelungene Verknüpfung klassischer Ordnungsarchitektur mit den hier langlebigen spätgotischen Formen, wie die Brüstungen im Ober-

41 Ehemaliges Kanzleihaus, Südfassade am Markt

geschoss beweisen (Foto 40). Nach einem Brand (1690) ließ Herzog Albrecht (reg. 1680–99) die mittleren Trakte in Form einer barocken Dreiflügelanlage erneuern. Bis in die 1730er-Jahre entstand hier eine Folge reich ausgestatteter Innenräume, wie Rittersaal und Schlosskirche beweisen. Prägend für das Äußere der Ehrenburg wurde die Neugestaltung der Fassaden des Barockbaus im Stil der englischen Neugotik nach Plänen Schinkels ab 1810. Nun ließ Herzog Ernst I. (reg. 1806–44) auch die Wirtschaftsgebäude beseitigen und den großzügigen Schlossplatz anlegen. Dort entstanden neben dem Landestheater (1837–40) weitere Nebengebäude der Residenz. Seine Ostseite öffnet sich jedoch über eine Arkade zum reizvollen Hofgarten. Der Landschaftspark bietet eine Blickverbindung zur Veste.

Zu den überregional bedeutenden Renaissancebauten gehören die unter Johann Casimir nach Entwürfen des Baumeisters Peter Sengelaub um und nach 1600 ausgeführten Bauten des Zeughauses, des Gymnasiums Casimirianum am Kirchplatz und, vor allen, das einstige Kanzleigebäude am Markt (Foto 41). Das symmetrisch aufgebaute Kanzleihaus besticht mit seinen beiden Eckerkern und den stolz aufragenden Giebeln, ein Idealbild der deutschen Renaissancebaukunst.

EA

42 Luftbild von Süd/Südwest

DINKELSBÜHL

Dinkelsbühl verdient uneingeschränkt das Prädikat Schön, groß geschrieben. Der Ort erscheint als einziges Wunder (Foto 42): liebliche Lage, umgeben von den Flussläufen der Wörnitz und spiegelnden Teichen, komplett erhaltene mittelalterliche Stadtmauer (Foto 43), dichtester Bestand an Fachwerkhäusern der Zeit vor 1600 in Franken, Sankt Georg als – selbst europaweit gesehen – großartiger Höhepunkt spätgotischer Architektur. Die Häuser sind vortrefflich proportioniert. Dazu, und dies ist ganz wesentlich, ist Dinkelsbühl ohne Bausünden und ohne störende Lichtreklamen – stattdessen Ausleger oder in Altschrift an den Fassaden gemalte Inschriften. Dadurch unterscheidet sich Dinkelsbühl von fast allen anderen historischen Städten. Auch der Stadtgrundriss ist voller Grazie: das Ergebnis einer ursprünglichen, am Verlauf der Straßen noch ablesbaren staufischen Ummauerung und ihrer Erweiterung bis ins 15. Jahrhundert. Diese zeitlich gesehen zweite Stadtmauer, die heute noch vor uns steht, zeigt eine Vielzahl von individuell gestalteten Türmen. Alle vier Tore sind erhalten. Alles in allem: eine Augenweide, die nicht einfach „Romantik" ist, sondern genuine, wertvollste Bausubstanz! Unberührt bleibt diese Feststellung von der Tatsache, dass viele Fachwerkbauten verputzt wurden – eine Änderung des Urzustandes, was zusätzlich ihre Datierung erschwert.

Dinkelsbühl wurde im Jahre 1355 freie Reichsstadt. Seine Blüte war das Ergebnis der guten Wollweberei und Tuchmacherei, außerdem der Sichelschmieden.

Aus der Luft sind die straßenmarktmäßig breit angelegten Hauptstraßen erkennbar: An ihrer Kreuzung steht die Stadtkirche mit einem Riesendach, dessen Höhe für sich genommen die der steinernen Umfassungsmauern übertrifft. Ihr Westturm ist in seinem Unterteil romanisch und steht nicht in der Kirchenachse (Foto 44), die für den Neubau 1448 nach Norden verschoben wurde. Ein kurzer Achtort mit Haube krönt den Turm seit 1550. Der geplante Nordturm am Chor gedieh nie über die Dachtraufe hinaus. Bemerkenswert ist der Ostblick auf den Kirchenchor (Foto 45), der sechs Seiten eines Zwölfecks zeigt und eine sanfte, quasi abgerundete Dachform trägt. Das 1499 fertiggestellte Innere wurde aufs Feinste modelliert: Durch eine ausgeklügelte Wölbung wurde hier die Plastizität aller älteren Kirchen überflügelt. Architekten waren Nikolaus Eseler und sein gleichnamiger Sohn, ein Gemälde mit dem Porträt beider genialer Meister ist in der Kirche erhalten.

Die Häuser der Altstadt wirken wie Individuen, die sich für ein gemeinsames Leben im Nebenaneinander-Stehen entschieden haben, ohne die eigene Persönlichkeit einzubüßen. Ihre sehr lebendig wirkende, organische Anordnung wirkt wie zufällig, folgt jedoch konsequent der Stellung der Giebel zur Straße, ohne dem Zwang eines geometrischen Gesamtrasters zu unterstehen. Insbesondere an der Nördlinger Straße fiel die alte Parzellierung so aus, dass die Giebelfronten schräg zur Straße stehen. Dieses Vor und Zurück sorgt für ein zusätzlich reizvolles Straßenbild.

Eine Reihe der „besten Häuser" steht vor dem Kirchturm am Weinmarkt (Foto 46): Ratstrinkstube, Gasthaus „Zur Glocke", Deutsches Haus bis hin zur Schranne mit ihrem wuchtigen Giebel. Das „Deutsche Haus" (Foto 47) entstand zwischen 1550 und 1600 und wurde üppig verzimmert – außer den figurierten Holzverbindungen wurden Ständer und Knaggen als Reliefs geschnitzt, am Giebel sogar in Form von Hermen bzw. Karyatiden. Für süddeutsche Verhältnisse ist hier ein recht üppiges Fachwerk geschaffen worden – dennoch weit entfernt vom Reichtum etwa eines Eickeschen Hauses im niedersächsischen Einbeck.

43 Stadtmauerpartie am Kapuzinerweg mit Grünem Turm

44 Sankt Georg von Süden

Der Blick aus der Luft verrät besondere Akzente in der Altstadt: Nördlich der Kirche wird die Giebelreihe durch das traufständige Spital unterbrochen. Seine in Gelb gestrichenen Bauvolumina differenzieren sich von den umgebenden Häusern. An der Dr.-Martin-Luther-Straße steht die Spitalkirche, sie fällt nicht zuletzt wegen dem stiftsförmigen Türmchen auf. Die Kirche datiert zwar um 1380, wurde aber um 1500 erneuert und später im Inneren barockisiert. Das ehemalige, dazugehörende Waisenhaus datiert von 1599 und ist ein beachtliches, in Stein und Fachwerk errichtetes Baudenkmal. Das Spital wurde 1904 zum Domizil des Historischen Museums. Im höher gelegenen südlichen Teil der Altstadt steht das 1709 modernisierte Deutschordenshaus, erkennbar an seinem rechteckigen, von Barockflügeln umgebenen Innenhof.

Spätmittelalterliche Großbauten sind die qualitätsvollen Fachwerkspeicher von 1500 bzw. 1508, die sich im Westen der Altstadt erhalten haben (Bauhofstraße 43, Koppengasse 10, Foto 48), „Kornhaus beim Bauhof" und „Kornscheune" genannt. Beide zeigen viergeschossige Dächer und eine sehr robuste Statur.

Als Solitärbau des 19. Jahrhunderts steht ganz nahe an Sankt Georg – anstelle der mittelalterlichen Karmeliterkirche – die 1840–43 entstandene evangelische Stadtpfarrkirche Sankt Paul. Zum Glück für die Altstadt ist sie weder gründerzeitlich noch zu groß, die Formensprache des Außenbaus ist als stark klassizistisch geprägte Neuromanik zu bezeichnen. Wäre die Kirche wirklich historistisch, würde sie sicherlich für eine Stö-

45 Altrathausplatz mit Löwenbrunnen und Chor von St. Georg

46 Weinmarkt von Südost mit Blick auf die Dr.-Martin-Luther-Straße

47 „Deutsches Haus", Weinmarkt 3

48 Kornhaus beim Bauhof, Bauhofstraße 43

49 Segringer Straße, Häuserreihe

rung des sonst gänzlich untheatralisch gestalteten Stadtensembles sorgen. Von ihrem eher niedrig gehaltenen Turm hat man einen lohnenden Blick auf die herrliche Georgskirche.

Wenige Schritte von beiden Kirchen in Richtung Wörnitztor steht das bis 1855 als solches benutzte Alte Rathaus, ein vor 1500 entstandener gotischer Massivbau von wuchtigem Volumen. Mit beneidenswertem städtebaulichen Takt ist hier am Altrathausplatz der Löwenbrunnen platziert. Das neue Rathaus befindet sich seit 1855 in der ehemaligen Reichsposthalterei von 1733–50 (Segringer Str. 30).

Es ist ein hohes Gebot der Stadtverwaltung, die verantwortliche Bewahrung eines solchen Geschenks der Geschichte wie diese unvergleichliche Stadtgestalt zu sichern (Foto 49). Dass alte Bausubstanz auch im heutigen Dinkelsbühl gefährdet ist, hat bereits 2006 Konrad Bedal notiert.

PdIR

50 Kernstadt mit Rathaus, Mariensäule, Markt- und Steinstraße

DUDERSTADT

Das niedersächsische Duderstadt ist ein Wunder der Architektur: einer von diesen Orten, an denen der Besucher den Eindruck gewinnt, in einer anderen Welt gelandet zu sein. Fachwerkstädte sind ganz anders als die massiv gebauten, die es überall gibt (Foto 50). Außer in den meisten der alten deutschsprachigen Länder gibt es sie nur in wenigen Regionen Europas, vor allem im Norden Frankreichs und in England, wenn auch nicht in der Dichte deutscher Regionen wie Niedersachsen, Sachsen-Anhalt, Hessen, Thüringen oder Baden-Württemberg. Ungeachtet aller Verluste an Fachwerk-Bausubstanz ist dies bis heute so.

Die Geschlossenheit von Duderstadt und der qualitätsvolle Stadtgrundriss sind als etwas Besonderes zu würdigen. Um die 600 Fachwerkhäuser aus der Zeit zwischen 1500 und 1900, zwei gotische Kirchen, ein hoher gotischer Torturm und ein mächtiges Rathaus der Spätgotik bilden eine urbane Kostbarkeit von hohem Rang.

Die Stadtrechtsverleihung an Duderstadt datiert von 1241. Der Höhepunkt der Stadtentwicklung wurde um 1400 erreicht. 1247 kam Duderstadt an die Braunschweiger Herzöge, 1342 kaufte es der Erzbischof von Mainz für die Summe von 600 Mark. Die Mainzer Kurfürsten waren fortan und für fast 500 Jahre Stadtherren – Zwischenperioden des Konfessionswechsels und die Rekatholisierung eingeschlossen. Das Eichsfeld ist ja bis heute eine überwiegend katholische Exklave in Norddeutschland. So nimmt es nicht wunder, dass vor dem Duderstädter Rathaus seit 1711 eine Mariensäule steht, die eigentlich nur südlich des Mains zu erwarten wäre.

Das von Osten aufgenommene Luftbild der Altstadt zeigt eine klare Grundrissstruktur (Foto 51). Die breite Achse der Marktstraße ist ihr Rückgrat, sie dehnt sich geschickt vor der Oberkirche Sankt Cyriakus im Osten und hinter der Unterkirche Sankt Servatius im Westen aus. Beide stehen als Freikörper da, dazwischen steht, ebenfalls allseitig frei, das Rathaus. Die Straßenführung fiel geschmeidig-konzentrisch um die in vier Viertel geteilte Kernstadt aus, und dies infolge von Erweiterungen: im Süden die Vorstadt Steintor, im Osten die Vorstadt Obertor, im Norden die Neustadt („Benebenvorstadt"), im Westen die Vorstadt Westertor. Westlich von Sankt Servatius erlitt die Altstadt 1915 bei einem Brand den Verlust von 39 Häusern, was in der Folgezeit in angenehmer Bebauung im Heimatschutz-Stil durch Wilhelm von Tettau repariert wurde: Untermarkt und „Spiegelbrücke".

Bereits 1276 leiteten die Duderstädter ihren Hauptfluss, die Brehme, durch die Marktstraße. Lange Zeit zugedeckt, ist ihr schmaler Lauf wieder offengelegt worden.

51 Luftbild von Ost nach West

Die Fachwerkhäuser sind allesamt traufständig, sie ordnen sich dem Rathaus mit seinen stolzen Giebeln und Türmchen unter. Punktuell gibt es auf den Traufendächern Zwerchhäuser, so am stattlichen Haus zur Tanne von 1698 (Marktstraße 20, Foto 52).

Die Häuser der mittleren Marktstraße sind nachmittelalterlich und ergeben ein in sich geschlossenes Ensemble mit einheitlicher Traufenhöhe (Foto 53). Die jüngere Datierung des Fachwerks wird durch seine Flächigkeit, die schlichte Art des Holzgefüges mit den Doppelständern sowie das Volumen der Häuser evident. Bei der Kreuzung von Markt- und Jüdenstraße verzichtet das Eckhaus beidseitig auf Giebel (Foto 54).

Schon die nächste Straße nach Norden, die Hinterstraße, zeigt älteres Fachwerk, erkennbar an den Vorkragungen der Geschosse (Foto 55). Ein sehr lebendiges Bild der Straße wird durch die an jeder Hausfassade gebrochene Fluchtachse erreicht. Das auf dem Foto zu sehende dreigeschossige Haus Nr. 33 zeigt einen Knick – die Anpassung an die sanfte Kurve der Straßenführung. Es handelt sich um den 1727 verzimmerten Pöhlder Hof.

An vielen anderen Straßen sind aber deutlich ältere Fachwerkhäuser zu finden, nicht zuletzt in der Steintorstraße (Foto 56): Fächerfriese, reiche Fachfiguren, Arkadenblenden als Brüstungsgefache …

Das oben genannte Haus zur Tanne zeigt noch im Spätbarock reiche Inschriften, die eigentlich seit der ersten Hälfte des 16. Jahrhunderts üblich waren: Zunächst findet man sie als Baujahr, dann als Namen der Auftraggeber, schließlich gibt es längere Bibelzitate oder profane Sprüche.

52 Haus zur Tanne, Marktstraße 20

53 Marktstraße, nördlicher Straßenzug

54 Markt/Jüdenstraße mit Westwerk von St. Cyriakus und Mariensäule (rechts)

55 Hinterstraße, Nordseite mit Pöhlder Hof (links)

56 Steintorstraße 17–25

57 Rathausfassade von Nordwest

Ganz beachtlich ist der Rathauskomplex, heute als Museum eingerichtet (Foto 57). Ein steinerner Unterbau von 1302 liegt hinter der spätgotischen Arkadenlaube von 1531. Bis 1542 erhielt das Äußere sein heutiges Aussehen. Die Fachwerkgeschosse dienten teilweise der Kornlagerung, wurden aber betont repräsentativ mit Polygonalerkern bzw. Türmchen ausgestattet. Der schöne Treppenaufgang der nordwestlichen Ecke trägt ein Schutzdach über geschnitzten Pfosten von 1674. Im Rathaus sind unter anderem Kaufhaus, Salz- und Folterkammer und Rathaussaal erhalten. Ästhetisch gehört das Rathaus zum Besten der deutschen Spätgotik und lässt sich höchstens mit Alsfeld, Frankenberg an der Eder und Wernigerode vergleichen.

Das Wahrzeichen von Duderstadt ist der 1424 errichtete Westertortum mit seinem für ein Stadttor ungewöhnlich hohen Spitzhelm (Foto 58). Es handelt sich um einen gedrehten Helm. Mit einer erstaunlich gleichmäßigen Drehung, die aller Wahrscheinlichkeit nach eher gewollt als Resultat einer „natürlichen" Deformierung durch das Arbeiten des Holzes ist. Damit gehört der Turm zu den kuriosesten in Deutschland: Münzenberg, Mayen, Lemgo, Northeim, Heiden ... Die in Frankreich gegründete Gesellschaft *Les Clochers tors d'Europe* (Die gedrehten Helme Europas) betrachtet dieses Beispiel als Schönstes der Gattung – als vergleichbare Beispiele in Frankreich seien Puiseaux, Le Viel-Baugé, Rochechouart und Saint-Côme-d'Olt genannt.

Im Sakralbau sticht die Cyriakuskirche hervor. Ihr Westwerk aus dem späten 13. Jahrhundert (der Südturm wurde im 19. Jahrhundert dem Nordturm angeglichen) folgt dem romanischen Prinzip eines wenig geöffneten Riegels, der sich mit Oktogonaltürmen bekrönt – so wie bei den alten Kirchen in Goslar und Braunschweig –, und stellt in der Gotik keinen Einzelfall dar. Chor und dreischiffige Staffelhalle gehen auf die Zeit der berühmten Parler zurück, wenn auch hier bis ins 16. Jahrhundert gebaut wurde. Das mit extrem vielen Schlusssteinen versehene Netzrippengewölbe des Hauptschiffes ist wohl das Wertvollste des Innenraums.

Die evangelische Pfarrkirche Sankt Servatius ist eine Hallenkirche aus dem 15. Jahrhundert mit älterem Chor, an der bis um 1520 gearbeitet wurde. Der Brand von 1915 gab Gelegenheit, 1928 einen neuen Turmaufsatz zu verzimmern – der schönste aller Helme der Frühen Moderne/des Expressionismus in Deutschland (Foto 59). Das „Gespräch" zwischen dem gedrehten Helm des Westertorturmes und dem von Servatius ist eine der glücklichsten Architekturmomente des Landes.

PdIR

58 Links: Westertorturm mit Straßenzug „Spiegelbrücke"

59 Oben: Sankt Servatius von Osten

60 Altstadt von Südwest

EICHSTÄTT

Eichstätt ist ein sehr harmonisch gebliebener Ort in schöner Lage im Altmühltal (Foto 60). Der „S"-förmige Verlauf der Altmühl bildet die Altstadtgrenze in Nordwest/Südost-Richtung. Der Flusslauf berührt fast die Domfassade. Der am Bahnhof ankommende Besucher erreicht mit wenigen Schritten Dom und Stadtzentrum.

Eichstätt ist ein alter Bischofssitz – bereits Bonifatius erhob 744/45 das benediktinische Missionskloster des Angelsachsen Willibald zum Bistum. Seit 1305 hatte der Bischof die Territorialgewalt inne. Eichstätt blieb bis 1802 Fürstbistum. Dies sieht man der Stadtgestalt an: Zahlreiche palastartige Dom- und Stiftshöfe umringen den Dom. Nördlich davon erstreckt sich die bürgerliche Stadt, deren Selbstverwaltung seit 1307 weitgehend geregelt war. Aufgrund dieser Teilung ist eine viel stärkere barocke Umformung der „geistigen Stadt" feststellbar, während die „weltliche" Stadt in ihrer mittelalterlichen Parzellierung weitgehend erhalten blieb. Allerdings muss hier an den „Schwedenbrand" von 1634 erinnert werden, bei dem zahlreiche alte Bauten untergingen. Dennoch ist der erhaltene Fachwerkbestand der Altstadt aus der Zeit vor 1600 bedeutend, wenn auch heute durch Umbauten und Verputz äußerlich wenig präsent. Dies betont zusätzlich den barocken Charakter des Stadtbildes, auch wenn der Dom bis auf das Äußere seiner Westseite gotisch geblieben ist.

Östlich vom Dombezirk erkennt man auf dem Luftbild den Leonrodplatz mit der im 17. Jahrhundert von den Jesuiten erbauten Schutzengel-Kirche und dem anschließenden Kolleg.

Für das Stadtbild wenig wirksam, steht auf einer Anhöhe westlich der Altstadt die Bergresidenz der Bischöfe, die Willibaldsburg (Foto 61). So imposant ihre Bastionen auch sind, wenig ist geblieben vom Glanz der

61 Willibaldsburg von Südwest

62 Mariensäule, Domtürme und Residenz-Erker

63 Dom, Kreuzgang und Chor

48

64 Residenz, Fassade zum Residenzplatz

65 Haus Brodhausgasse 1

alten Anlage, so wie sie Matthäus Merian 1627 festgehalten hat. Dem allgemein als wertvollster Teil der Burg angesehenen Gemmingenbau (heute Jura-Museum) fehlen schon seit Langem die einstigen Oberteile der Westtürme samt ihrer Zwiebelhauben. Geblieben ist die wenig expressive Architektur des Elias Holl, die man vielleicht aus Ehrfurcht vor seinem berühmten Erbauer und dem Italienbezug etwas unreflektiert überbewertet.

Die Stadtmauer hat sich in einigen Zügen erhalten. Sie verläuft hinter der Dompropstei im Osten der Altstadt und wieder gegen den Nordhang, um nur das Wichtigste zu nennen. Die Stadttore trug man im 19. Jahrhundert ab.

Vom mittelgroßen Dom sind der Kreuzgang und sein „Mortuarium" als hervorragende architektonische Leistungen der deutschen Spätgotik zu würdigen (Foto 63). Das opulente Dominventar ist ebenfalls eine Besichtigung wert: International gesehen sind insbesondere der Pappenheimer Altar und das Willibalddenkmal wahre Glanzlichter der Plastik. Zu Recht bezeichnete Georg Dehio den Residenzplatz südlich des Doms als einen „von europäischem Rang". Auf unregelmäßigem Grundriss und von einer Mariensäule von 1777 geschmückt (Foto 62), wird der Platz im Norden von der Längsfassade der ehemaligen Fürstbischöflichen Residenz (heute Landratsamt) begrenzt (Foto 64). Die Eckerker sind eine Vorliebe seines Baumeisters Jakob Engel. Die gegenüberliegende Platzseite zeigt in leichter Biegung die distinguierte Reihe der sogenannten Kavaliershöfe (Foto 66). Sie sind Gabriel de Gabrieli aus Roveredo in Graubünden zu verdanken, einem bedeutenden Barockmeister, der 1706 nach glänzender Tätigkeit in Wien und Ansbach nach Eichstätt kam. Er bereicherte die Stadt mit zahlreichen Werken, nicht zuletzt mit der fürstbischöflichen Sommerresidenz, hinter der sich der schöne Hofgarten erstreckt.

66 Residenzplatz, Kavaliershöfe

Im barocken Zeitalter entstanden weitere Kirchen Eichstätts neu oder wurden umgebaut bzw. wiederhergestellt: Sankt Walburg, Notre-Dame, Kapuziner, Maria Hilf, Kloster Rebdorf – sie zeugen alle von einem reichen Erbe. Ein trauriges Kapitel der Geschichte Eichstätts war allerdings die lang andauernde Zeit der Hexenverfolgungen, die hier vor dem Dreißigjährigen Krieg begann und erst im 18. Jahrhundert aufhörte. Damit steht das katholische Eichstätt leider dem lutherischen Lemgo zur Seite.

Der ältere Hausbestand ist insofern einzigartig, als er ein Nebeneinander von steilen und flachgeneigten Dächern zeigt. Letzterer Typ hängt mit der ländlichen Bauweise des Altmühltals zusammen, der in Deutschland wohl ein Unikum darstellt. Das Altmühltal-Haus trägt ein sogenanntes Legschieferdach, seine Deckung erfolgt mit dünnen Kalkplatten.

Im Fachwerkbau setzte sich der reine Stockwerksbau ungewohnt früh durch – Beispiele kurz nach 1300 haben sich in der Stadt erhalten, so am Markplatz 9 und Widmanngasse 8. An der Brodhausgasse 1 steht ein gotisches Fachwerkhaus von 1453, dreigeschossig, in dessen Erdgeschoss Balken von 1312 Zweitverwendung fanden (Foto 65). Es handelt sich um ein in der deutschen Fachwerkliteratur recht bekanntes Baudenkmal.

1972 wechselte Eichstätt nach der bayerischen Gebietsreform geschichtswidrig von Franken nach Oberbayern. 1980 wurde die Katholische Universität gegründet. Ihre 4500 Studenten prägen heute das Leben der kleinen Stadt.

PdlR

67 Altstadt von Süd/Südwest

ERFURT

68 Dom, St. Severi und große Treppe von Südost

69 Reglerkirche von Südwest

70 Dom, Triangel von Nordost

Von den Landeshauptstädten der 16 deutschen Bundesländer ist Erfurt das wichtigste historische Flächendenkmal und zugleich als das schönste bzw. wertvollste zu würdigen (Foto 67). In anderen Bundesländern sind lediglich Schwerin und Wiesbaden unzerstört bzw. wenig kriegszerstört gewesen. Aufgrund der Größenordnung von Schwerin bzw. der eigentlich sehr jungen Geschichte Wiesbadens kommen diese beiden Städte – die im vorliegenden Buch ebenfalls aufgeführt werden – unmöglich als Konkurrenten von Erfurt infrage.

Dazu zählte Erfurt im Spätmittelalter mit seinen fünfzehn- bis zwanzigtausend Einwohnern zu den wenigen „Großstädten" des Deutschen Reiches (Köln, Lübeck, Nürnberg, Magdeburg, Regensburg, Straßburg). Von diesen ist bekanntlich im heutigen Deutschland außer Erfurt nur Regensburg als mittelalterliches Flächendenkmal auf uns gekommen (Magdeburg und Köln befanden sich lange Zeit vor dem Krieg aus unterschiedlichen Gründen nicht mehr im ursprünglichen Zustand, Lübeck wurde im Zweiten Weltkrieg schwer, Nürnberg schwerst zerstört).

Der Denkmalbestand Erfurts ist ungewöhnlich groß, dessen Rang ungewöhnlich hoch. Warum die Stadt noch nicht in die Liste des Welterbes der UNESCO aufgenommen wurde, ist nicht nachvollziehbar, wenn auch symptomatisch für die Beliebigkeit in der diesbezüglichen Auswahl. Für einen solchen Titel dürfte die hochdramatische Gruppierung von Dom und Sankt Severi mit der sie verbindenden mittelalterlichen Treppenanlage mehr als ausreichend sein – auch ohne weitere Prädikate (Foto 68). Und davon gäbe es genug! Beispielsweise ist seit dem Untergang des Vieux

Pont in Meaux nahe Paris im Brand von 1920 die Erfurter Krämerbrücke die einzig bedeutende, mit Häusern umsäumte Originalbrücke nördlich der Alpen! (In Meaux hatten die Häuser Mühlenfunktion.)

Erfurt war weder Freie Reichs- noch Residenzstadt. Obwohl es ab 750 und für ganze 1052 Jahre (!) Mainzer Territorialbesitz war, konnte sich die Bürgerschaft im 14. und 15. Jahrhundert so gut wie unabhängig von dem erzbischöflichen Landesherrn machen. Dabei schloss sie gar einen Bund mit den freien Reichsstädten Mühlhausen und Nordhausen und wurde vom Kaiser zu den Reichstagen geladen. Der Reichtum ging auf die Eigenschaft als wichtigster Waidhandelsplatz des Reiches zurück. Das begehrte *Isatis* war vor seiner Verdrängung durch das Indigo für die Blaufärbung unverzichtbar. Architektur, Kunst und Kultur blühten auf, 1389 gründete man hier die zweite städtische Universität des Reiches, die um 1500 humanistisches Zentrum wurde. Luther immatrikulierte sich dort im Jahre 1501. Allerdings zeichnete sich bereits ein Niedergang ab, der nicht zuletzt durch die Konkurrenz Leipzigs ausgelöst wurde, das 1497 und 1507 Messe- und Stapelprivileg erhielt. Erschwerend kamen wenig später die lang anhaltenden, mal besser, mal schlechter gelösten konfessionell-politischen Konflikte hinzu: Der mehrheitlich lutherischen Bevölkerung stand ein katholischer Landesherr gegenüber. Nach dem Dreißigjährigen Krieg hatte der Rat kaum noch Einfluss. Symbol des katholischen Triumphs ist ab 1665 der Bau der Zitadelle durch den Mainzer Erzbischof Philipp von Schönborn. Der Verlust an Bedeutung sorgte erfreulicherweise dafür, dass das mittelalterliche Stadtbild größtenteils erhalten blieb. Anfang des 18. Jahrhundert kam eine punktuelle Bereicherung durch palastartige Bauten, so Statthalterei und Packhof. Sie schafften es aber nicht, das Stadtbild barock umzudeuten.

Der Zweite Weltkrieg verursachte keine Flächenzerstörung. Es gingen durch Bombentreffer allerdings einzelne wichtige Bauten unter, so das Collegium maius, dessen Wiederaufbau erst 2011 fertiggestellt wurde. Die Barfüßerkirche blieb als Ruine: Auf dem Luftbild rechts kann man leicht erkennen, dass die eine Hälfte des Langhauses fehlt – der eindrucksvolle Chor steht aber noch. Die Jahrzehnte der DDR waren problematisch. Einerseits wirkte sich der Geldmangel positiv aus (keine Zerstörung durch Großinvestoren wie im Westen), andererseits war aber die aus demselben Grund verursachte Vernachlässigung historischer Bausubstanz zu beklagen. Am Juri-Gagarin-Ring entstanden direkt an der Altstadt vulgär-funktionalistische Neubauten, über die sich keiner freuen kann. Sie sind ein Beispiel für die Ideologie, das historische Erbe mit sozialistischen Errungenschaften zu übertrumpfen. Heute, 25 Jahre nach dem Mauerfall, präsentiert Erfurt wieder seine glanzvolle Geschichte in frischen Farben und sauberen Steinflächen – eine wunderbare Metamorphose vom Grau ins Farbige!

71 Domplatz/Stunzengasse mit Haus zur Lamprete und St. Severi

72 Krämerbrücke Nordseite

73 Krämerbrücke, Blick vom Turm der Ägidienkirche von Ost nach West

74 Dominikanerkirche St. Johannes Evangelist, Westfassade

75 Haus zum Breiten Herd, Fischmarkt 13

Wichtig ist Erfurt also als Ensemble, als städtebauliches Denkmal mit den Höhepunkten Domberg und Krämerbrücke, als Stadt der Romanik: Schotten-, Regler- (Foto 69), Peterskirche, erstrangige Domausstattungsstücke; der Gotik: Dom, Severi, Dominikaner, Barfüßer, Augustiner, Ägidien, Michaelis mit Laasphe-Kapelle, Allerheiligen, Andreas, Brunnenkirche, Kaufmannskirche, Lorenz, Martini, Magdalena, Wigberti. Hinzu kommen die Türme abgerissener Kirchen wie St. Bartholomäus, Georg, Johannis und Paul. Erfurt ist zudem eine Stadt mit reichem Fachwerkbestand (insbesondere Gotik und Renaissance) und eine Stadt reicher Renaissancehäuser (zur Hohen Lilie, zum Roten Ochsen, zum Breiten Herd, zum Stockfisch). Auch die Korn- und Stapelspeicher aus Gotik und Barock sind beachtlich.

Am Anger hat sich ein wichtiges Ensemble historistischer und frühmoderner Bauten erhalten. Es ist nicht möglich, in diesem Kurztext oder durch die hier begrenzte Zahl von Bildern ein umfassendes Bild der Reichtümer Erfurts zu vermitteln, von den Kunstschätzen ganz zu schweigen, insbesondere was gotische Malerei betrifft.

Wahrzeichen der Stadt bleibt der Domberg. Die Gruppierung beider ehemaliger Kollegiatsstiftskirchen, Beata Maria Virginis und Sankt Severi, sucht europaweit ihresgleichen, vergeblich. Ein Luftfoto lässt die Bauvolumina in idealer Weise wahrnehmen (siehe nochmals Foto 68). Der ursprünglich romanische „Dom" sticht durch den langen hohen Chor hervor, der Platz für fast 90 Kanoniker bot. Die romanische Kirche endete bei den Chortürmen, für den 1349–70 erfolgten Bau des Langchores mussten Substruktionen – hier Kavaten genannt – errichtet werden, da weiter östlich der natürliche Domhügel endete. Diese Maßnahme hing mit der Anlage einer Riesentreppe zusammen, der im ganzen Mittelalter nichts zur Seite zu stellen ist! Sind wir heute nach Barock und Historismus an solche Monumentalgesten gewöhnt, so ist die Bedeutung dieser gotischen Baumaßnahme unermesslich groß. Der Eingang in den Dom erfolgt seit 1330 durch das höchstoriginelle „Triangel" (Foto 70), ein übereck frei gestelltes Portal, das auf die Kirchengänger am Ende der Treppe wartet – ein epochales Ensemble! Das Kirchenschiff selbst entstand im 15. Jahrhundert. Zur selben Zeit baute man einen dritten Turm zwischen den ihrerseits gotisch erhöhten romanischen Türmen, wodurch eine Dreiergruppe von großartiger Wirkung entstand. Man bedenke, dass die Schauseite dieser Kirchen der Osten ist, stadtseitig also. Die Wiederholung einer Dreiturmgruppe in Sankt Severi steigert die Macht der Gruppe bis ins Magische ... (Foto 71).

Das heute wieder als Walm gezimmerte, kupfergedeckte Dach des Domes (dessen genaue Entsprechung der ziegelgedeckte Walm von Sankt Severi von 1473 ist) konnte 1968/69 auf die mittelalterliche Gestalt zurückgebracht werden. Hier hatte das 19. Jahrhundert wie vielerorts übel interveniert: das alte Dach zerstört und durch ein Satteldach für das Hauptschiff und Quersatteldächer für die Seitenschiffe ersetzt – eine willkürliche Laune der Neogotiker. Jetzt ist es wieder richtig. Als Überbleibsel des frühen Historismus sind heute noch die drei Turmhelme zu sehen. Die ursprünglichen waren jedoch bereits abgegangen, sie ähnelten denen von Sankt Severi sehr, waren aber unglaublicherweise sogar figürlich gemalt. Statt der einst nadelspitzen Helme, die nicht wiederhergestellt wurden, stellen die bis heute erhaltenen Domhelme der 1830er-Jahre eine lauwarme, viel niedrigere Lösung dar als die der durch mehrere alte Stadtansichten übermittelten Originalgruppe – allen voran im Christophorus-Bild von 1499 an der Südwand des Dominneren.

Im 19. Jahrhundert kam es außerdem zum Abriss des historischen, im Kern gotischen Konglomerats des Rathauses. Es wurde 1870–74 durch ein neogotisches ersetzt – ein beklagenswerter Verlust.

Als zweites Wahrzeichen von Erfurt fungiert die Krämerbrücke (Fotos 72 und 73), der uralte Übergang der *Via Regia* über die Gera. Die Brücke wurde 1325 zu einer von traufständigen Häusern flankierten Straße über sechs steinernen Bögen angelegt. Frühere Vorgängerbrücken aus Holz wurden immer wieder Opfer der Flammen. Die Brückenköpfe bildeten zwei Kirchen, von denen die östliche, die Ägidienkirche, erhalten ist. In den Fachwerkhäusern wurde Handel mit Gewürzen, Stoffen und Geschmeiden getrieben. Diese heute noch erhaltenen Häuser datieren nach dem Brand von 1472 und wurden später zu größeren Einheiten zusammengelegt.

Stellvertretend für die Erfurter Bettelordenskirche sei hier die turmlose Fassade der im 14. Jahrhundert begonnenen und im 15. Jahrhundert fertiggestellten Dominikanerkirche gezeigt (Foto 74), die Predigerkirche Sankt Johannes Evangelist. Das weiträumige Innere lässt die Bedeutung erkennen, die die Mönchsorden der bevölkerungsreichen Stadt beimaßen. Als Beispiel für die reichen Renaissancefassaden Erfurts steht hier die

76 Marktstraße mit Haus zum Güldenen Rade und Allerheiligenkirche

des Hauses zum Breiten Herd (Fischmarkt 13, Foto 75), das für den Stadtvogt und Ratsmeister Heinrich von Denstedt 1584 gebaut wurde. Als charakteristischer Straßenzug der Erfurter Altstadt kann die Marktstraße gezeigt werden (Foto 76), die Verbindungstraße vom Domplatz zum Fischmarkt. Beherrscht wird sie vom gotischen Turm der Allerheiligenkirche mit ihrer für Erfurt typischen, schlichten Pfarrkirchenarchitektur.

Wenn sogar ein Kurzinventar wie der Dehio „Thüringen" von 1998 Erfurt stolze 113 Seiten widmet, sollte dem Leser die Beschränkung des Vorliegenden klar sein.

PdlR

77 Die Kernstadt von Süden/Südosten

ESSLINGEN am Neckar

78 Altes Steuer- und Brothaus („Rathaus")

Esslingen weist einen dichten und wertvollen mittelalterlichen Baubestand auf. Wenn man sich in der Altstadt aufhält, kann man diese als eine der schönsten in ganz Deutschland empfinden. Ein Problem ist allerdings der Verlust der ursprünglichen Umgebung durch zu viele Verkehrsanbindungen, durch Industrie und wilde Überbesiedlung. Selbst die für sich genommen kompakte Kernstadt wurde am Nordrand durch den Ausbau der Augustinerstraße (der Kreisstraße K1270) aufgeschnitten: Frauenkirche und Salemer Pfleghof sind von der Altstadt getrennt – die alte Vorstadt „Beutau" sowieso. Für die weitere Zerteilung des alten Esslingen sorgt die Entengrabenstraße (die Landstraße L1150). Dies alles zeugt von einem defizitären Umgang des 20. Jahrhunderts mit dem kostbaren Erbe. Harmonisch schließt die Altstadt nur nach Norden hin ab, zum Berghang mit Stadtmauer und „Burg".

Der historische Eingang in die Stadt erfolgte im Südwesten durch die Vorstadt Pliensau über zwei steinerne Brücken über den Neckar bzw. den Roßneckarkanal. Beide dürften noch aus dem 13. Jahrhundert stammen. Während die erste halbiert ist und heute recht ungünstig über der Bundesstraße 10 liegt, ist die Innere Brücke gut erhalten (Luftbild 77 Mitte links), sie trägt sogar auf den Strompfeilern eingeschossige Häuser und die hochgotische Brückenkapelle St. Nikolaus.

Als ein Hauptort der sakralen Früh- und Spätgotik zeigt sich Esslingen in seiner westlichen Altstadtspitze mit drei Nachbarkirchen: St. Dionysius, „Münster" St. Paul und Frauenkirche (im Luftbild oben links). Ferner steht die ehemalige Franziskanerkirche (heute Ev. Hintere Kirche), von der nur der hohe Chor erhalten ist, mitten in der Altstadt (Luftbildmitte).

Der Marktplatz erstreckt sich hinter dem Chor des turmlosen „Münsters" nach Osten, in den Rathausplatz übergehend. Der langgestreckte Doppelkörper des ehemaligen Steuer- und Brothauses mit den vielen Dachgauben ist auf dem Luftbild erkennbar.

Nicht weniger bedeutend zeigt sich Esslingen für die Geschichte des Fachwerks aus frühgotischer Zeit, da außer dem Steuer- und Brothaus sogar eine Reihe von Häusern aus dem 13. Jahrhundert erhalten sind (zum Beispiel Heugasse 3, Webergasse 8, Pliensaustraße 9/11, Peterlingasse 1, Ehnisgasse 18, Roßmarkt 31), was als phänomenal zu gelten hat – hier ist höchstens ein Vergleich mit Limburg an der Lahn möglich. Hinzu kommen die Bestände des 14. und 15. Jahrhunderts, meist stattliche Häuser, die den interessierten Besucher beeindrucken.

79 Rathausplatz/Hafenmarkt, Bürgerhäuser

80 Haus Hafenmarkt 5

Kaum ein Fachwerkbau in Europa besitzt die Kraft des „alten Rathauses", das eigentlich 1422 als Steuerhaus über der Brot- und Fleischbude gezimmert wurde (Foto 78). In Anbetracht der Stärke der Hölzer, ihrer durch vorspringende Dübel gesicherten Verbindungen und der kräftigen Geschoss-Vorkragungen fühlt man sich in urige Zeiten der Architekturgeschichte zurückversetzt! Nur zwischen 1803 und 1841 fungierte der Bau als Rathaus. Der nördliche Bereich des Gebäudes wurde im Sinne der deutschen Renaissance umgestaltet und verputzt. Im zweiten Obergeschoss ist der herrliche Vorsaal zu den marktseitigen Stuben von 1586 erhalten. Das eigentlich spätgotische reichsstädtische Rathaus brannte 1701 ab und wurde barock neugebaut (heute Amtsgericht).

Das hohe Alter Esslinger Häuser ist oft mit bloßem Auge erkennbar, wenn man weiß, wie ein mittelalterliches Gefüge aussieht – so am Haus Rathausplatz/Ecke Hafenmarkt (Foto 79). Erstes und zweites Obergeschoss datieren aus der Gotik, das zeigt der weite Abstand der Ständer (es gibt hier außer den Eckständern nur einen weiteren, mittigen), die Verstrebungen sind angeblattet und nicht verzapft. Das oberste Geschoss und der Giebel zeigen eindeutig die nachmittelalterliche Aufstockung. Am rechten, auf dem Foto abgeschnittenen Haus ist Vergleichbares zu sehen. Viele Häuser geben jedoch ihr Alter nicht zu erkennen, so das Haus Hafenmarkt 5 (Foto 80). Die Erbauungszeit um 1333 betrifft den Kern. Das Haus ist bis auf den Giebel verputzt, und dieser zeigt eine dekorative spätgotische Formensprache, die einer Datierung vor 1500 widerspricht. Wie auch immer, zahlreiche Häuser an diesem Platz datieren bis ins 14. Jahrhundert – ein kostbares Erbe.

Auch der Marktplatz – der einen neuen Boden bräuchte – wird von stattlichen Fachwerkhäusern umsäumt (Foto 81). Besonders auffällig ist das sehr breite „Kielmeyersche Haus" mit seinem prächtigen Fachwerkgiebel, 1582 gezimmert. Es ist ein letzter Bauzeuge des Katharinenspitals.

81 Marktplatz mit „Kielmeyerschem Haus"

82 Speyrer Pfleghof, Georg-Chistian-von-Kessler-Platz

Am Chor der Dionysius-Kirche steht der alte Speyrer Pfleghof (Foto 82), er gehörte von 1213 bis 1547 dem Domkapitel in Speyer. Pfleghöfe waren die Wirtschaftsstellen auswärtiger Klöster, die Besitz in Esslingen hatten – Weinberge. Die Höfe besaßen eigene Keltern, so auch dieser. Selbst heute findet sich hier eine Sektkelterei. Um 1500 wurden zwei Häuser vereinigt, das Ensemble ist durch nachmittelalterliche Umbauten geprägt. Die steinernen Zierformen entstanden um 1601.

Das aus einer Alemannensiedlung entstandene Esslingen wurde 777 erstmals erwähnt. Damals bestand hier eine mönchische Niederlassung, die zum Kloster Saint-Denis nördlich von Paris gehörte. Der Neckarübergang und der jährliche Markt bei der Klosterzelle standen am Anfang der wirtschaftlichen Entwicklung Esslingens, das um die Mitte des 13. Jahrhunderts den Rechtsstatus einer freien Reichsstadt erreichte. Alle vier Bettelorden waren in der Stadt vertreten. Der Rat setzte sich aus Patriziern und Zunftmeistern zusammen. Weinbau und Weinhandel blühten. 1531 trat Esslingen der Reformation bei, die Bettelordensklöster wurden geschlossen. Das heute katholische „Münster" St. Paul aus dem 13. Jahrhundert ist ein Paradebeispiel der Architektur des Dominikanerordens.

Das ursprüngliche steile Dach ging 1830 verloren und wurde anschließend als flaches Satteldach (auf dem Foto 83 im Vordergrund links) gezimmert: Aus dieser Perspektive gibt es freien Blick auf den trutzigen Bau von St. Dionysius. Allein das Patrozinium erhält die Erinnerung an Frankreich in dem sonst sehr „bodenständig" geprägten Gebäude. Es besteht aus unterschiedlichen Bauteilen: hoher Chor mit Flankentürmen und schlichtes basilikales Langhaus. Bei den Türmen fallen die überdimensionierten Strebepfeiler auf, die sie im 15. und 18. Jahrhundert vor dem Einsturz bewahrten. 1643–50 mussten sogar zwei Brücken mit Zugankern die Türme stabilisieren, die obere ist erhalten (um 1900 erneuert). Brücken zwischen Turmobergeschossen bzw. -helmen sind in Deutschland bekannt (Dietkirchen, Osterwieck, Halberstadt, Stendal, früher Marburg). Sankt Dionysius beherbergt ein in hohem Maße kunstvolles Inneres mit Ausstattungsstücken aus katholischer und evangelischer Zeit. Selbst der Lettner zwischen Langhaus und Chor ist erhalten.

83 Sankt Dionysius von Nordwesten, links Dachreiter von St. Paul

84 Frauenkirche, Turm von Südwesten

Durch die feingliedrige Frauenkirche steht Esslingen auf der Höhe der wichtigsten Bauhütten der deutschen Spätgotik (Foto 84). Hier waren dieselben Meisterfamilien am Werk, die in Straßburg, Ulm, Basel und Bern die Wunderwerke dieser Zeit in Europa hervorbrachten: die Ensinger und die Böblinger. Hans und Matthäus Böblinger haben seit 1863 in der Kirche ihre letzte Ruhestätte unter einem selbst errichteten (!) Baldachin von 1479 gefunden. Der Turmentwurf ist wohl Ulrich Ensinger zuzuschreiben. Allerdings wurde der Achtort des Turmes 1454 unter Hans Böblinger begonnen und war 1478 so gut wie fertig – der Abschluss erfolgte erst 1507. Der Entwurf ist typisch spätgotisch asymmetrisch – wie die Türme des Basler Münsters auch, der Helm trägt einen „Mastkorb" – ein Motiv, das Hans von Köln bis nach Burgos in Spanien transportierte. Dieser durchbrochene Maßwerkhelm von 72 Metern Höhe ist nach dem Urvorbild von Freiburg im Breisgau der schönste seiner Gattung – vor Straßengel, Basel, Thann, Rottenburg/Neckar, Meißenheim/Glan, Bozen und schließlich Burgos. Darüber hinaus stellt das Langhaus ein sehr frühes Beispiel eines Hallenraums im deutschen Südwesten dar – leider bei dem Bildersturm von 1532 und der Purifizierung von 1861–63 geleert.

PdlR

85 Luftbild von Süden mit Markt, Petrikirche (vorne links), Schloss Freudenstein (oben links), Dom (Mitte) und Nikolaikirche (rechts)

FREIBERG

86 Rathaus, Marktfront
87 Haus Obermarkt 17, Südfassade

Freiberg, die mittelsächsische Stadt am Nordrand des Erzgebirges, erhielt ihre historische Bedeutung durch den Bergbau. In ihrer Nähe befanden sich reiche Lagerstätten von Bunt- und Edelmetallen, deren jahrhundertelang betriebener Abbau nicht nur die Wirtschaftskraft der Stadt fundamentierte, sondern auch erheblich zum Reichtum des Kurfürstentums Sachsen beitrug. Ein bedeutendes Erbe des seit 1969 eingestellten Bergbaus ist die bereits 1765 gegründete Bergakademie. Sie war die weltweit erste Hochschule für das Montanwesen, die daraus hervorgegangene Technische Universität besitzt heute einen internationalen Ruf. Ausgangspunkt für die Entstehung Freibergs (Foto 85) war die Gründung einer dörflichen Siedlung durch Markgraf Otto von Meißen in der Mitte des 12. Jahrhunderts. Dieses „Christiansdorf" lag im östlichen Bereich der Altstadt. Mit der Entdeckung der Erzlagerstätten und dem Zuzug von Bergleuten aus dem Harz erfolgte bereits in den 1160er-Jahren eine Erweiterung der Siedlung mit der „civitas saxonum" (Sachsenstadt). Wenig später, zwischen 1171 und 1175, ließ der wettinische Markgraf Otto an der Nordwestecke der heutigen Innenstadt zur Sicherung und Überwachung der jungen Bergbausiedlung eine Burganlage errichten, das spätere Schloss Freudenstein. Vor der Burg bildete sich eine Burglehnsiedlung. In der Senke zwischen Burgquartier und der „civitas saxonum" entstand um 1180 mit dem Untermarkt ein erster Handelsplatz. Hier wurde bald darauf, vermutlich auf Veranlassung Ottos von Meißen, der Bau der Marienkirche als romanische Basilika mit Westriegel begonnen. Noch vor 1200 ist auch der Baubeginn der Nikolaikirche anzusetzen, die wuchtigen

Türme ihres spätromanischen Westbaus recken sich noch heute gen Himmel. Bergbau und Handel sorgten für ein sprunghaftes Wachstum der hochmittelalterlichen Stadt. Folge war die planmäßige Anlage der Oberstadt mit ihrem regelmäßigen Straßennetz im ersten Viertel des 13. Jahrhunderts. Mit 46,6 Hektar war Freiberg lange die flächenmäßig größte Stadt Sachsens, auch ihre Einwohnerzahl wurde erst im 15. Jahrhundert von Leipzig überholt. Nach 1300 machten sich spätmittelalterliche Krisenerscheinungen und eine Stagnation des Bergbaus bemerkbar. Seit dem 16. Jahrhundert konnte Freiberg wieder prosperieren, bis der Dreißigjährige Krieg und später der Siebenjährige Krieg tiefe Rückschläge brachte.

Rückgrat der Oberstadt ist der lange Straßenzug Erbische Straße/Burgstraße. Er führt vom ehemaligen Erbischen Tor entlang des Rathauses bis zum Schloss Freudenstein. Östlich dieser „Achse" geht der planmäßig angelegte Stadtkörper der Oberstadt in das unregelmäßige Wegenetz der älteren Stadtquartiere über. Dieser Wechsel und die bewegte Topografie tragen nicht unerheblich zum Reiz des Stadtbildes bei. So großzügig die Oberstadt angelegt ist, so weiträumig ist auch der dortige

88 Dom St. Marien, Luftaufnahme von Nordosten

Hauptplatz, der Obermarkt. Seine Ostseite wird fast ganz vom lang gestreckten Rathaus eingenommen, dessen Platzfront durch einen Turm akzentuiert wird (Foto 86). Das Bauwerk entstand, unter Einbeziehung älterer Bausubstanz, im Wesentlichen 1470–74 und wurde in der Renaissancezeit prägend neu gestaltet. Leider ersetzte man das hohe Steildach 1857 durch ein unpassend flaches Satteldach. Hohe Steildächer bestimmen jedoch die übrige Umbauung des Marktes und zeigen, dass die Profanarchitektur Freibergs von traufständigen Häusern bestimmt wird. Mehrfache Großbrände, spätestens diejenigen von 1471 und 1484, zerstörten die meisten bis dahin vermutlich noch vorhandenen Fachwerkbauten. An ihre Stelle trat der für sächsische Städte so typische Steinbau mit Putzfassade, profilierten Fenstergewänden und Bogenportalen. In Freiberg sind solche Häuser aus dem 16. und 17. Jahrhundert noch in ungewöhnlich großer Zahl und in allen Größenordnungen zu besichtigen. Am Obermarkt und in seiner Umgebung stehen die größten und schönsten Häuser. Besonders beeindruckend sind die mächtigen Traufbauten wie das Eckhaus Obermarkt 1 mit schönem Portal und Volutengiebel, Obermarkt 16 (Kaufhaus von 1545/46) und Nr. 17 (1528–31), ein viergeschossiges Haus mit Frührenaissanceportal (Reliefdarstellungen des Bergbaus) und riesigem Satteldach (Foto 87). In der nahe gelegenen Burgstraße begeistern die in der Spätrenaissance entstandenen Häuser Nr. 5 und Nr. 7 mit ihren prachtvollen Erkern, wobei der Eckerker von Burgstraße 5 (1616/17) an einer wichtigen Kreuzung auch städtebaulich wirkt.

Im Westen des Obermarkts ragt, von einer hufeisenförmigen Bebauung umgeben, die Pfarrkirche St. Petri auf. Auf die Gründungszeit der Kirche um 1210/20 gehen noch der Westbau und große Teile des Lang- und Querhauses zurück. Im 15. Jahrhundert erfolgte der Umbau zur Hallenkirche mit einschiffigem Chor. Der runde Hahnenturm im südlichen Chorwinkel verweist auf einen ursprünglich wohl viertürmig geplanten Sakralbau. Bestimmend für die Silhouette der im 18. Jahrhundert neu gestalteten Kirche ist der Petriturm mit seiner barocken Schweifhaube. Das mit Abstand bedeutendste Bauwerk Freibergs ist jedoch St. Marien

89 Dom, Goldene Pforte am Südquerarm

90 Untermarkt mit Dom und Domherrenhof (Museum)

91 Schloss Freudenstein, Südfassade

(Foto 88). Nachdem hier 1480 ein Kollegialstift eingerichtet worden war, wurde die Kirche in der Folge des Stadtbrandes von 1484 als „Dom" bis 1512 weitgehend neu aufgebaut. Damit entstand eine der Meisterleistungen in der großen Reihe der sächsischen Hallenkirchen. Im Langhaus tragen achteckige Pfeiler mit konkaven Seiten ein wundervolles Netzgewölbe. Der einschiffige Chor zeigt noch die Seitenwände des romanischen Vorgängerbaus und endet mit einem spätgotischen Polygon. Er diente von 1541 bis 1694 als Grablege für die Wettiner der albertinischen Linie und wurde zu diesem Zweck ab 1592 nach Entwürfen des Italieners Giovanni Maria Nosseni umgestaltet. Seitdem zeigt das Polygon die einzigartige Verbindung von Bauformen der Gotik und der Renaissance. So sind seine Strebepfeiler zu ionischen Pilastern umgewandelt. Die Ausstattung der Grabkapelle und die Grabmale selbst sind von größter Pracht und überdecken die spätmittelalterliche Architektur. Weitere Glanzlichter des Freiberger Doms sind die berühmte Tulpenkanzel, die Silbermannorgel und, vor allem, die „Goldene Pforte" am südlichen Querhausarm (ursprünglich Westportal, Foto 89). Das mit reichstem Bau- und Figurenschmuck versehene Rundbogenportal aus der Zeit um 1230 kann als bedeutendste Schöpfung romanischer Architektur in Sachsen gelten.

Bemerkenswert ist der 1902 errichtete Schutzbau vor dem Portal, er zeigt eine selbstbewusst gewählte Formensprache mit Einflüssen des Jugendstils und zeugt von der langsamen Überwindung des Historismus in der Zeit um 1900.

Die schönste Ansicht des Doms bietet sich vom Untermarkt, besonders im Zusammenspiel mit den Bauten an der Westseite dieses annähernd dreieckigen Platzes (Foto 90). Hier ist das spätmittelalterliche Stadtbild noch besonders wirksam, der herrliche Backsteinziergiebel des Domherrenhofs korrespondiert mit dem riesigen Ostgiebel des Domlanghauses. Über die von wertvollen Baudenkmälern flankierte Kirchgasse gelangt man auf den Vorplatz von Schloss Freudenstein (Foto 91). Die im 16. Jahrhundert zur vierflügligen Residenz ausgebaute Burg wurde in der Zeit um 1800 zu einem Kornmagazin und verlor damit wesentliche Teile ihrer Renaissancearchitektur. Seit 2008 ist hier das Mineralienmuseum „terra mineralia" zu Hause. Schloss Freudenstein war in die Stadtbefestigung einbezogen, von der noch einige Mauerabschnitte und mächtige Türme erhalten sind. Im Verlauf der einstigen Befestigung umkränzen Grünanlagen und Teiche die wunderschöne Altstadt von Freiberg.

EA

92 Luftbild von Südwesten mit Obermarkt und St. Peter (Mitte) und St. Marien mit Untermarkt (oben); links: Holztor

GELNHAUSEN

93 Blick von der Stadtbefestigung („Halbmond") auf St. Marien

vom Erzbistum Mainz erworbene „castrum Geylenhusen" ein Vorgänger der staufischen Pfalz war. Mit dem Bau dieser Pfalz erhob Friedrich I. Gelnhausen 1170 offiziell zur Stadt. Die günstige Lage und ihre Privilegien ließen ein prosperierendes Gemeinwesen entstehen. Bedeutende Ereignisse wie Reichs- und Hoftage zogen zahlreiche Besucher in die Stadt. Für die Stauferzeit sind dreißig Kaiserbesuche überliefert. In die Geschichte eingegangen ist der Reichstag zu Gelnhausen im Jahr 1180. Hier wurde die Macht Heinrichs des Löwen durch den Entzug des Herzogtums Sachsen gebrochen.

Die ovale Altstadt befindet sich am Nordufer der Kinzig in einer Hanglage und bietet ein eindrucksvolles Panorama (Foto 92). Das Straßennetz ist von zwei parallelen West-Ost-Straßenzügen bestimmt. An beiden Hauptstraßen ist ein rechteckiger Markt angelegt. Es handelt sich um eine weitgehend planmäßig angelegte Stadtsiedlung. Der ältere Siedlungskern lag vermutlich im Bereich des Obermarktes und der Peterskirche. Im Südosten der Altstadt befindet sich, auf einer von zwei Flussarmen der Kinzig gebildeten Insel, die Pfalzanlage. Ab 1346 kam südlich des Flusses die Vorstadt Ziegelhaus hinzu. Kurz darauf, im Jahr 1349, wurde die Reichsstadt Gelnhausen von Kaiser Karl IV. erstmals an die Grafschaft Hanau

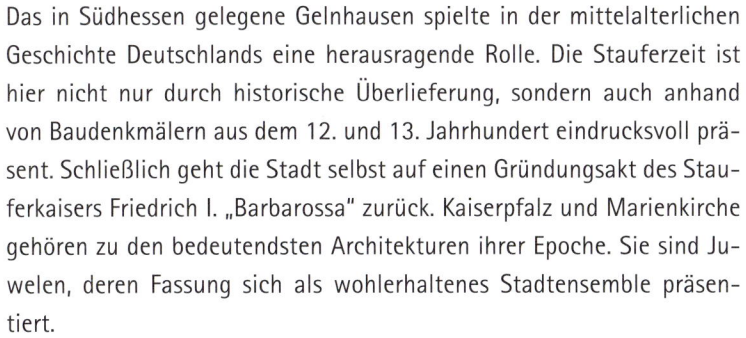

Das in Südhessen gelegene Gelnhausen spielte in der mittelalterlichen Geschichte Deutschlands eine herausragende Rolle. Die Stauferzeit ist hier nicht nur durch historische Überlieferung, sondern auch anhand von Baudenkmälern aus dem 12. und 13. Jahrhundert eindrucksvoll präsent. Schließlich geht die Stadt selbst auf einen Gründungsakt des Stauferkaisers Friedrich I. „Barbarossa" zurück. Kaiserpfalz und Marienkirche gehören zu den bedeutendsten Architekturen ihrer Epoche. Sie sind Juwelen, deren Fassung sich als wohlerhaltenes Stadtensemble präsentiert.

Schon vor der Zeit Kaiser Friedrichs I. existierte im Tal der Kinzig eine Siedlung, die 1133 erstmals als „Geilenhusen" erwähnt wurde. Ihre Lage hatte den Vorzug der Kreuzung wichtiger Verkehrswege: Die Via Regia, der Königsweg von Frankfurt nach Leipzig, traf hier auf die alte Straßenverbindung zwischen Spessart und Vogelsberg. Unklar ist, ob das 1158

94 Untermarkt mit St. Marien, rechts: das Romanische Haus

95 Blick von Westen auf den Obermarkt mit dem Neuen Rathaus

96 Kuhgasse 3, Fachwerkhaus, Ostfassade

ßenbau angebrachte Jahreszahl 1232 bezieht sich auf den Chorbereich. Dieser erhielt nun, bis um 1250, seine charakteristische Gestalt mit Vierungsturm, Chorwinkeltürmen und polygonalem Chorschluss. Der namentlich überlieferte Baumeister, Heinrich Vingerhut, schuf hier eines der Meisterwerke spätstaufischer Architektur. In den reich gegliederten Ostteilen von St. Marien spiegeln sich der Übergang von der Spätromanik zur Frühgotik und die burgundische Schulung des Meisters. Die steilen Schieferhelme bilden hier eine wirkliche Bekrönung. Das Innere des Gotteshauses steht dem äußeren Bild nicht nach. Auch hier gipfelt die Architektur in den Ostteilen und wartet mit Preziosen wie dem großartigen Lettner und einem genial konstruierten Vierungsturm auf.

Besonders präsent ist die Marienkirche auf dem Untermarkt, wo sie hinter einer geschlossenen Fachwerkzeile aufragt (Foto 94). Neben den Fachwerkhäusern erhebt sich an der Nordostecke des Marktes ein weiteres Bauwerk aus der Stauferzeit: das 1185 errichtete Romanische Haus. Das bis 1881 von einem Fachwerkanbau verdeckte Gebäude ist zwar nicht ohne verfälschende Restaurierungen auf uns gekommen, bietet aber ein durchaus verbindliches Bild eines hochmittelalterlichen Profanbaus. Es handelt sich um den vermutlichen Amtssitz des kaiserlichen Stadtvogts und kann als Vorbild mittelalterlicher Rathäuser angesehen werden. Die bauhistorische Bedeutung dieses Saalgeschosshauses, das auch als „Altes Rathaus" bezeichnet wird, ist daher eminent.

Das „Neue Rathaus" der Stadt Gelnhausen steht indessen am Obermarkt (Foto 95). Es handelt sich um ein ursprüngliches Kaufhaus aus der Zeit um 1330. Dieses Gebäude übernahm im 15. Jahrhundert die Nutzung als Rathaus. Es wurde nach einem Brand (1736) zwar barock umgebaut, das im Kern gotische Bauwerk ist jedoch mit seinen Spitzbogenportalen der einstigen Kaufhalle noch sichtbar. Auch am Obermarkt bestimmen Fachwerkhäuser die Szenerie. Die vom Obermarkt nach Norden abzweigende Holzgasse ist Teil der einstigen Spessart-Vogelsberg-Straße und führt zum Holztor, dem einzigen erhaltenen Stadttor. Auf dem Weg dorthin schiebt sich der gotische Stufengiebel der einstigen Johanniterkommende effektvoll ins Blickfeld.

Die Gelnhäuser Fachwerkbauten repräsentieren alle Epochen vom 14. bis in das 19. Jahrhundert (Beispiel: Kuhgasse 3 aus dem 17. Jahrhundert, Foto 96). Herausragend ist allerdings das „Gotische Haus" an der Kuhgasse (Foto 97). Das 1352 errichtete Bauwerk bezeugt eine schon damals voll ausgereifte Holzbaukunst und besticht durch sein klares und wuchtiges Balkengefüge. Aber zur Bauzeit dieses Hauses war die Bedeutung Gelnhausens bereits zurückgegangen. Die steinernen Gebäudereste, Brandmauern und die zahllosen Gewölbekeller in der Altstadt geben einen

verpfändet. Die große Blütezeit der Stadt war damals bereits vorüber. Sie gelangte 1736 an Hessen-Kassel und 1866 an Preußen. Tiefster Einschnitt in die Stadtgeschichte war der Dreißigjährige Krieg mit grausamen Plünderungen und Verwüstungen (1634/35). Die Auswirkungen dieser Ereignisse sind von Hans Jakob Christoffel von Grimmelshausen im „Abenteuerlichen Simplicissimus" eindrucksvoll geschildert.

In der Fernsicht wird der Stadtkern von der Marienkirche beherrscht (Foto 93). Das vieltürmig erscheinende Bauwerk entfaltet eine geradezu fantastische Wirkung. Sein Ursprung war eine kleine einschiffige Kirche, die möglicherweise noch aus der vorstädtischen Zeit um 1150 stammte. Ihr wurde ab 1170 der kantige Westturm hinzugefügt. Es folgte nach 1200 der Neubau einer dreischiffigen Basilika mit Querhaus. Die am Au-

97 Kuhgasse mit dem Fachwerkhaus Nr. 5

dienten den kontinuierlich auf Reisen befindlichen Herrschern und ihrem Gefolge als standesgemäße Unterkunft, als Orte festlicher Zusammenkünfte und aufwendig zelebrierter Regierungsakte. In den langen Zeiten der Abwesenheit von Königen und Kaisern wurden die Pfalzen von Burggrafen verwaltet und von Burgmannen geschützt. Die Kaiserpfalz in Gelnhausen gehört zu den eher kleinen und bauzeitlich späten Beispielen ihrer Art, aber auch zu den baukünstlerisch wertvollsten weltlichen Architekturen der Romanik. Dies zeigt besonders ein Blick auf ihre großartige Bauplastik. Die Pfalzanlage entstand als Wasserburg in der Zeit um 1170 aus einem Guss. Im Jahr 1180 war die wohl vollendete Anlage Schauplatz

98 Kaiserpfalz, Ruine des Palasgebäudes

vagen Einblick in die ältere Stadtbaugeschichte Gelnhausens. In der Blütezeit des 12. und 13. Jahrhunderts muss hier eine Vielzahl steinerner Wohnhäuser existiert haben. Die Kelleranlagen dokumentieren eine ungebrochene Kontinuität in der Stadttopografie. Das große Vorbild für den qualitätsvollen hochmittelalterlichen Profanbau befindet sich unmittelbar vor Ort: die Kaiserpfalz.

Auch als Ruine vermittelt die Pfalz einen Begriff vom Anspruch königlicher und kaiserlicher Herrschaft und Repräsentation im hohen Mittelalter (Foto 98). Sie war Bestandteil eines ehrgeizigen stauferzeitlichen Burgenbauprogramms im Mittelrheingebiet und in Südhessen. Die Pfalzen

des berühmten Reichstages. Nachdem ihre Bedeutung bereits im Spätmittelalter zurückging und im Dreißigjährigen Krieg Zerstörungen erfolgten, wurde die Anlage leider bis 1814 als Steinbruch genutzt. Erhalten sind neben Teilen der Ringmauern die gewölbte Torhalle, der Torturm mit seinen charakteristischen Buckelquadern und das Unter- sowie Erdgeschoss des Palas. Steht man auf dem Pfalzhof, fällt der Blick durch das einstige Palasportal genau auf die Silhouette der Marienkirche. Damit wird der kunsthistorische Rang Gelnhausens noch einmal sinnbildhaft deutlich.

EA

GÖRLITZ

99 Luftbild von Südost mit Obermarkt (links oben), Untermarkt (Mitte) und St. Peter (rechts)

100 Luftbild von Südwest mit Rathaus, St. Peter und dem Vogtshof (urspr. Burganlage)

101 Der Dicke Turm markiert die Südwestecke der Stadtbefestigung.

102 Untermarkt mit Rathaus und Laubenganghäusern, rechts: die „Zeile"

Görlitz ist die östlichste Stadt der Bundesrepublik. Sie liegt genau auf dem 15. Längengrad. An dieser Linie ist die Mitteleuropäische Zeit orientiert. Sie wurde früher bisweilen auch als „Görlitzer Zeit" bezeichnet. Heute kann man den Eindruck gewinnen, in Görlitz sei die Zeit stehengeblieben. Nur wenige Orte in Deutschland können eine solch geschlossene und ausgedehnte Denkmallandschaft aufweisen wie diese Stadt in der Oberlausitz. Dies gilt für die großartige Altstadt genauso wie für die Stadtquartiere aus dem 19. Jahrhundert. Die Stadtteile östlich der Neiße gehören seit dem Ende des Zweiten Weltkrieges zu Polen und heißen seitdem Zgorzelec. Die Altstadt (Foto 99) und das gründerzeitliche Stadtzentrum liegen auf der Westseite des Flusses. Aufgrund ihrer Lage und der langen Zugehörigkeit zu Böhmen und später zur preußischen Provinz Schlesien zeigt die Görlitzer Kernstadt ein einzigartiges Fluidum: Architektur und Städtebau lassen hier den Einfluss des böhmisch-schlesischen Kulturkreises erkennen. Auffälligstes Merkmal dafür ist die Ringbebauung mit den Laubengängen am Untermarkt.

Die Spuren der ältesten Besiedlung in der Umgebung von Görlitz reichen bis in die Jungsteinzeit zurück. Im frühen Mittelalter (7./8. Jahrhundert) lebten hier Menschen slawischer Herkunft. Nach 960 eroberte Markgraf Gero die Lausitz für die Mark Meißen. Damit wurde dieser Landstrich Teil des Deutschen Reiches. An das Licht der Geschichte trat Görlitz mit einer ersten urkundlichen Erwähnung des Dorfes Gorelic im Jahr 1071. Das Dorf lag im Nordwesten der späteren Altstadt und existiert noch heute als Nikolai-Vorstadt, benannt nach der ältesten Görlitzer Kirche. Im späten 11. Jahrhundert gelangte die Lausitz und damit auch Görlitz an die Herzöge bzw. Könige von Böhmen. Unter Herzog Soběslav I. wurde in den 1220er-Jahren die bereits vorhandene Burg über der Neiße ausgebaut, gleichzeitig entstand der heutige Stadtkern mit der

103 Südostansicht von St. Peter über der Neiße, links: das Waidhaus

104 Giebelhaus Untermarkt 23 und Untermarkt 24 (Ratsapotheke), Südansicht

Die erste Gründungsstadt ist im Grundriss noch gut ablesbar. Ihrer natürlichen Flussgrenze der Neiße gegenüber war sie annähernd halbkreisförmig abgeschlossen. Die erste Befestigung entsprach hier dem Verlauf von Fischmarkt sowie Plattner- und Büttnerstraße. Als Oberschicht etablierten sich die adligen Burgmannen, die späteren Patriziergeschlechter, die ihre Freihöfe in der Stadt errichteten. Reste solcher Höfe sind noch mehrfach nachweisbar und in der Bausubstanz des Rathauses und des Waidhauses belegt. Die Stadt profitierte von ihrer verkehrsgünstigen Lage am Übergang der Via Regia über die Neiße. Die Fernhandelsstraße verband Westdeutschland über Leipzig mit Schlesien und Krakau. Görlitz erhielt Privilegien für den Handel mit Waid, einer begehrten Färbepflanze. Außerdem war die Stadt – bis in das Industriezeitalter – eine Hochburg der Textilproduktion. Um 1250 erfolgte eine großzügige Erweiterung nach Westen. Die nun errichtete Stadtbefestigung wurde bis etwa 1500

Kirche St. Peter und Paul und dem Untermarkt. Die Burg stand im Norden der Peterskirche auf dem höchstgelegenen Terrain der Innenstadt und ging nach 1268 im Vogtshof auf (Foto 100). Schließlich entstand hier das 1830 vollendete Zuchthaus, ein großer, nüchterner Gebäudekomplex.

105 Bürgerhaus Peterstraße 7, Ostfassade

106 Rathaustreppe mit Justitia-Säule und Verkündigungskanzel

Markt stand bis 1851 allerdings das Salzhaus, welches den Platz in zwei ungleiche Abschnitte gliederte. An der Südostseite des Obermarktes fällt die spätgotische Dreifaltigkeitskirche des einstigen, 1234 gegründeten, Franziskanerklosters mit ihrem schlanken Türmchen ins Auge. Mit der Brüderstraße verengt sich der Weg, um sich am Rathaus mit dem überaus reizvoll gestaffelten Zugang auf den Untermarkt wieder aufzuweiten. Hier treten die berühmten Laubengänge in Erscheinung (Foto 102). In weitem Schwung geht es dann mit starkem Gefälle zur Neiße hinab. Durch die Peterstraße gelangt man zur Peterskirche (Foto 103). Sie gehört zu den großen sächsischen Hallenkirchen der Spätgotik und entstand 1423 bis 1497. Älter sind die unteren Geschosse des Westbaus. Sie waren Bestandteil eines spätromanisch-frühgotischen Vorgängerbaus des 13. Jahrhunderts. Seine Abschlüsse mit den neugotischen Helmen sind erst 1889–91 entstanden. Aufgrund ihrer Lage am hohen Neißeufer ist das Kirchenschiff mit einer geräumigen Unterkirche versehen, eine Seltenheit im spätmittelalterlichen Sakralbau. Zusammen mit dem be-

immer wieder erweitert und verstärkt. Davon künden noch mehrere Türme und Zwingeranlagen wie der Dicke Turm (Foto 101) und das Ensemble des Reichenbacher Turms mit dem gewaltigen Kaisertrutz (1490 begonnen), einem vorgelagerten Rondell zur Bestückung mit Artillerie.
Die Via Regia führte über das Reichenbacher Tor und den lang gestreckten Obermarkt, die Brüderstraße und den Untermarkt und schließlich durch die Neißstraße zur 1298 erstmals erwähnten Neißebrücke. Die heutige Altstadtbrücke ist ihr Nachfolgebau und verbindet hier seit 2004 die Zwillingsstädte und damit Deutschland und Polen. Ein Gang entlang der alten Handelsstraße durch die Altstadt ist ein überwältigendes Erlebnis. Der Obermarkt und die angrenzenden Straßen lassen den regelmäßigen Grundriss der westlichen Stadterweiterung erkennen. Auf dem riesigen

nachbarten Waidhaus, dessen äußeres Bild aus dem 16. Jahrhundert stammt, bildet St. Peter die Krone der zum Neißeufer hin gestaffelten Ansicht der Altstadt von Osten.

Die Hauptsehenswürdigkeit von Görlitz ist jedoch der fast lückenlose Bestand an bemerkenswerten Bürgerhäusern. Aus der Fülle seien hier die Bauten Untermarkt 23 (Giebelhaus von 1536) und Haus Nr. 24 (ehem. Ratsapotheke von 1550–52, Foto 104) sowie das 1544 errichtete Haus Peterstraße 7 mit rekonstruierter Farbfassung der Renaissancezeit präsentiert (Foto 105). In Görlitz existiert seit dem Spätmittelalter ein besonderer Haustyp: Die großen, steinernen Kaufmannshäuser besitzen gewölbte Erdgeschosshallen, dahinter liegen die Durchgänge in den Hof und einzigartige, schluchtartig hohe Treppengehäuse. Letztere reichen über sämtliche Stockwerke, verbinden zugleich die Vorderhäuser mit den Flügelbauten und schließen oft mit reichen Netzgewölben ab. Dieser Haustyp wurde auch nach dem Stadtbrand von 1525 beibehalten. In der Fassadengestaltung sind nun die Einflüsse der Frührenaissance spürbar. Großen Anteil an der regen Bautätigkeit nach 1525 hatte der Ratswerkmeister Wendel Roskopf. Er schuf auch die geniale Eingangssituation des Rathauses mit Freitreppe und Justitia-Säule (Foto 106). Sie wurden mit dem Rathausturm zu einem Wahrzeichen der Stadt. Schräg gegenüber fängt der 1526 ebenfalls nach Roskopfs Entwurf errichtete Schönhof mit seiner vorspringenden Fassade den Blick aus der Peterstraße. Die süffigen Formen der Görlitzer Frührenaissance prägen eine ganze Reihe von Hausfassaden am Untermarkt und in seiner Umgebung. Besonderheiten des Marktes sind seine teils noch gotischen Laubengänge und die inselartige Bebauung der „Zeile", welche den Ringcharakter der Platzanlage erzeugt. Absoluter Gipfelpunkt der Görlitzer Renaissancearchitektur ist das unweit des Marktes gelegene „Biblische Haus" (um 1570) an der Neißstraße. Die Bürgerbauten des Barock spiegeln die damalige Zugehörigkeit der Stadt zu Sachsen (1636–1815) wider. Genauso lässt sich der Übergang an Preußen nach dem Wiener Kongress (1815) im Stadtbild erkennen.

Mit der Industrialisierung wuchs Görlitz in der 2. Hälfte des 19. Jahrhunderts um ein Mehrfaches seiner bisherigen Fläche. Vor dem Ersten Weltkrieg hatte die Stadt fast 90 000 Einwohner. Die umfangreichen Stadterweiterungsgebiete sind mit ihren unzähligen Mietshäusern, Villenbauten und öffentlichen Gebäuden weitgehend erhalten. Sie spiegeln fast alle Facetten der Architekturentwicklung zwischen 1850 und 1914 wider. Einige Bauten gehören heute zu den Perlen dieser so vielfältigen Epoche. Allen voran das ehemalige „Kaufhaus zum Strauß", ein 1913 eröffnetes Warenhaus. Faszinierend sind auch die Übergänge von der vorindustriellen Altstadt zu den Erweiterungsgebieten mit ihren außerordentlich urbanen Platzanlagen (Foto 107). Ein Kleinod der Spätgotik hat sich am Nordrand des Günderzeitquartiers erhalten: das Heilige Grab, ein seltenes Zeugnis spätmittelalterlicher Frömmigkeit (Foto 108). Ein weiterer Mosaikstein im Gesamtkunstwerk Görlitz.

EA

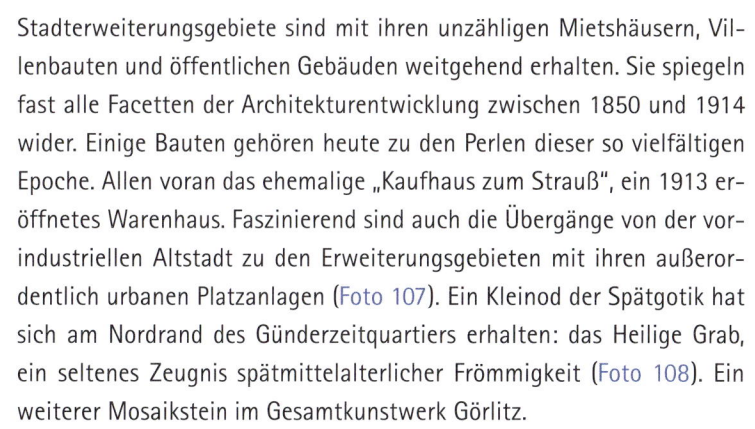

107 Blick in die Berliner Straße mit platzartiger Erweiterung am Abzweig der Salomonstraße

108 Heiliggrabkapelle, Nordwest-Ansicht

109 Das Luftbild von West/Nordwest zeigt den zentralen Teil der Altstadt mit Marktkirche und Marktplatz.

GOSLAR

Mit der alten Reichsstadt Goslar ist eine der großen niedersächsischen Fachwerkstädte und eine Schatztruhe mittelalterlicher Baukunst erhalten geblieben. Die überragende geschichtliche Bedeutung der Harzstadt im hohen Mittelalter ist nicht nur anhand von Urkunden und Aufzeichnungen zu fassen, sondern steht uns auch mit beeindruckenden Zeugen der Baukunst vor Augen. Ein Grundpfeiler der einstigen Bedeutung Goslars war der Bergbau, dessen historische Zeugnisse hier ebenfalls in einer ungewöhnlichen Dichte erhalten sind. Die Denkmale des Bergbaus und die großartige Altstadt sind daher seit 1992 Weltkulturerbe der UNESCO.

Die mittelalterlichen Baudenkmäler aus Romanik und Gotik bestimmen noch heute das Stadtbild (Foto 109), trotz der zahlreichen Verluste hochrangiger Bauten durch Abbrüche und Stadtbrände. Der Ort hatte im Spätmittelalter vermutlich an die 10 000 Einwohner und war demnach eine mittelalterliche Großstadt. Die romanischen Sakral- und Profanbauten entstanden in der ersten Blütezeit der Stadt im Hochmittelalter, in der Zeit vom 11. bis zum 13. Jahrhundert. Diese Blütezeit war zwei entscheidenden Faktoren zu verdanken: dem Aufschwung des Bergbaus und der darauf zurückgehenden Anziehungskraft auf die Herrscher des mittelalterlichen Deutschen Reiches. Beides wiederum lockte Kaufleute und Handwerker in die prosperierende Siedlung. Herrscher, Kirche und Bürger wurden zu Bauherren des städtebaulichen Gesamtkunstwerks Goslar. Die Großbauten dienten vielfach auch als Vorbilder für die steinernen Häuser der Patrizier, Großkaufleute und Stifts- sowie Bergherren, sei es im Gesamtaufbau oder in den Baudetails.

Am Nordwestrand des Harzes wurde bereits in frühgeschichtlicher Zeit Bergbau betrieben. Eine Keimzelle Goslars war eine im Süden der heutigen Altstadt gelegene Siedlung von Bergleuten und Handwerkern, das Bergdorf. Im 10. Jahrhundert entstand auf dem Georgenberg, einer Erhebung im Norden der Altstadt, ein Königshof. Goslar wurde in einer Urkunde des Salierkaisers Konrad II. 1005 erstmals erwähnt. Einen Höhepunkt erlebte die Baukunst in Goslar während der Herrschaft Heinrichs III. Im mittleren 11. Jahrhundert entstanden eine neue Pfalzanlage und die zugehörige Stiftskirche St. Simon und Juda. Die Goslarer Pfalz wurde zu einer der bedeutendsten im ganzen Reich ausgebaut und gehört zu den größten und wichtigsten weltlichen Bauten des Hochmittelalters (Foto 110). Sie war zudem Vorbild für weitere

110 Kaiserpfalz, Ansicht von Osten mit Ulrichskapelle (links), Saalbau und ehemaligem Wohnbereich

111 Rathaus Marktfront

112 Das Haus Kaiserworth an der Südseite des Marktes

113 Fachwerkbauten an der Peterstraße

114 Brusttuch

Pfalzanlagen salischer und staufischer Herrscher. Mittelpunkt der Pfalz war der Palas. Er bestand aus einem gewaltigen, zweigeschossigen Saalbau mit den Grundmaßen 47x15 Meter. Seine Bausubstanz ist trotz mehrfacher Umbauten, einem Brand (1289) und jahrhundertelangem Verfall bis heute prägend für das Kaiserhaus. Es erhebt sich als Wahrzeichen nach wie vor machtvoll über der Stadt. Mit der Restaurierung im späten 19. Jahrhundert wurde die Pfalz wiederhergestellt. Die Ausmalung durch Hermann Wislicenius (1879-96) und die nun vor der Pfalz aufgestellten Reiterstandbilder Kaiser Friedrich Barbarossas und Wilhelms I. interpretierten das Baudenkmal im Sinne des 1871 gegründeten Kaiserreichs.

Ein schwerer Verlust ist der Abbruch der einst gegenüber dem Kaiserhaus situierten Stiftskirche, des Goslarer Doms, im Jahr 1819. Damit wurde ein raumgreifendes Ensemble romanischer Herrschafts- und Sakralarchitektur zerstört. Nur die Domvorhalle ist noch vorhanden. Sie weist über den Hohen Weg in die Stadt mit ihren über 1000 historischen Bürgerhäusern. Der Abbruch des Doms markiert einen Tiefpunkt in der Stadtgeschichte. Bereits im 14. Jahrhundert war es zu einem Rückgang des Bergbaus und damit zu einem Abebben der Bautätigkeit gekommen. In der 2. Hälfte des 15. Jahrhunderts erfolgte ein erneuter Aufschwung, die folgenden Jahrzehnte sahen eine weitere Blüte. Sie brachte eine Fülle spätgotischer Neubauten hervor, so das Rathaus (Foto 111) und das Haus „Kaiserworth" am Markt (Foto 112). Der Huldigungssaal im Rathaus gehört zu den großen Höhepunkten profaner Raumgestaltung des ausgehenden Mittelalters. Im Jahr 1527 beraubte sich die Stadt selbst der großartigen Sakralbauten außerhalb der Stadtmauern: Die Stiftskirchen St. Peter, St. Georg (ein Zentralbau nach dem Vorbild der Pfalzkapelle Aachen) und das Heilige Grab mussten wegen drohender Belagerungen durch Herzog Heinrich d. J. von Braunschweig weichen, um den herzoglichen Truppen hier keine Deckung zu ermöglichen. 1552 endete die letzte mittelalterliche Blütezeit durch den Riechenberger Vertrag, die Einkünfte des Bergbaus flossen nun an das welfische Herrscherhaus. Der Status als Reichsstadt endete 1802, Goslar gehörte nun zum Königreich Hannover, 1866 schließlich zu Preußen.

Seit Mitte des 16. Jahrhunderts entstanden in Goslar über lange Zeit keine größeren öffentlichen Gebäude mehr. Die Bürger ließen in der Zeit nach der Reformation fast ausschließlich Fachwerkhäuser errichten. Aber diese Fachwerkbauten gehören zu den großen Sehenswürdigkeiten der Stadt. Selten ist eine solche Fülle niedersächsischer Fachwerkarchitektur erhalten. Manche Straßenzüge zeigen noch geschlossene Fachwerkensembles des Spätmittelalters und des 16./17. Jahrhunderts mit kraftvoll auskragenden Stockwerken, so die Peterstraße (Foto 113). Die Entwicklung des reichen Schnitzwerks ist, von der Gotik bis in die Barockzeit, lückenlos nachvollziehbar. Als Leitform zeigt sich die für niederdeutsche Fachwerkfassaden typische Fächerrosette. Einige Häuser können zu den

115 Die Jakobistraße mit dem Mönchehaus (Museum für moderne Kunst)

116 Siemenshaus, Ansicht von der Bergstraße

117 Schreiberstraße 1 und 2, Bürgerhäuser

118 Partie an der Abzucht

119 Blick vom Turm der Marktkirche auf St. Stephani, Breite Straße und Breites Tor

schönsten deutschen Fachwerkbauten gezählt werden, besonders das Brusttuch, dessen Name von seinem trapezförmigen Grundriss herrührt (Foto 114). Der 1521 errichtete spätgotische Steinbau trägt einen fünf Jahre jüngeren Fachwerkaufbau, dessen höchst originelle, figürlich-ornamentale Schnitzereien das gesamte Holzwerk bedecken und die Renaissance ankündigen. Das verzogene Dachwerk zeigt eine meisterhaft gezimmerte Konstruktion mit übersteilem Giebel. Ein weiteres Meisterwerk niedersächsischer Holzbaukunst ist das Mönchehaus von 1528 (Foto 115). Mit dem Siemenshaus (Foto 116) entstand 1692/93 eines der weithin beeindruckendsten Barockfachwerkhäuser, das zudem weitgehend in seiner ursprünglichen Gestalt erhalten ist. Die großzügige Befensterung der Eckstube wirkt wie eine Laterne. Als Stammhaus der Familie Siemens ist es zudem Zeugnis einer Unternehmer- und Erfinderfamilie, aus deren Wirken ein Weltkonzern hervorgegangen ist.

Wie in den Städten am Harz üblich, sind die Wohnbauten in Goslar traufständig. Schon die ältesten erhaltenen Bürgerhäuser wenden ihre Dachseite der Straße zu. Und diese gehen mindestens bis in das 13. Jahrhundert zurück. Es ist eine weitere Besonderheit Goslars, dass hier Dutzende von mittelalterlichen Wohnhäusern aus Stein erhalten sind. An manchen Fassaden können noch romanische und frühgotische Bauformen bewundert werden, so in der Schreiberstraße (Foto 117). Häufiger kommen die reichen Formen der in Goslar eigenständig ausgebildeten Spätgotik vor. Die mittelalterlichen Bürgerhäuser weisen hier eine spezielle Typologie auf: Sie bestehen aus einem steinernen Wohnteil – der Kemenate – und einem in Fachwerk gezimmerten Dielenhaus. Beide verbinden sich zu einer traufständigen Einheit. Bisweilen sind auch die Dielenbereiche aus Stein, man erkennt sie an den spitzbogigen Portalen. Im Spätmittelalter erhielten die Steinhäuser oft Speicherstockwerke aus Fachwerk. In einigen spätgotischen Häusern existieren noch fantastische Innenräume mit Gewölben, Kaminen und profilierten Balkendecken einschließlich ihrer ursprünglichen Bemalung. Den Bürgerhäusern stehen hochbedeutende Einzelbauten wie das Spital zum Großen Heiligen Kreuz aus dem 13. Jahrhundert und das ab 1488 errichtete St. Annenhaus zur Seite.

Wichtig für die Wirkung des Stadtbildes sind die für die historischen Bauten der Altstadt verwendeten Baumaterialien. Ob es sich hier um Holz, Schiefer oder verschiedenartige Natursteine handelt, sie stammen sämtlich aus der unmittelbaren Umgebung. Backsteine und Dachziegel werden erst seit der Barockzeit genutzt. Somit ist die weitgehend ungestörte Dachlandschaft von einem Wechsel zwischen Schiefer- und Ziegeldächern geprägt. Neben dem Fachwerk bestimmt ein heller, gelblicher Sandstein das Bild des historischen Zentrums. Besonders stimmungsvolle Perspektiven ergeben sich entlang der Abzucht, so mit dem spätmittelalterlichen Fachwerkhaus Abzuchtstraße 9 (Foto 118).

Mehrere große Stadtbrände, besonders 1728 und 1780, zerstörten einen beträchtlichen Teil der spätmittelalterlich-frühneuzeitlichen Pracht. Es traf die östliche Stadthälfte zwischen Markt und Breitem Tor. Mit dem Wiederaufbau der Breiten Straße entstand nach 1728 allerdings ein beeindruckender, langer Fachwerkstraßenzug mit gleichsam einheitlich wie vielfältig erscheinenden Hausindividuen. Zu den abgebrannten Zeugnissen des Mittelalters gehörte auch die Stephanikirche. Sie entstand als schlichter Barockbau mit wuchtigem Turm neu (Foto 119). Mit Ausnahme von St. Stephan sind die großen Altstadtkirchen – die Marktkirche (Foto 121), St. Jakobi, die Neuwerkkirche und die Frankenberger Kirche – in ihrem Kern romanische Basiliken mit niedersächsischen Westriegeln. Die Kirchen bilden einen Schatz der niedersächsischen Romanik. Einzigartig ist die ab 1181 entstandene Neuwerkkirche mit ihrer reich gegliederten und mit Steinbildhauerarbeiten geschmückten Hauptapsis (Foto 120) und den baulichen Details des gewölbten Inneren. Mit Ausnahme der Frankenberger Kirche zeigen die Westbauten noch ihre stadtbildprägenden Doppeltürme. Der Merianstich von Goslar aus der Zeit um 1650 zeigt innerhalb der Stadtmauern sieben Doppelturmfronten, worin sich abermals die Bedeutung der einstigen Reichsstadt widerspiegelt. Nicht zuletzt zeigt sich diese Bedeutung auch anhand der erhaltenen Zeugnisse der Stadtbefestigung, die mit ihren gewaltigen Torzwingern zu den Beeindruckendsten ihrer Art im nördlichen Deutschland zählte.

EA

120 Neuwerkkirche, Gesamtansicht von Osten

121 Marktkirche, Westwerk

HANN. MÜNDEN

122 Luftbild von Südwesten mit Markt, St. Blasii und Rathaus (Mitte) sowie Werrabrücke und Schloss (oben links)

123 Pfarrkirche St. Blasii, Ansicht von Südosten

124 Rathaus, Hauptfassade

Schon Alexander von Humboldt schwärmte für diese in wundervoller Landschaft gelegene Stadt, in der sich Werra und Fulda zum Weserstrom vereinigen. Ihr Ruf gründet sich einerseits auf die reizvolle Umgebung, andererseits aber auch auf ihre bauliche Schönheit. Die beengten Platzverhältnisse im Schnittpunkt dreier Flusstäler ließen eine ungewöhnlich dicht und einheitlich bebaute Altstadt entstehen. Neben den Dominanten Schloss, Pfarrkirche und Rathaus drängen sich über 400 bis zu fünfgeschossige Fachwerkhäuser aneinander. Und dies in einer wohlgeordneten Stadtanlage, die als unverfälscht erhaltenes Denkmal mittelalterlichen Städtebaus besticht (Foto 122). Der Handel über Land- und Wasserwege war das Lebenselixier Mündens. Davon zeugt die seit 1329 überlieferte, steinerne Bogenbrücke über die Werra. Landschaft, Brücke, Stadt und Schloss bilden ein großartiges Panorama.

Der regelmäßige Grundriss weist Hann. Münden als mittelalterliche Gründungsstadt aus. Diese Gründung erfolgte um 1180, wobei als Initiatoren sowohl Heinrich der Löwe als auch die hessisch-thüringischen Landgrafen in Frage kommen. Der 1282 bereits als Stadt bezeichnete Ort liegt noch heute in unmittelbarer Nähe der Grenze Niedersachsens zu Hessen, auch Thüringen ist nicht weit entfernt. Mit dem 1247 verliehenen Stapelrecht erhielten die Mündener Kaufleute eine kontinuierliche Grundlage für Einkünfte aus dem Zwischenhandel: Alle Waren mussten hier ausgeladen und zum Verkauf angeboten werden. Das Privileg währte immerhin bis 1823. In der Dreiflüssestadt wurde besonders mit der in Thüringen angebauten Färbepflanze Waid gehandelt. Von See her kamen über die Weser Fischprodukte ins Binnenland. Ab 1247 errichteten die Welfen auf der Burg im Südosten der Altstadt einen ihrer Herrschersitze (Fürstentum Göttingen, später Calenberg). Wieder war es der Dreißigjährige Krieg, der auch Münden zurückwarf, insbesondere die Eroberung durch Tilly im Jahr 1626. Weitere Drangsale brachten der Siebenjährige Krieg und die Ära Napoleons. Die maßvolle Industrialisierung im 19. und 20. Jahrhundert beließ den Stadtkern unversehrt.

Der annähernd ovale, zur Werra hin nach Norden jedoch mit gerader Linie abschließende Stadtgrundriss zeigt ein klares Planschema mit vier Längsstraßen. Die mittlere Hauptstraße zielt auf das südliche Stadttor und das Brückentor im Norden. Im Kern des Straßenrasters ist eine stattliche rechteckige Fläche für Markt und Kirche ausgeschieden. In typischer Manier ist das Rathaus zwischen Markt und Kirchhof platziert. Die Pfarrkirche St. Blasius thront hier wie eine Glucke über ihren Küken (Foto 123). Ihre Ursprünge liegen zwar in der Romanik, bestimmend ist jedoch die im Wesentlichen erst 1487–1502 entstandene Hallenkirche. Das einheitlich schlichte Bild des Gotteshauses wird in erster Linie durch ein

125 Fachwerkzeile an der Marktplatz-Westseite

126 Ziegelstraße 66, Haus „Windmühle"

gewaltiges, über alle drei Schiffe gefaltetes Satteldach erzeugt. Dessen First wird im Westen von einem untersetzt wirkenden Achteckturm durchstoßen, der von einem hölzernen Umgang und einer gemütlichen Schweifhaube aus dem 17. Jahrhundert bekrönt ist. Prägend bleibt das gotische Riesendach – es ist höher als das Kirchenschiff. Da der First bis über das eingezogene Chorpolygon läuft, sind die dortigen Dachneigungen geradezu abenteuerlich. Im Inneren schweben die Kreuzrippengewölbe des Langhauses über schlanken Achteckpfeilern, Spätgotik in reiner Form. Am Rathaus lässt sich als mittelalterlicher Kernbau ein rechteckiger Saalbau feststellen, dessen Südgiebel noch sichtbar ist. Mit der letzten Wirtschafts- und Kulturblüte vor dem Dreißigjährigen Krieg ließen die ehrgeizigen Stadtväter das Rathaus 1603–19 erweitern und kleideten es in die reichsten Formen der späten Weserrenaissance. Damit rückte die

Marktfront in den Rang einer der schönsten Rathausfassaden im mittleren Deutschland (Foto 124). Zentriert wird die ausgewogene, scheinbar symmetrische Front in einem prächtigen Bogenportal mit flankierenden Doppelsäulen ionischer Ordnung. Die vorgelagerte Freitreppe mit der kanzelartig vorgeschobenen Balustrade gibt dem Marktplatz einen eigenen Akzent. Besonders originell sind die drei großen Zwerchhäuser mit ihrem Beschlag- und Volutenwerk. Sie wirken als Einheit, da ihre schmalen Zwischenräume mit offenem Beschlagwerk überbrückt werden. Vor dem rechten Giebel fasziniert die lichte, geradezu in steinernem Fachwerk konstruierte Auslucht, ein Markenzeichen der Weserrenaissance.

Fachwerk umgibt nicht nur den Markt (Foto 125), sondern ziert sämtliche der lang hingezogenen Straßen der Altstadt. Die Spanne dieser Baudenkmäler reicht von spätgotischen Häusern aus der Zeit um 1400 (Ziegelstraße 66, Foto 126) bis zu historisch gestalteten Gebäuden. Aber: Die meisten Häuser sind vor 1800 entstanden – dies macht den überaus hohen Wert der Fachwerkstadt Hann. Münden aus. Vorherrschend ist das Traufenhaus, aber fast sämtliche der mit ihrer Dachseite zur Straße ausgerichteten Bauten zeigen ein übergiebeltes Zwerchhaus (Fotos 127 und 128). Unter den Bauten des 15. und 16. Jahrhunderts finden sich allerdings auch Giebelhäuser.

Eine besondere Sehenswürdigkeit ist hier der „Ochsenkopf" an der Sydekumstraße, ein mächtiges Dielenhaus von 1528, dessen Seitenwände noch in reiner Ständerbauweise verzimmert sind (Foto 129). Über acht Meter schießen die Holzständer in die Höhe und werden von langen Streben ausgesteift. An der Sydekumstraße erwartet den Besucher ein besonders malerisches Straßenbild (Foto 130). Die ältesten Häuser geben sich durch kräftiges Balkenwerk mit Vorkragungen über tief herabgezogenen Knaggen aus. Schon um 1450 taucht reiches Schnitzwerk auf, wie das 1457 erbaute Küsterhaus von St. Blasius beweist. Im 16. Jahrhundert werden die Schnitzereien reicher, die Bandbreite reicht nun von Schiffskehlen mit Taustäben über vielfältig gestaltete Inschriften bis zu antikisierenden Zahnschnittmustern mit Blendarkaturen und Konsolknaggen. Die letztgenannten Zierformen der Spätrenaissance korrespondieren mit dem zeitgenössischen Steinbau. Zu den Schnitzornamenten gesellen sich kunstvolle Verstrebungen, immer wieder treten Andreaskreuze und K-förmige Strebefiguren an den Hausecken in Erscheinung.

Die Strebeformen zeigen, dass die Fachwerkarchitektur in Münden sowohl von niedersächsischen als auch hessischen Elementen geprägt ist. Am Barockfachwerk sind schließlich sparsamere Schnitzereien und geringere Auskragungen zu finden. Dafür kann man hier illusionistische Bemalungen mit gedrehten Säulen und Marmorierungen beobachten. Die Fachwerkstadt Münden gibt einen ungefähren Eindruck davon, wie der Stadtkern im nur 25 Kilometer entfernten Kassel, der alten Hauptstadt Kurhessens, vor seiner grauenhaften Vernichtung im Oktober 1943 einmal aussah.

127 Lange Straße, Nordende

128 Marktstraße, Südseite

129 „Ochsenkopf" von Südwest

Der Mauerring um Mündens Altstadt ist noch in Teilen erhalten. Sein einstiger Verlauf wird außerdem von mehreren Rund- oder Schalentürmen von teilweise beachtlicher Höhe markiert. Ein solcher Turm ragt auch an der Nordostecke des Welfenschlosses auf. Im Kern der heutigen Zweiflügelanlage steckt der von Herzog Erich I. ab 1501 initiierte spätgotische Schlossbau. Davon zeugen noch der Wendeltreppenturm in der Hofecke und die hohen Maßwerkfenster der Kapelle. Nach einem Brand 1561 erfolgte unter Erich II. der Wiederaufbau in Renaissanceformen (Foto 131). Der wuchtige Nordflügel erhielt Zwerchhäuser und über der Schmalseite nach Westen hin einen Volutengiebel, welcher die Gassen der nördlichen Altstadt eindrucksvoll beherrscht. Die nüchterne Wirkung der Hoffassaden rührt von dem bedauerlichen Verlust der hölzernen Renaissancearkaden her. Auch der einstige Südflügel ist seit 1849 nicht mehr vorhanden. Einen kunsthistorischen Höhepunkt bieten die beiden übereinander angelegten Renaissancegemächer, die am Ostende der Werrafront anhand eines spätgotischen Erkers zu lokalisieren sind. Das „Gemach zum weißen Ross" und das „Römergemach" können mit ihren Wandmalereien (1575/80) in weitem Umkreis als köstlichste Raumschöpfungen der Renaissance angesehen werden. Hann. Münden: eine kleine Stadt mit großem Kulturerbe!

EA

130 Blick in die Sydekumstraße

131 Werrabrücke und Nordfassade des Welfenschlosses

132 HEIDELBERG, Schloss, Altstadt und Neckarbrücke von Nordost

133 Schloss, Friedrichsbau, Nordfassade

134 Marktplatz mit Heilig-Geist-Kirche

HEIDELBERG

Heidelberg ist vielleicht die international bekannteste altdeutsche Stadt (Foto 132). Dies hängt mit seinem Ruhm seit der Bewegung der Romantik um 1800 zusammen, mit der einmaligen Lage am Neckarufer, von bewaldeten Hängen eingefasst, aber nicht zuletzt auch mit der berühmten Universität. Die beeindruckenden Überreste des Schlosses entsprechen heute noch romantischen Vorstellungen, die Ausblicke von Schloss und Philosophenweg auf die Stadt gehören zweifelsohne zu den schönsten Panoramen Alteuropas.

Dabei ist die bauliche Substanz Heidelbergs zwar angenehm harmonisch, aber insgesamt wohl nicht so hochwertig und mit Sicherheit weit weniger „romantisch-malerisch" als diejenige anderer Städte Baden-Württembergs (Schwäbisch-Hall, Bad Wimpfen, Wertheim – von Deutschland allgemein ganz zu schweigen: siehe beispielsweise Goslar, Quedlinburg oder Bamberg). Diese Städte sollten viel eher als Heidelberg als Symbole Altdeutschlands gelten – die willkürlichen Wege des Ruhms wollten es anders.

Dass Heidelberg heute so aussieht, geht auf den durch Ludwig XIV. von Frankreich verursachten Totalverlust der alten Stadt zurück – die Verwüstung von 1689 und vollständige Zerstörung vier Jahre später – einschließlich der Sprengung des Schlosses. Ein Leuchtturm abendländischer Kultur erlosch, selbst der großartigste Schlossgarten nördlich der Alpen – der Hortus Palatinus – ging dabei verloren. Sieht man das realitätsgetreue Gemälde Jacques Fouquières von 1620 mit Garten, Schloss und Stadt, so bedrückt die verlorene Kostbarkeit. Und dennoch: umso erfreulicher, dass der Stadt eine erneute Vernichtung im letzten Krieg erspart blieb.

Was hat eigentlich das hier Erzählte mit dieser heute wieder alten Stadt zu tun? Ohne diese Information ist die Stadt einfach nicht zu verstehen: Das alte Heidelberg wies lauter giebelständige Häuser auf, die nach 1700 allesamt traufständig neu errichtet wurden (siehe Luftbild). Es verschwand der vorherrschende Fachwerkbestand, die Hauptkirche zum Heiligen Geist erhielt ein neues, der Gotik widersprechendes Mansardendach. Die Schlossreste verfielen, der Schlosspark wurde 1808 „englisch" angelegt. Eine neue Architektur ersetzte die untergegangene mittelalterliche Bausubstanz, allerdings bei Bewahrung des Stadtgrundrisses – entgegen dem Willen des Kurfürsten, dem sehr wohl ein streng geometrisches Straßenraster des Barock vorschwebte. Jedoch ist der mittelalterliche Stadtgrundriss erstaunlich regelmäßig, er entspricht den topografischen Gegebenheiten mit einer parallel zum Neckar verlaufende Hauptstraße (Ostwest-Richtung) mit zwei parallelen Zügen und rechtwinkligen nordsüd verlaufenden Verbindungsgassen. Damit war schon ursprünglich ein sehr geordnetes Geflecht da.

Dem Altstadtbereich wurde bereits 1392 eine westliche Erweiterung – die „Neustadt" – angeschlossen, die bis zur heutigen Sophienstraße reichte. Erst im späten 19. Jahrhundert begann eine weitere Expansion der Stadt in Richtung Westen.

1214 war ein wichtiges Jahr für die Pfalz: Sie ging von den Welfen auf die Wittelsbacher (Ludwig den Kehlheimer) über. Bei der Teilung der wittelsbachischen Gebiete wurde Heidelberg 1255 pfälzische Residenz. Die Kurfürsten von der Pfalz avancierten als Erztruchsesse zu den ranghöchsten Fürsten des Heiligen Römischen Reichs. Die Kurfürstenwürde erlangte Ruprecht I. im Jahre 1356. Er gründete 1386 die Universität, die drittälteste im deutschsprachigen Raum nach Prag (1348) und Wien (1365). Das höchste Gut der Stadt, die *Biblioteca Palatina*, die teilweise auf der Nordempore der Heilig-Geist-Kirche untergebracht war, ging in den Konfessionskriegen 1623 als Geschenk an den Papst nach Rom (der Codex Manesse kam erst 1888 zurück nach Heidelberg).

In Heidelberg konnte sich bereits vor 1500 ein Humanistenkreis bilden. Für die Renaissance in Deutschland ist aber konkret die Gestalt des Pfalz-

135 „Haus zum Ritter Sankt Georg", Hauptstraße 178

136 Alte Universität, Südfassade

137 Ehemalige Jesuitenkirche, Hauptfassade, Giebel

138 Alte Brücke von Nord nach Süd

grafen Ottheinrich (1502–59) von großer Bedeutung. Er residierte in Neuburg an der Donau (Pfalzgraf von Pfalz-Neuburg) und führte 1542 dort die Reformation ein. Ihm ist die Schlosskirche von Neuburg zu verdanken, ein erstes, rein italienisches Werk lutherischer Konfession (!), das 1544 geweiht wurde. Der Konflikt mit Kaiser Karl V. war vorprogrammiert, er verbannte Ottheinrich zu seinem Onkel Friedrich II. nach Heidelberg. 1552 wieder eingesetzt, konnte Ottheinrich 1556 die Pfälzer Kurwürde wieder antreten und ließ den berühmtesten Schlossflügel Heidelbergs erbauen, der seinen Namen trägt. Davon ließen die Franzosen wie angedeutet nur die Schaufassade stehen, immerhin ein Hauptwerk seiner Zeit. Den Anschein von Unversehrtheit trägt am Heidelberger Schloss nur der Friedrichsbau von 1592–1610 (Foto 133), aber nur weil Carl Schäfer ihn um 1900 wiederhergestellt hat – sein Stil ist deshalb teilweise nur historisch nachempfunden. Das ausgedehnte Ensemble des Schlosses mit all seinen auch als Ruine beeindruckenden Bestandteilen ist in hohem Maße einen Besuch wert.

Die Altstadt wird von dem großen, frei stehenden Bauvolumen der Heilig-Geist-Kirche beherrscht (Foto 134). Es besteht aus einem Hallenchor und einem als Emporenhalle gestalteten Langhaus, um 1400 begonnen und um 1441 vollendet (der Turm wurde bis 1544 hochgeführt). Das Innere des Hallenchors gehört zu den bemerkenswerten Leistungen deutscher Spätgotik. Der im Mittelalter gewöhnliche Brauch, zwischen den Strebepfeilern einer Kirche Verkaufsläden einzubauen, hat sich hier erhalten. Das Mansardendach sorgt für ein insgesamt dicklich proportioniertes Aussehen der Kirche, die mit ihrem ursprünglichen Satteldach völlig anders wirkte. Auch der gerade Turmhelm ging verlustig und wurde durch eine Doppelhaube ersetzt.

Sonst ist von der Bausubstanz der Stadt vor der Zerstörung fast nichts übrig geblieben, immerhin aber die unmittelbar an der Heilig-Geist-Kirche stehende Fassade des Hauses „zum Ritter St. Georg" von 1592 mit reicher Ornamentik (Foto 135). Der fantasievolle Volutengiebel krönt die symmetrische Fassade mit ihrem zweigeschossigen Erkerpaar. Seit 1750 wird das Anwesen als Gasthaus genutzt.

Sehr schlicht ist die alte Universität (Foto 136), genauer gesagt das Domus Wilhelmina, ein L-förmiger Bau aus der Zeit des Kurfürsten Johann Wilhelm (1712–35). Korinthische Kolossalpilaster gliedern sparsam die Fassaden – schön ist das Eselsrückendach, das in Deutschland auf die spätgotische Tradition der Annakirche im sächsischen Annaberg zurückgeht (dort bereits im 17. Jahrhundert abgegangen).

Mit dem Bauvolumen der Heilig-Geist-Kirche konkurrierend, errichteten die Jesuiten ab 1712 ihre Kirche auf dem Gelände der Universität, die 1751 mit der italienisch geprägten Fassade fertiggestellt wurde (Foto 137). Mächtige Voluten flankieren den Mittelteil: In einer Nische steht der Salvator, ein bei der Gesellschaft Jesu übliches Sujet. Majestätisch überquert den Neckar die Alte Brücke von 1788–90 (Foto 138). Beim dazugehörigen Neckartor datiert der Torbau auch aus dieser Zeit, er ist aber zwischen zwei barock überarbeiteten gotischen Rundtürmen eingespannt – das Wahrzeichen Heidelbergs.

PdlR

139 JÜTERBOG, Luftbild von Westen mit Franziskanerkloster (links), Rathaus (Mitte links) und Nikolaikirche

JÜTERBOG

140 Dammtor, Westansicht mit Vortor und innerem Flankenturm

Jüterbog liegt im südlichen Brandenburg am Höhenzug des Fläming. Der eiszeitlich entstandene Fläming erstreckt sich östlich von Magdeburg bis an die Dahme im Süden Berlins. Sein Name geht auf die Besiedlung mit Kolonisten aus Flandern zurück, die im Zuge der deutschen Ostsiedlung im 12. Jahrhundert in diese Region zogen. Jüterbog indes wurde bereits 1007 erstmals von Thietmar von Merseburg als „Jutriboc" erwähnt. Es handelte sich hier um eine slawische Siedlung mit Ringwall. Der markante Ortsname leitet sich vermutlich von einem Bachlauf her. Heute präsentiert sich Jüterbog als kleine Stadt mit Baudenkmälern, welche auf die einst größere Bedeutung dieses Ortes hinweisen. Diese liegt jedoch viele Jahrhunderte zurück.

Das Gebiet um Jüterbog wurde 1157 durch Erzbischof Wichmann von Magdeburg erobert und bildete im Mittelalter eine Exklave des Bistums zwischen den Territorien Brandenburgs und Sachsens. Wenig später, im Jahr 1174, erhielt Jüterbog das Stadtrecht – das zweitälteste im heutigen Bundesland Brandenburg. Die Erzbischöfe förderten den Ort und ließen hier ein Fernhandelszentrum entstehen: Die Einnahmen kamen auch den bischöflichen Kassen zugute. Handel und Wandel zog genügend Siedler an, um eine beachtliche Stadtanlage entstehen zu lassen. Ihr planvoll angelegter Grundriss ist völlig erhalten (Foto 139) und stellt insgesamt ein Denkmal des mittelalterlichen Städtebaus dar. Der lang gestreckte Stadtkörper zeigt einen nierenförmigen Umriss mit dominierenden Straßenzügen in Westostrichtung. Rückgrat ist eine sanft geschwungene Hauptstraße, welche Dammtor und Neumarkttor verbindet. Eine zweite, den gesamten Stadtplan durchlaufende Straße ist nach Norden hin stärker ausgerundet. Von hier zweigt die Ausfallstraße in Richtung Kloster Zinna und Berlin ab. Zwischen den Hauptstraßenzügen ist eine weiträumige, rechteckige Fläche für den Markt und das Rathaus ausgespart. Im östlichen Drittel befindet sich die Stadtkirche St. Nikolai.

Von der mittelalterlichen Stadtbefestigung haben sich noch wesentliche Teile erhalten: drei Toranlagen, verschiedene Mauerabschnitte und eine ganze Reihe von Mauertürmen. Die Ummauerung entstand ab dem späten 13. Jahrhundert und wurde nach 1480 noch einmal ausgebaut. Man erkennt die älteren Bauteile sofort anhand des Feldsteinmauerwerks, während die spätmittelalterlichen Bestandteile in Backsteinmauerwerk errichtet wurden. Die im 15. Jahrhundert vorgenommenen Verstärkungen brachten eine Erhöhung der Mauern und Türme und statteten die drei Stadttore mit Vortoren aus. Die Anlage eines solchen Tores bestand aus einem Innentor mit flankierenden Türmen sowie einem über Zwingermauern angebundenen Vortor. Ganz erhalten ist keines der Jüterboger Stadttore: Das Zinnaer Tor zeigt noch das von Türmen flankierte Innentor, während vom Neumarkttor lediglich ein hoher Flankenturm erhalten blieb. Am Dammtor existieren noch das Vortor und die inneren Tortürme (Foto 140). Dieses Vortor präsentiert den gestalterischen Reichtum spätgotischer Backsteinarchitektur. Sie ist spezifisch für die Stadtbefestigungen brandenburgischer Städte. Die prominentesten Beispiele dafür bietet das heute in Mecklenburg-Vorpommern gelegene Neubrandenburg, dessen Stadtkern 1945 fast völlig zerstört wurde.

Als weiteres Dokument für die Bedeutung Jüterbogs im Spätmittelalter beeindruckt das großartige Rathaus (Foto 141). Ein wuchtiger spätgotischer Backsteinbau, dessen Volumen jedoch von variiert gestalteten Giebeln und der vorgelagerten Ratslaube ausgeglichen wird. Das Rathaus wurde zwar bereits 1285 erwähnt, der bestehende Bau stammt jedoch aus dem 15. Jahrhundert und wurde 1510 vollendet. Im Inneren zeichnet sich anhand besonders starker Mauern noch ein ehemaliger Turm ab. Er wurde 1416 urkundlich erwähnt und stand an der Nordostecke des heutigen Bauwerks. Als äußerlich ältester Gebäudeteil erscheint die Ratslaube am Markt. Sie weist einen strengen Staffelgiebel mit zinnenartigen Lisenen und einer Blendengliederung auf. Der mächtige Hauptbau zeigt die Formen spätester Gotik (Vorhangbogenfenster) und zwei unterschiedliche Giebel. Ein Meisterwerk ist der nördliche Staffelgiebel mit seiner netz-

141 Rathaus und Markt, Luftbild von Nordwest

oder maschenförmigen Maßwerkstruktur. Solche Giebelformen kommen um 1500 in Schwaben, Franken, Sachsen und eben in Brandenburg vor (Foto 142). Ein Hinweis auf die einstige Zugehörigkeit Jüterbogs zu Magdeburg ist eine Standfigur des Hl. Mauritius (Hauptpatron des Magdeburger Doms) an der Nordostecke des Rathauses.

Ein Grund für den spätgotischen Neubau des Rathauses war möglicherweise der für 1478 überlieferte Stadtbrand. Zu diesem Zeitpunkt war das bedeutendste Bauwerk der Stadt, die Nikolaikirche, fast fertiggestellt (Foto 143). Ältester Gebäudeteil dieser stattlichen spätgotischen Backstein-Hallenkirche ist das dreischiffige Langhaus mit seinen Achteckpfeilern und Kreuzrippengewölben. Es stammt aus der 2. Hälfte des 14. Jahrhunderts. Gleichzeitig mit der Erweiterung des Kirchenschiffs nach Westen begannen um 1420 die Bauarbeiten an der kantigen Doppelturmfront. Sie wurde, wie auch die Sockelbereiche der Hallenkirche, vollständig in Feldsteinmauerwerk errichtet. Das um 1500 vollendete Turmwerk war mit steilen, achteckigen Steinhelmen bekrönt. Der südliche Helm blieb erhalten, während der nördliche 1563 von einem Turmaufsatz mit geschweifter Laternenhaube ersetzt wurde. Die unterschiedlich en-

142 Rathaus, Nordgiebel

143 Nikolaikirche, Gesamtansicht von Nordosten
144 Große Straße mit Turmwerk der Nikolaikirche

denden und mit einer Brückenkonstruktion verbundenen Türme sind das Wahrzeichen der Stadt (Foto 144). Ab 1475 erhielt St. Nikolai einen Hallenumgangschor. Von den beiden Kapellenanbauten zu beiden Seiten des Kirchenschiffs besticht diejenige an der Nordseite mit ihrem blendengeschmückten Staffelgiebel – ein Zwillingsbruder des Giebels über der Ratslaube. Von der Ausstattung der Nikolaikirche ist neben dem spätgotischen Sakramentshaus und der Renaissancekanzel die große Barockorgel von 1728 hervorzuheben. Weitere Bauwerke der mittelalterlichen Backsteinarchitektur sind das ehemalige Franziskanerkloster, ein erhaltener Flügel des einstigen Nonnenklosters zum Heiligen Kreuz und der Stadthof des Klosters Zinna. Gemeinsam mit vielen Städten in Brandenburg traf Jüterbog in der Frühen Neuzeit schließlich das Los des Niedergangs. Im Dreißigjährigen Krieg wütete mehrfach die Pest (1637 und 1639). 1644 kam es zur Schlacht bei Jüterbog, wo die Schweden ein kaiserliches Heer besiegten. Der ausgeblutete und verarmte Ort gelangte 1648 an Kursachsen und lag hier nun unmittelbar an der Nordgrenze zu Brandenburg. Im Siebenjährigen Krieg erlitt Jüterbog weitere Drangsale, besonders durch Einquartierungen starker Truppenkontingente. Aus der mittelalterlichen Handelsstadt war längst eine unbedeutende Provinzstadt mit Handwerkern und Ackerbürgern geworden. Sie fiel nach dem Wiener Kongress 1815 an Preußen.

Die Verarmung der Stadtbewohner zeigt sich anhand der erhaltenen frühneuzeitlichen Wohnbebauung. Sie ist, mit einer einzigen Ausnahme, zweigeschossig und traufständig. Die ältesten Häuser stammen heute aus dem 17. Jahrhundert und bestehen aus schlichtem Fachwerk. Aus dem 18. und frühen 19. Jahrhundert ist eine größere Zahl verputzter Fachwerkhäuser erhalten. Schließlich kamen, seit etwa 1850, klassizistisch und historistisch gestaltete Putzbauten hinzu. Der Ausbau Jüterbogs zu einer Garnisonstadt brachte nach 1864 einen bescheidenen Wohlstand

145 Kloster Zinna, Klosteranlage mit Siechen-/Gästehaus und Neuer Abtei

in die Stadt. Im 20. Jahrhundert war Jüterbog von der Garnison geprägt, bis 1994 die letzten Soldaten der ehemaligen Sowjetunion die Kasernen verließen. Das in weiten Teilen auf dem Stand von um 1900 verbliebene Stadtbild ist typisch für brandenburgische Landstädte: die breit angelegten Straßen einer mittelalterlichen Gründungsstadt mit einfacher, niedriger Bebauung. Man denke sich den Gegensatz zu einer dicht mit hohen Fachwerkhäusern angefüllten Altstadt wie Limburg an der Lahn!

Heute ist Kloster Zinna ein Ortsteil von Jüterbog. Das dortige Zisterzienserkloster gehört zu den Höhepunkten der mittelalterlichen Baukunst Brandenburgs (Foto 145). Es wurde 1170/71 von dem energischen Erzbischof Wichmann gegründet. Die spätromanische, ab etwa 1230 errichtete Klosterkirche gehört zu den frühen Bauzeugnissen des Landes. Es handelt sich um eine dreischiffig-kreuzförmige Basilika aus sauber bearbeiteten Feldsteinquadern. Ursprünglich flach gedeckt, wurde sie spätgotisch eingewölbt. Während von den eigentlichen Klausurgebäuden mit dem Kreuzgang nur Reste verblieben, stehen das ehemalige Siechen- und Gästehaus und die Neue Abtei noch aufrecht. Sie bilden mit ihren unterschiedlichen, spätgotischen Staffelgiebeln ein Ensemble von besonderer Prägnanz. Beachtlich ist auch die in Kloster Zinna 1763 auf Anweisung Friedrichs II. von Preußen angelegte Webersiedlung. Dies alles zeigt: Jüterbog ist in jedem Fall einen Abstecher wert.

EA

146 Luftbild von Südwesten mit St. Stephan und Münster (Mitte) sowie Konzilsgebäude (rechts); unten rechts: das Rathaus

KONSTANZ

Wo der Rhein den oberen Bodensee in Richtung Untersee verlässt, liegt Konstanz. Die Altstadt befindet sich südlich des Rheins, ihre lange Ostseite richtet sich auf den Obersee aus (Foto 146). Im Süden grenzt der Stadtkern unmittelbar an die Schweiz und ist mit der dortigen Stadt Kreuzlingen zusammengewachsen. Aufgrund der verkehrsmäßig und strategisch günstigen Lage konnte sich Konstanz im Hochmittelalter zu einer Handelsmetropole entwickeln. Zudem existierte hier über zwölf Jahrhunderte lang ein Bischofssitz. Konstanz ist die einzige deutsche Stadt südlich des Rheins. Die direkte Nachbarschaft zur Schweiz bewahrte sie möglicherweise im Zweiten Weltkrieg vor Luftangriffen.

Die Vorzüge des Ortes ließen bereits im zweiten vorchristlichen Jahrhundert eine keltische Siedlung entstehen. Um die Zeitenwende eroberten die Römer das Gebiet, welches nun zur Provinz Raetia gehörte. Vermutlich bestand die vorhandene Siedlung weiter, vielleicht war sie mit dem von Claudius Ptolemaeus um 160 n. Chr. überlieferten Ort namens Drusomagus identisch. Auf sicherem Boden stehen wir in der Zeit um 300. Auf dem Münsterplatz konnten Reste einer spätantiken Befestigungsanlage ergraben werden. Sie stammen sehr wahrscheinlich aus der Zeit des Kaisers Constantius I., dem Vater Konstantins des Großen. Es liegt nahe, Constantius als Namensgeber der Stadt anzusehen. Schließlich waren das Kastell und seine umliegenden Wohnviertel die Keimzelle des heutigen Konstanz. Denkbar ist als Namensgeber aber auch Constantius II., der sich um 355 ebenfalls im Bodenseeraum aufhielt. Im späten 6. Jahrhundert wurde der Bischofssitz aus dem heute schweizerischen Windisch nach Konstanz verlegt. Als Standort nutzte man das Römerkastell. Nach und nach siedelten sich Fischer, Handwerker und Kaufleute an. Um 1200 war die mittelalterliche Stadt durchweg bebaut und begann sich zu verdichten. Die Stadtgemeinde erhielt mehrfach, so 1192 und 1213, kaiserliche Privilegien, die ihr schließlich den Status einer Reichsstadt verliehen. Als Höhepunkt in der Stadtgeschichte gilt das Konstanzer Konzil (1414–18). Dieses welthistorische Ereignis spiegelt die damalige Bedeutung des Ortes wider.

147 Konzilsgebäude, Ansicht von der Seeseite

Rückgrat im Grundriss der Altstadt sind die von Nord nach Süd verlaufenden Straßen, welche das Rheintor mit dem südwestlichen Stadttor, dem Schnetztor, verbinden. Diese Verbindung markiert den Fernhandelsweg, der Süddeutschland über die Pässe Graubündens mit Norditalien verknüpfte. Die Altstadt gliedert sich in drei Quartiere: den ursprünglich befestigten Münsterbezirk, das kleinbürgerlich geprägte Wohnviertel im Norden (Niederburg) und die größere Kaufmannsstadt im Süden. Dort

148 Münster, Südansicht

gezimmerten Speicherböden verleihen dem Bau trotz allem den Rang eines bedeutenden spätmittelalterlichen Profanbaus. Im Konzilgebäude fand zwar 1417 die Papstwahl Martins V. statt, das eigentliche Konzil tagte jedoch im Münster St. Marien (Foto 148).

Die Gestalt der ältesten Bischofskirche ist nicht bekannt. Der erste Anblick erweckt den Anschein eines gotischen Sakralbaus, das Kirchenschiff zeigt jedoch den romanischen Kern. In den Ostteilen stecken die ältesten Teile des Münsters: die spätkarolingische Krypta (um 900) und Reste eines Neubaus der Zeit um 1000, welcher 1052 einstürzte. In der 2. Hälfte des 11. Jahrhunderts entstand die heute noch maßgebende Säulenbasilika in Kreuzform mit flachen Decken, damals einer der größten Kirchenbauten der Region. Anschließend begann der Bau einer Westfassade, die ursprünglich zweitürmig geplant war. An ihr wurde mit vielen Unterbrechungen schließlich bis in das frühe 16. Jahrhundert gearbeitet, ohne sie zu vollenden. Von dem bemerkenswert genialen Entwurf von 1511, nach dem der dreiteilige Unterbau durch einen

verlaufen die Straßen in Ost-West-Richtung und führen von der Hauptstraße zum Seeufer, die breiteren dienten als Markt. Ein zentraler Marktplatz hatte sich schon lange bei St. Stephan, der wohl ältesten Kirchengründung in Konstanz (Ersterwähnung 613), herausgebildet. Denkmal des schwunghaften Handels auch über See ist das 1388 direkt an der Wasserkante errichtete, gewaltige Kaufhaus für den Handel mit Tuchwaren. Es ist als Konzilgebäude zu einem Wahrzeichen geworden, in der Gestalt jedoch durch Um- und Anbauten beeinträchtigt (Foto 147). Seine ausgewogen-wuchtige Gesamtform und die aus kräftigem Balkenwerk

durchbrochenen Mittelturm und zwei maßwerkgeschmückte Hauben abgeschlossen werden sollte, blieb der Mittelturm leider unausgeführt. Der heutige, neugotische Turmaufsatz entstand 1850–53 und wirkt unorganisch, zumal die bemerkenswerten Hauben mit seinem Bau beseitigt wurden. Auch das Kirchenschiff wurde im Spätmittelalter durch Einwölbungen und Kapellenanbauten sowie Umgestaltung der Querhausfassaden verändert. Dabei waren Angehörige der viel beschäftigten Baumeisterfamilien Ensinger und Böblinger beteiligt. Das Langhaus, das heute den romanischen Ursprung des Münsters am besten ausdrückt, erhielt seine

Jesuitenorden typische Wandpfeilerkirche mit Stichkappenwölbung erhielt in den 1760er-Jahren eine wertvolle Rokoko-Ausstattung.

Doch wenden wir uns dem Profanbau zu: Über weite Strecken ist das Straßenbild der Altstadt bewahrt geblieben, auch wenn der südliche Stadtkern von einigen Bausünden beeinträchtigt wird. Traufenständige Steinhäuser bestimmen das Bild, Fachwerkbauten kommen in der Seestadt nur selten vor. Im Quartier nördlich des Münsterplatzes, der einstigen Niederburg, sind die historischen Wohnbauten in der Regel dreigeschossig. Im ursprünglichen Kaufmanns- und Patrizierviertel türmen sich die Häuser dagegen bis zu fünf Geschosse auf. Die turmartigen Gebäude wurden schon im Mittelalter als „Hohe Häuser" bezeichnet. Solche Häuser gehen häufig auf Wohntürme zurück, die als Bestandteile adliger Höfe auch innerhalb der Baublöcke zu finden sind. Ein schönes Beispiel ist das Haus „Zum goldenen Löwen" mit seiner reichen Renaissancebemalung (Hohenhausgasse 3, Foto 149). Die Bauten des 13. Jahrhunderts sind spärlich befenstert und geben sich mit kräftigen Eckquaderungen durchaus wehrhaft, wie das „Hohe Haus" (um 1294) eindrucksvoll beweist (Foto 150). Eckhäuser erhielten bisweilen Stufen- oder auch kraftvolle Zinnengiebel, so das Haus „Zum hohen Hirschen". Eine Sonderstellung nimmt das Gewölbe erst 1679–81. Die beiden erhaltenen Kreuzgangflügel wenden ihre Fassaden dem nördlichen Münsterplatz zu. Dem hochgotischen Südflügel (um 1300) steht die reiche Front des spätgotischen Ostflügels mit seinen ungemein variationsreichen Maßwerkfigurationen gegenüber. Ein weiteres Kleinod der Gotik ist das um 1260 entstandene Heilige Grab in der Mauritiuskapelle, deren Bausubstanz noch im 10. Jahrhundert wurzelt. Im Mittelalter wies Konstanz selbstverständlich eine Reihe weiterer Kirchen, Klöster und Kapellen auf. Davon zeugen heute die spätgotische Basilika St. Stephan und die Augustinerkirche zur Hl. Dreifaltigkeit. Auf einer Insel entstand ab 1236 das Dominikanerkloster. Durch einen Umbau zum Hotel wurde 1873 die Kirche stark verbaut, der frühgotische Kreuzgang blieb jedoch bewahrt. In den Jahren 1604–07 kam die Jesuitenkirche St. Konrad (heute die altkatholische Christuskirche) hinzu. Die für den

149 Haus zum goldenen Löwen

150 Zollernstraße mit Laubenhäusern, im Hintergrund das „Hohe Haus"

1424–29 errichtete Zunfthaus „Zur Katz" ein (Foto 151). Dieses ehemalige „Clubhaus" führender Patriziergeschlechter erinnert mit Buckelquadermauerwerk und symmetrischer Fassade an toskanische Palastarchitektur. Details wie Kielbögen und Gruppenfenster sind dagegen ganz der nordischen Spätgotik verpflichtet.

Bis zum 15./16. Jahrhundert hat sich schließlich ein prägender Haustyp ausgebildet, der in zahlreichen Beispielen noch vor uns steht. Die zumeist drei- und viergeschossigen Bauten zeigen Putzfassaden, über der Portal- und Ladenzone im Erdgeschoss sind die aus Werksteinen gefertigten Fenster in den oberen Wohnstockwerken zu Gruppen zusammengeschlossen und spiegeln so das Innere wider. Einige Häuser weisen regelrechte Fensterbänder auf, deren Wirkung durch feine Gesimsstreifen noch gesteigert wird. Bevorzugte Wohnräume erhielten kleine, polygonal vortretende und in die Fensterreihen integrierte Erkerchen: reizvolle Akzente in den meist asymmetrisch konzipierten Hausfronten. Eine Besonderheit sind die gotischen Laubenganghäuser der Zollernstraße. Man spürt die Nähe zu den historischen Städten in der Schweiz. Im 17. und 18. Jahrhundert wurde der Grundtyp beibehalten, jedoch eine regelmäßige Anordnung der Fenster bevorzugt. Zu den wenigen Renaissancebauten gehört das ab 1592 als Stadtkanzlei erbaute Rathaus mit seinen rekonstruierten Fassadenmalereien und dem besonders schönen Hofgebäude. Aus der Barockzeit stammt die reizvolle Dompropstei (Foto 152).

Die Blütezeit der Stadt war jedoch längst verklungen. Nach der Reformation von 1527 erfolgte die von Karl V. oktroyierte Gegenreformation, damit endete gleichzeitig die Reichsfreiheit. Konstanz gehörte nun, bis 1806, zum habsburgischen Vorderösterreich und schließlich zu Baden. Trotz eines formellen Bedeutungsverlusts kam es in der 2. Hälfte des 19. Jahrhunderts zu einer regen Bautätigkeit. Nach der Errichtung einer Bahnlinie und des Bahnhofes am Seeufer (1863 eröffnet) folgte eine großstädtisch anmutende Bebauung in seiner Nachbarschaft. Damit kamen neue Akzente in die Stadt, aber Teile der mittelalterlichen Altstadt wurden zu ihrem Nachteil überformt.

EA

151 Zunfthaus „Zur Katz", Nordfassade an der Katzgasse

152 Dompropstei

153 Die Kernstadt von Südost

LANDSBERG am Lech

154 Rathausfassade mit Marienbrunnen

Die kleine Altstadt von Landsberg liegt auf einer schmalen Zunge am rechten Lechufer. Auf einem Bergsporn östlich der Stadt erhob sich bis kurz nach 1800 die herzogliche Burg – die „Landesburg", die ursprünglich auf Heinrich den Löwen zurückging. Sie ist durch alte Darstellungen bekannt.

Das Luftbild (Foto 153) von Südosten auf die Stadt zeigt oben links das (tosende) Lechwehr und rechts davon den beilförmigen Hauptplatz, in dessen Zentrum einst das Rathaus stand und heute der Marienbrunnen von 1701 steht. Am höchsten Punkt des nach Osten geschlossenen Platzes ist der Schmalzturm zu sehen, ehemals einziger Zugang in die Kernstadt aus östlicher Richtung. Die Bergstraße verbindet ihn mit dem zinnenbekrönten Bayertor (im Luftbild unten rechts). Es markiert die obere, östliche Grenze der mittelalterlichen Stadt. Mitte rechts auf dem Bild erkennt man die ausgedehnte ehemalige Niederlassung der Gesellschaft Jesu, bestehend aus Kirche, dem ihr gegenüberstehenden Gymnasium und mehreren Flügeln. Der Längste war der Novizentrakt. Auf dem Luftbild oberhalb von Gymnasium und Jesuitenkirche liegt in der unteren „Bürgerstadt" die (eingerüstete) gotische Stadtpfarrkirche: Der schlanke Campanile ist für die Stadtsilhouette bestimmend. Nördlich der Kirche erstreckt sich die Angervorstadt, die aus zwei Hauptstraßen besteht. Damit ist das alte Landsberg grob beschrieben. Die sehr beschauliche Altstadt ist jedoch kunstgeschichtlich und historisch nicht ohne Bedeutung.

Die alte Burg diente dem Schutz der einstigen Salzstraße an diesem wichtigen Lechübergang. Landsberg lieferte das Salz an das salzarme Schwaben und war Umschlagplatz für Waren aller Art und darüber hinaus Zollstation. Die hohen Ansprüche der Stadt im 15. Jahrhundert verrät die Berufung des hochrenommierten Werkmeisters Matthäus Ensinger aus Ulm für den Entwurf der Landsberger Stadtpfarrkirche. Das Innere wurde 1680–1710 barockisiert, sodass seine Leistung heute verunklärt wirkt. Ein hoher Meister der spätgotischen Plastik, der ebenfalls aus Ulm stammende Hans Multscher, lieferte dieser Kirche mit seiner Maria mit dem Kind von 1440 ein wahrhaftiges „Chef d'Œuvre".

Für Landsberg war es ein Glücksfall, dass Dominikus Zimmermann zur Zeit des Spätbarocks 40 Jahre lang hier lebte. Er ist als wichtigster Vertreter des Rokoko anzusehen – ein Meister ohnegleichen. Zimmermann verewigte sich im Stadtbild vor allem mit seiner Rathausfassade, die feinste Stuckaturen aufweist (Foto 154).

International gesehen konnte sich Landsberg durch die Tätigkeit der Jesuiten behaupten. Im hiesigen Gymnasium (Foto 155) wurden die Missionare vorzüglich ausgebildet, welche als die wahren Pioniere von Paraguay und Bolivien anzusehen sind. Hochbegabte Persönlichkeiten, die diesen Ländern (und Teilen von Argentinien und Brasilien) bis heute ihren Stempel aufdrückten: Anton Sepp, Florian Paucke und Martin Schmid sind die wohl bekanntesten. Architektur, Kunst und Musik standen ganz oben in ihrer Lehrtätigkeit.

Die ursprüngliche Jesuitenkirche von Landsberg war 1584 fertiggestellt, wurde nach dem Spanisch-Österreichischen Erbfolgekrieg 1750 instand gesetzt und 1752–54 gänzlich neu gebaut. Ihr von geschweiften Hauben gekrönter Doppelturm ist ein wichtiger Akzent im Fernbild der Altstadt. Die nur aus Zeichnungen und Beschreibungen bekannte erste Kirche übte einen konkreten Einfluss auf den Barock Südamerikas aus – dies ist durch zeitgenössische Berichte schriftlich übermittelt.

Die Landsberger Altstadt ist durch ein Nebeneinander giebel- und traufständiger Häuser geprägt (Foto 156). Eine Variante stellen Halbgiebelhäuser dar, die somit Verwandtschaft mit dem mittelalterlichen Hausbau

Oben: 155 Altes Gymnasium der Jesuiten

156 Blick auf die Altstadt mit Lechwehr und Turm der Stadtpfarrkirche

Unten: 157 Hauptplatz mit Schmalzturm

158 Bayertor von Osten (Feldseite)

159 Kloster der Hl. Dreifaltigkeit

Münchens an den Tag legen. Baumaterial war Backstein, der allerdings fast immer verputzt wurde. Zum schönen Ensemble des Hauptplatzes gehört der bereits genannte Schmalz- oder Schöne Turm, der 1450 erhöht wurde (Foto 157). Das Laternendach wurde zwar 1836 und 1900 restauriert, zeigte aber von Anfang an bunt glasierte Ziegel im Winkelmuster, wie sie auch in der Spätgotik von Schwaben, Österreich und der Schweiz vorkommen.

Weit bekannter dürfte das Bayertor von 1425 sein (Foto 158). Ein gutes Beispiel der betont ästhetisch gestalteten Tortürme, die zu dieser Zeit von vielen Orten des Reiches bekannt sind, allen voran Neubrandenburg. Der 36 Meter hohe Turm ist fünfgeschossig und sticht durch einen ungewöhnlichen Mittelteil hervor, der an Retabeln erinnert: Die Mittelnische birgt Skulpturen des Gekreuzigten zwischen Maria und Johannes, die Seitennischen Kelchengel, die restlichen zeigen Heraldik.

Ganz nahe am Wehr befindet sich das lang gestreckte ehemalige Dominikanerinnen-Kloster der Heiligen Dreifaltigkeit (Foto 159). Die Fassade am südlichen Ende des Hauptplatzes ist vollständig bemalt, man erkennt die acht Fenster der reichen Barockkirche. Das gaubenreiche Satteldach wurde durch drei Dachreiter zum markanten Akzent der Stadt. Die Gebäudeecke an der Herkomer Straße behält die gotischen Fenster der profanierten Leonhardskapelle bei, daran schließt das Ursulinenkloster an.

PdlR

160 Isar, Ländgasse, „Altstadt", Residenz und Rathaus mitten im Häusermeer

LANDSHUT an der Isar

161 Sankt Martin von Nordwest, Laubengänge der „Altstadt" und Apsis der Jesuitenkirche (oben)

Landshut stellt ein Gesamtkunstwerk der Gotik mit punktuellen, wertvollen Bereicherungen aus Renaissance und Barock dar. Den nachmittelalterlichen Veränderungen gelang es nie, das faszinierende spätgotische Wesen der Stadt zu schwächen. Städtebaulich gesehen gehört Landshut zum Besten, was Europa in seiner Geschichte hervorgebracht hat. Von den in Südostdeutschland massiv gebauten Städten – also ohne Fachwerkbestand – ist diese alte Residenzstadt die wohl ausdrucksstärkste (Foto 160). Es ist eine Expressivität da, die das Herb-Abweisende vom nahe gelegenen Regensburg oder von den ebenfalls benachbarten Inn- und Salzachstädten wirkungsvoll sublimiert.

Im Mittelalter wurde Bayern, von kurzen Perioden der Einheit abgesehen, immer wieder geteilt, was die Entstehung mehrerer Hofhaltungen ermöglichte. Diese politischen Teilungen förderten somit die Etablierung von nicht weniger als fünf Kunstzentren: München, Ingolstadt, Landshut, Straubing und Burghausen – allesamt bedeutend.

In Landshut residierten zwischen 1393 und 1503 die sogenannten „Reichen Herzöge": Heinrich XVI., Ludwig IX. und Georg (Vater, Sohn und Enkel). In dieser Zeit hinterließen sie, zusammen mit der Bürgerschaft, eine glänzende Stadt. Allerdings sind die Grundzüge des Stadtorganismus natürlich älter: Landshut war bereits 1204 durch Herzog Ludwig den Kehlheimer gegründet worden. Es erlebte vor und nach 1250 seine ersten Stadterweiterungen, eine dritte Anfang des 14. Jahrhunderts, eine vierte 1338 und die fünfte um 1350. Alles sieht jedoch aus wie aus einem Guss. Nachdem Landshut sehr früh als Juwel des Städtebaus erkannt worden war, ließ Herzog Albrecht V. 1571 durch den Drechslermeister Jakob Sandtner ein Holzmodell der Stadt erstellen (heute im Bayerischen Nationalmuseum, München). Wer das kennt, empfindet große Freude, dass im Vergleich mit der realen Kernstadt von heute sich seitdem nichts Wesentliches geändert hat. Sandtner hatte zunächst aus Liebhaberei ein Modell seiner Heimatstadt Straubing hergestellt, das der Herzog begeistert kaufte. Dies motivierte den Auftrag für weitere Modelle der bayerischen Hauptstädte, die alle zu den kostbarsten und frühesten ihrer Gattung gehören.

Landshut erstreckt sich zwischen Isar und Berghängen: Im Süden der Kernstadt hoch auf einem Hügel krönt die Burg Trausnitz das Ensemble. Der um 1500 vollendete Turm der Martinskirche (Foto 161) schießt aus dem Boden wie eine Rakete empor und erreicht mit seinen 130 Metern Höhe das Niveau der Burg – man hätte von oben sozusagen in den Essteller des Herzogs schauen können. Dieser höchste Backsteinturm der Welt ist wie der Kirchenbau, zu dem er gehört, ein Wunderwerk der Gotik. Er steht als Freikörper mit dem Turmportal zur Straße „Altstadt" gerichtet, mitten im Dachmeer der Bürgerhäuser. Der Turm beherrscht Stadt und Landschaft noch stärker als die Burg selbst! Begonnen wurde die Stadtpfarr- und Stiftskirche Sankt Martin um 1385. Baumeister Hanns Krummenauer wird erstmals 1389 erwähnt, seine Nachfolge traten Hanns Purghauser, Hanns Stetheimer und Stefan

162 „Neustadt" mit Giebelreihe und Burg Trausnitz

163 Freyung, Häuser 619–622

164 Dreifaltigkeitsplatz, Häuser 3–10

Purghauser bei – Genien dieser Zeit. Auch der atemberaubende Hallenraum mit seinen überschlanken Pfeilern löst Bewunderung aus. An der äußeren Kirchensüdwand findet man das Epitaph des 1432 verstorbenen Hanns Purghauser mit seinem eindrücklich realistischen Porträt, die Namen seiner Werke begleiten ihn: Insbesondere die Spitalkirche in Landshut selbst und die heutige Franziskanerkirche zu Salzburg sind als Schlüsselbauten der Spätgotik weithin bekannt.

Die Stadtstruktur ist klar angelegt: Die Kernstadt gliedert sich nach dem Isar-Übergang am Heilig-Geist-Spital in zwei Nord-Süd laufende, fast Parallelstraßen: Die Altstadt und die Neustadt (Foto 162). Dazu gesellt sich östlich die stimmungsvolle Freyung (Foto 163). Alle drei werden von engen transversalen Gassen verbunden. Die Parzellierung ist in konsequent-stringenter Form als in die Tiefe gehende Rechtecke angelegt, über denen giebelständige Häuser stehen. Die Giebelform wurde von der Gotik bis zum Barock in schier unendlich vielen originellen Variationen ausgestaltet (Foto 164). Keine andere Stadt zeigt sich diesbezüglich so abwechslungsreich. Von den „normalen" Staffelgiebeln zu den unterschiedlichsten Zinnen- und Lisenengiebeln, mit Türmchen besetzten Giebeln, Schweif-, Ädikula- und Volutengiebeln …

Die farbenfrohen Putzfassaden sorgen für eine ungemein festliche und fröhliche Atmosphäre, eine reale, nicht theatralische „Kulisse" für den Alltag und speziell für die alle vier Jahre hier zu zelebrierende „Landshuter Hochzeit", die Erinnerung an die 1475 erfolgte Vermählung des Herzogs Georg dem Reichen mit Hedwig Jagiellonica aus Polen.

Die festliche Giebelreihe der „Altstadt" wird mit voller Absicht von der Traufdisposition der 1536–39 errichteten Stadtresidenz unterbrochen – auf dem Luftbild exemplarisch zu sehen. Es ist wohl als moderne Geste zu verstehen, dass Herzog Ludwig X. von der Burg in die Stadt hinunterzog. Dabei hat er sich natürlich nicht als „Primus inter Pares" mit den deutlich unter ihm situierten Untertanen zeigen wollen, sondern nämlich als das Andere, das er zweifelsohne war. Die Residenzfassade steht auch provokativ vis-à-vis vom Rathaus. Für diese Repräsentation des „Anders-Seins" kam ihm der neue italienische Stil zugute, den er 1536 bei Federico Gonzaga in dessen Palazzo del Tè zu Mantua persönlich kennengelernt hatte. Selbstverständlich war die Einreise einer italienischen Bautruppe vonnöten, um so ein Bauprojekt verwirklichungsfähig zu machen. Die Residenz organisiert sich als Vor- und Hinterbau, von Verbindungsflügeln begleitet – daraus wird ein allseits geschlossener und vor allem regelmäßiger Innenhof – der erste in Deutschland. Der vordere Trakt wurde „Deutscher Bau", der hintere „Italienischer Bau" genannt. Von außen sind beide italienisch, aber die ursprüngliche Fassade an der Altstadt wurde leider 1780 klassizistisch verändert, im Inneren der italienische Saal zu allem Überfluss 1896/97 zusätzlich verändert, sodass sein Zustand nur noch nach den beliebigen, irritierenden Modifikationen der Gründerzeit zu genießen ist. Aus der Erbauungszeit bleiben noch viele Ornamente und Deckenmalereien in diversen Sälen, von fremden und einheimischen Künstlern geschaffen, auch die warme Holzdecke des Deutschen Saales. Die Rückseite der Residenz an der Ländgasse zeigt sich ebenfalls im Original (Foto 165): Eine solche hierzulande exotisch wirkende Fassade blieb im 16. Jahrhundert Fremdkörper.

Auch die Burg Trausnitz wurde in der Renaissancezeit teilmodernisiert, durch Ludwig X. zunächst und später noch stärker in manieristischem Stil durch Herzog Wilhelm V. Er ließ zum Beispiel 1578 die Arkaden vor der Dürnitz durch Friedrich Sustris bauen (Foto 166), an denen der neuartige Rauputz erscheint, ebenso wie das italienische Motiv der von Okuli

165 Residenz, Rückfassade an der Ländgasse

166 Burg Trausnitz, Arkadenhof

167 Spitalkirche zum Heiligen Geist von Nordwest
168 Bebauung am Isargestade

begleiteten Bogenstellungen. Wilhelm verbrachte ganze elf Jahre auf der Burg, umgeben von Schauspielern und Künstlern. Von der auf ihn zurückgehenden Burgausstattung ist leider Wesentliches 1961 bei einem Brandunfall verloren gegangen. Zu sehen sind noch Narrentreppe, „Betstüberl" und Kabinett des Italienischen Anbaus, Söllerstube und „Zimmer der Verlegenheit". Sonst bleibt die Burg eine ausgedehnte, beachtliche Wehranlage des Spätmittelalters, in der insbesondere die frühgotische Schlosskapelle mit dem herrlichen Lettner, dem Triumphkreuz und dem spätgotischen Gewölbe eine nicht zu versäumende Attraktion darstellt.

Um bei der Gotik zu bleiben, sind weitere Besonderheiten und Denkmäler zu nennen. Der grandiose Straßenzug der „Altstadt" wird an der Westseite zwischen Steckengasse und Nahem Steg von Lauben begleitet, die bereits im 13. Jahrhundert vorhanden waren und bis ins 16. Jahrhundert ausgebaut wurden. Der Turm von Sankt Martin unterbricht die Reihe. Die Lauben sind vor den ehemaligen Kaufmannshäusern platziert: Die „Bögen" beruhten auf altem Wohnrecht, die Gründstückseigentümer waren auch Besitzer des Laubengrundes.

Vor dem Platz der „Freyung" steht die Jodokskirche mit einem immerhin 77 Meter hohen Turm aus dem mittleren 15. Jahrhundert in makelloser Backsteingotik. Im Inneren, wie in den restlichen Kirchen der Gotik in Landshut außer Sankt Martin, fallen die fröhlichen knallgelben Gewölbekappen auf. Als ein Gründungsbau der Spätgotik ist die 1407 begonnene Spitalkirche zum Heiligen Geist anzusehen (Foto 167). Sie wurde säkularisiert und dient heute leider als Ausstellungshalle, wodurch der architektonisch bahnbrechende Innenraum beeinträchtigt wird. Ein Freipfeiler in der Chormitte vereint das Gewölbe von Umgang und Chor. Diese geniale Erfindung wurde wenig später, auch von Hanns Purghauser, in Salzburg verwendet. Die offene Vorhalle der Fassade öffnet heute den Blick auf die Giebelparade der „Altstadt". Früher stand hier ein Turm der Stadtmauer. Auf dem „Berg ob Landshut" findet man die Heilig-Blut-Kapelle mit ihren hohen spätgotischen Rundtürmen. In entgegengesetzter Richtung, ebenfalls außerhalb der Kernstadt, steht die im 15. Jahrhundert vollendete Kirche Sankt Nikola. In der hochwertigen, überwiegend barock überformten Abtei Seligenthal, die heute noch Zisterzienserinnen gehört, findet man unter anderem die Afrakapelle mit den hochgotischen Stifterfiguren von Ludwig I. und Gemahlin Ludmilla. In der Abtei wurden zwischen 1259 und 1579 über vierzig Angehörige der bayerischen Familie der Wittelsbacher beerdigt.

In dieser kurzen Darstellung darf eine Erwähnung von Jesuitenkirche und -kloster nicht fehlen. Sie befinden sich östlich von Sankt Martin zu Füßen des Berghangs und wurden ab 1638 bzw. 1665 errichtet. Die weiträumige Kirche Sankt Ignatius folgt dem Vorbild von Sankt Michael in München. Das Kolleggebäude ist eine der typischen großformatigen städtebaulichen Interventionen der Gesellschaft Jesu. Zusammen mit dem Gotteshaus riegelt es die „Neustadt" nach Süden hin ab.

Als Abschied von Landshut die stimmungsvolle Widerspiegelung der Bebauung am Isargestade (Foto 168).

PdlR

169 Luftbild, Blick von Nordosten mit St. Nikolai und Markt (Mitte) und St. Marien in der Neustadt (oben). Die Mittelstraße durchzieht den gesamten Stadtgrundriss.

LEMGO

Lemgo ist eine Stadt im einstigen Fürstentum Lippe, das als Kleinstaat noch bis 1946 existierte. Die Residenzstadt des Ländchens war Detmold, eine schöne Stadt mit beeindruckendem Renaissanceschloss. Im nur wenige Kilometer entfernten Brake bei Lemgo besaßen die Edelherren zur Lippe eine weitere Residenz: Schloss Brake, ebenfalls ein wundervoller Renaissancebau. Es beherbergt heute das Weserrenaissance-Museum. Dieser Regionalstil prägt auch die Altstadt von Lemgo, und zwar mit einigen seiner Spitzenwerke. Dazu gehört das berühmte Hexenbürgermeisterhaus. Im dortigen Museum ist die ganze Bandbreite von Geschichte erfahrbar: Hexenverfolgungen – sie waren eine Folge von Unsicherheit, Not und Krieg – demonstrieren die Kehrseite der Medaille eines gleichermaßen zu Grausamkeiten und großen Kunstleistungen fähigen Zeitalters. Heute zeigt sich Lemgo als Beispiel für eine gelungene Stadtsanierung mit sensibel in den historischen Kontext eingefügten Neubauten.

Lemgo wurde zwar im Jahr 1005 als Haupt- und Gerichtsort eines Gebiets mit dem Namen „Limgauw" erstmals genannt, frühmittelalterliche Siedlungsspuren bei der Kirche St. Johann konnten jedoch bereits für das 8. Jahrhundert nachgewiesen werden. Die eigentliche Stadtgeschichte begann hingegen 200 Jahre nach der Ersterwähnung. Edelherr Bernhard II. zur Lippe initiierte um 1200 die Gründung einer planmäßig angelegten Stadt, 1245 erhielt sie das Lippstädter Stadtrecht. Die verkehrsgünstige Lage des Ortes machte ihn zu einem Handelsmittelpunkt, dessen Einkünfte zu großen Teilen durch den Vertrieb einheimischer Tuchwaren erwirt-

170 Pfarrkirche St. Nikolai, Gesamtansicht von Südosten

171 Waisenhausplatz mit den Giebeln des Ball- und Zeughauses, dahinter St. Nikolai

172 Marktfront des Rathauses. Links: Ratslaube und Apothekenerker, vor den Nikolaitürmen: der Ratskammerbau

schaftet wurden. Als Gründungsstadt erhielt Lemgo einen regelmäßig angelegten Stadtgrundriss: ein lang gestrecktes, abgerundetes Rechteck mit drei parallelen Straßenzügen in Ostwestrichtung (Foto 169). In der Mitte werden diese von einer Nord-Süd-Straße durchquert. Am Kreuzungspunkt der mittleren Längs- und der Querstraße, die den Verlauf wichtiger Handelswege markierten, entstand der Markt. Lemgo zeigt, dass auch im deutschen „Altsiedlungsgebiet" mit seinen bis in die Karolinger- oder Römerzeit zurückreichenden Städten um 1200 noch neue Gründungsstädte planmäßig angelegt wurden.

Schon um 1265 gebot das schnelle Wachstum Lemgos die Gründung einer Neustadt, die mit zwei weiteren Parallelstraßen südseitig an die vorhandene Struktur angefügt wurde. Sie blieb genau 100 Jahre lang selbstständig, mit der Vereinigung beider Weichbilde war auch der umfangreiche Mauerring vollendet. Nur wenige Jahre nach den jeweiligen Stadtgründungen entstanden ab dem frühen 13. Jahrhundert die Nikolaikirche in der Altstadt und ab 1270 die Neustädter Marienkirche. Der Ursprungsbau von St. Nikolai war eine kreuzförmige Gewölbebasilika mit Doppelturmfront (Foto 170). Um 1300 erfolgte ein Umbau zur Hallen-

173 Giebelhäuser an der Nordseite der Mittelstraße

kirche. Ein Jahrhundert später ließ die Gemeinde auch den Chor entsprechend erweitern und mit einem polygonalen Abschluss versehen. Die beiden Nikolaitürme zeigen als Wahrzeichen die Mitte der Altstadt an. Im Nordturm mit seinem schönen Renaissancehelm von 1569, er war städtisches Eigentum, befand sich die Turmwächterstube. Über dem südlichen Pendant erhebt sich ein nadelspitzer Helm, der 1661–63 ganz nach gotischem Vorbild neu errichtet wurde und schraubenförmig in den Himmel ragt.

Dem stillen Kirchhof steht das geschäftige Treiben auf dem Marktplatz gegenüber. Markt, Rathaus und Kirche – hier haben wir die konstituierenden Elemente der mittelalterlichen Handelsstadt vor uns. Schon bei der Absteckung des Stadtplans vor über 800 Jahren wurde an der Kreuzung der wichtigsten Straßenverbindungen eine große, rechteckig zugeschnittene Fläche für die öffentliche und sakrale Nutzung frei gehalten. Zwischen Markt und Kirchhof entstand das Rathaus, am Rand von Markt- und Kirchplatz etablierten sich feste Marktstände und weitere öffentliche Gebäude wie Zeughaus, Stadtwaage und Ballhaus (Foto 171). Aus den Marktbuden gingen im Spätmittelalter schmale Häuserzeilen hervor. Wie in einem Lehrbuch zur Stadtbaugeschichte sind diese Zusammenhänge in Lemgo zu studieren. Der Blick auf das Rathaus mit den im Hintergrund aufragenden Nikolaitürmen ist Sinnbild der alten Stadt (Foto 172). Das Rathaus selbst zeigt mustergültig, wie ein mittelalterlicher Kommunalbau im Lauf der Jahrhunderte erweitert und umgestaltet wurde. Am Anfang stand ein lediglich anhand von Grundmauern nachweisbarer Vorgängerbau aus dem 13. Jahrhundert. Ältester Teil des heutigen Rathauses ist ein 48 Meter langer Rechteckbau, ein unterkellerter Saalbau aus der Zeit um 1350. An den Schmalseiten ist der Kernbau anhand seiner spätgotischen Giebel gut zu erkennen. Das Erdgeschoss diente Verkaufszwecken, im Obergeschoss tagte der Rat und wurden Festlichkeiten zelebriert. Eine Differenzierung der Stadtregierung und die Verschriftlichung erforderten spezielle Räumlichkeiten für die Sitzungen der Ratsgremien, die Schreiberei und das Archiv. So baute man um 1480 mittig vor die Marktseite über einer offenen Bogenlaube den Ratskammerbau mit seinem breitschultrigen Staffelgiebel. 1522 kam an der Nordwestecke die Ratsapotheke hinzu. Dann folgten die Juwelen der Weserrenaissance: 1565 am Nordgiebel die Ratslaube mit der 1589 aufgesetzten Kornherrenstube, im gleichen Jahr die neue Ratsstube und schließlich, 1612, der prächtige Erker der Ratsapotheke.

Rings um den Markt und in den tangierenden Straßenzügen begeistert die Fülle historischer Bürgerhäuser (Foto 173), welche in dieser Quantität und Qualität in ganz Westfalen heute einzigartig dastehen. In der Mittelstraße bilden sie noch geschlossene Reihen und geben Lehrstoff über die Abfolge der Baustile. Die meisten Wohnbauten sind giebelständig, besonders die herausragenden Kaufmannshäuser. Mit der Traufe zur Straße hin ausgerichtet sind einerseits die Häuser der einstigen Kleinbürger und Tagelöhner, andererseits aber auch auf breiten Parzellen errichtete Adelshöfe. Fachwerk- und Steinhäuser stehen im bunten Wechsel und zeigen, wie sich beide Bauweisen in der Renaissancezeit gestalterisch beeinflussten. Einige Fachwerkfassaden des 16. Jahrhunderts befinden sich vor wesentlich älteren, massiven Hauskernen. Charakteristisch für die reichen Bürgerhäuser sind rückwärtige Saalbauten, deren Bausubstanz in einigen Beispielen auf Steinwerke des 14. Jahrhunderts zurückreicht. Ein weiteres Merkmal ist die Nachbarschaft von breiten und sehr schmalen Giebelhäusern. Letztere stellen sich als Nebengebäude über den Hofzufahrten der Haupthäuser dar (Foto 174). Als Gebäudetyp herrschte bis in das 17. Jahrhundert das klassische niederdeutsche Dielenhaus vor. Die Wohnbereiche befanden sich in den straßenseitigen Stuben und Kammern und, soweit vorhanden, im rückwärtigen Saalbau. Die Obergeschosse und Dachräume dienten als Speicher. Frontseitige Wohnräume wurden gern mit besonders sorgfältig gestalteten Ausluchten oder Erkern ausgestattet. Erker- und Dielenfenster sind manchmal sehr großzügig verglast und wirken wie steinerne Skelettarchitektur. Auch damit konnten vermögende Bauherren ihren Reichtum zeigen – Fensterglas war äußerst kostspielig. Eine Besonderheit sind Fassaden mit streifenförmigem Verputz. Eine solche Dekoration zeigt beispielsweise das Zeughaus von 1548 (Foto 175).

In der Reihe der steinernen Giebel reicht die Spanne von einfachen Dreiecksgiebeln mit kleinformatigen Spitzbogen-Speicherfenstern (um 1400) über breit gelagerte Fronten mit kraftvollen Giebelstaffeln (Foto 176) bis zu Stufengiebeln mit geschweiften oder viertelkreisförmigen Aufsätzen. Gotische Formen wurden bis in das späte 16. Jahrhundert tradiert: Das Haus Wippermann an der Kramerstraße 5 (1576, Foto 177) zeigt enge Verwandtschaft mit älteren Bauten in Bielefeld und Herford. Seine Giebelform mit durchbrochenen Maßwerkstaffeln wurzelt in der berühmten

174 Mittelstraße 25 mit zugehöriger Überbauung der Hofdurchfahrt

175 Zeughaus, Südfassade mit Streifenputz

176 Mittelstraße, Giebelreihe (Häuser Nr. 52–58)

Fassade des Rathauses zu Münster. Das wuchtig-konstruktive Fachwerk der Zeit um 1500 wich nach und nach den fein ziselierten Schnitzfronten der Renaissancezeit (Mittelstraße 17, Foto 178). Bei den Ornamenten der Holzbauten dominieren Fächerrosetten und das für Lemgo typische Beschlagwerk, welches gleichermaßen an steinernen Fassaden vorkommt. In der Neustadt kommen aufwendige Wohnhäuser aus früheren Jahrhunderten wesentlich seltener vor. Hier lebten Handwerker und Kleinhändler, die Bausubstanz ist durchschnittlich wesentlich jünger als in der Altstadt.

Eine Ausnahmeerscheinung ist zugleich das bekannteste alte Bürgerhaus der Stadt: das Hexenbürgermeisterhaus (Foto 179), errichtet 1568–71 von dem Kaufmann Hermann Kruwell und 100 Jahre später im Besitz des berüchtigten Bürgermeisters Hermann Cothmann. Dieser „Hexenbürgermeister" trieb trotz seiner Gelehrtheit an die einhundert Menschen in den Tod – aus Fanatismus sowie aus Macht- und Geldgier. Damals war Lemgo bereits zu einer Landstadt abgesunken. Ihre Bedeutung war, wie so häufig, mit dem Dreißigjährigen Krieg und seinen Folgen hinfällig geworden. Eine in den 1970er-Jahren vorgesehene Flächensanierung, die zum Verlust der Bausubstanz in der Neustadt geführt hätte, konnte verhindert werden. Stattdessen mauserte sich Lemgo in den 1980er-Jahren zu einer Beispielstadt für den Umgang mit dem gebauten Erbe.

EA

177 Wippermann'sches Haus, Kramerstraße 5
178 Mittelstraße 17, Bürgerhaus
179 Hexenbürgermeisterhaus, Breite Straße 19

180 Kernstadt von Südost mit Lahn, Burg, Dom, Franziskanerkirche und Teilansicht der Altstadt

LIMBURG an der Lahn

Limburg ist eine urdeutsche Stadt an der Lahn, an einem Flussübergang gebaut, der älter ist als die Siedlung selbst, die erst im Jahre 910 urkundlich fassbar wird. Hoch über einem Kalkfelsen beherrschen „Dom" und „Schloss" Stadt und Landschaft – zu deren Füßen liegt das dichte Geflecht von Gassen und Freiplätzen, umsäumt von krummen Fachwerkhäusern: Ein Sinnbild des Mittelalters schlechthin! (Foto 180).

Die Symbolkraft des in seiner Formensprache und Farbigkeit charaktervollen, vieltürmigen Doms, sucht ihresgleichen. Dass zu dieser „Domstadt" noch ein intakter, sehr alter Hausbestand gehört, macht aus Limburg ein ungewöhnlich wertvolles Stadtgebilde. Anders als in den meisten Fachwerkstädten Hessens – einschließlich Marburg – ist die Zahl der tatsächlich noch im Mittelalter datierenden Häuser beträchtlich.

In Limburg war weder der Dom ein Dom noch das Schloss ein Schloss. Bei Ersteren handelt es sich um die Stiftskirche Sankt Georg, die man erst 1827 zum Sitz eines Bischofs erhob. Der heutige Bau wurde Ende des 12. Jahrhundert begonnen und 1235 geweiht (Foto 181). An den Türmen arbeitete man bis um 1280. Der Helm vom Vierungsturm wurde nach Blitzschlag im Jahre 1774 etwas erhöht wiederhergestellt. Die

Türmchen am südlichen Querhaus waren mit Sicherheit in der gleichen Gestalt wie die nördlichen geplant, ausgeführt wurden sie aber erst 1864. Offensichtlich wurde das beeindruckende Dompanorama von Norden kommend über die steinerne Lahnbrücke vom 14. Jahrhundert als das Wichtigste empfunden – weniger die Stadtseite. Die Architektur der Kirche steht zwischen der kräftigen spätromanischen Bauart im Rheinland (Außenbau) und einer starken Rezeption französischer Frühgotik (Innenraum). Während im Außenbau lediglich die sparsamen Strebebögen für Frankreich sprechen, übernimmt der Raum die Viergeschossigkeit der pikardischen Kathedrale von Laon. Allerdings scheint der Choraufriss auch das Idealvorbild der Aachener Kaiserkapelle zu reflektieren – eine hochinteressante Begegnung von Typen und Formen. Ob das Aachener Moment eine Anspielung an den mit dem Königshaus verwandten und 948 verstorbenen Grafen Konrad Kurzbold, Gründer des Stiftes, war? Er liegt in der Kirche begraben, ursprünglich an zentraler Stelle.

Der Dom war in den 1870er-Jahren Opfer willkürlicher Vorstellungen der Neogotik. Man beseitigte den Außenputz ganz, die Kirche wurde steinsichtig, was sie nie war. Die Rekonstruktion von Putz und Farbigkeit erfolgte 1971–74.

Das Schloss hinter dem Dom war eigentlich eine Burg, mehr Dienstgebäude als Sitz verschiedener Dynastien (Konradiner, Isenburger). Sie gehörte nach 1420 den Erzbischöfen von Trier und entstand in heutiger Form in mehreren Etappen zwischen 1200 und 1700.

Der Durchgangsverkehr Frankfurt–Köln und Koblenz–Wetzlar begünstigte Limburg, Wollweber und Lederer machten gute Geschäfte in Frankfurt. Selbstständig war die Kommune aber nie. Im Bereich des Stiftes und in der Bürgerstadt entstanden ansehnliche Häuser. Sie stammen aus der Zeit nach dem verheerenden Stadtbrand von 1289, einige unmittelbar danach, wie das in der Fachliteratur berühmt gewordene, stattliche Haus Römer 2-4-6, das 1289 datiert und 1581 sowie 1610 renoviert wurde (Foto 182). Fachwerk aus dem 13. Jahrhundert findet man außerdem noch an folgenden Adressen: Rütsche 11 und 15, Kleine Rütsche 4, Kolpingstraße 6, und Römer 1 – alle mit diversen späteren Veränderungen. Spätgotische Häuser sind keine Seltenheit: am Domplatz steht das alte Burgmannenhaus derer von Staffel von 1515/22 mit seinem engmaschigen Holzgefüge (Foto 183), „Kopfbau" der 2013 ausgebauten Bischofsresidenz, die den Prälaten den Posten gekostet hat. Sie ist an ihrem Flachdach auf dem Luftbild sofort erkennbar.

Die Enge der mittelalterlichen Bebauung auf dichter, unregelmäßiger Parzellierung fällt bei der Einmündung der Rütsche in den Fischmarkt besonders stark ins Auge (Foto 184). Der urbane Raum wirkt hier wie expressionistisch-kubistisch verzerrt. Zwischen den Fachwerkbauten spielen auch Steinhäuser mit, so das aus dem 14. Jahrhundert datierende, weiß gefasste Haus Fischmarkt 12 mit

Seite 120: 181 Dom von Südwest über den Dächern der Stadt

182 Haus Römer 2-4-6

183 Burgmannenhaus derer von Staffel, Domplatz 7

184 Einmündung der „Rütsche" in den Fischmarkt

185 Haus Trombetta, Frankfurter Straße 2

186 Barfüßerstraße, Giebelreihe

Bereiche wirken insgesamt ungeordnet, das 1969 errichtete zehnstöckige Internat-Hochhaus der Marienschule in der Graupfortstraße ist ein Dorn im Auge. Etwas desolat sieht es auch in Bahnhofsnähe aus. Die zwischen Bahnhof und Neumarkt stehende evangelische Kirche von 1866 ist architektonisch ärmlich, das 1897 gebaute Neue Rathaus erscheint zeittypisch (späte Gründerzeit) etwas angeberisch: Niemals war die Architektur vor 1800 das eine oder das andere – weder ärmlich noch übertrieben –, nicht zuletzt deshalb ist die Altstadt von Limburg so sehr überzeugend.
PdlR

dem Treppengiebel, das in ähnlicher Form auch am Fischmarkt 1 wiederkehrt. Die gebogene Fassade von Rütsche 15 datiert von 1538 und ist noch gotisch.

An Fischmarkt und „Rütsche" fallen überdimensionierte mittelalterliche Brandmauern auf, die an die alten Häuser von Osnabrück oder Hondarribia im Baskenland erinnern – freilich ohne jegliche direkte Verbindung zu ihnen.

Das Fachwerk verkomplizierte sich im Laufe des 16. Jahrhunderts zusehends. Schweifgiebel und reiche Schnitzereien sind dementsprechend um 1600 häufig anzutreffen. Das in der Frankfurter Straße 2 stehende Haus Trombetta (Foto 185) schaut mit seiner Fassade zum Bischofsplatz, auch das Nachbarhaus zeigt einen modisch ondulierten Giebel.

Viele Straßen und Plätze beeindrucken mit ihren in Fachwerk verzimmerten Giebelreihen – so auch die Barfüßerstraße (Foto 186). Der Straßenname weist wie überall auf die Franziskaner hin; die Straße führt tatsächlich bis zur Westfassade der ehemaligen Ordenskirche, die wie alle Bauten dieser Familie durch Turmlosigkeit besticht. Der Baukörper mit dem nie fehlenden Dachreiter ist am linken unteren Rand des Luftfotos deutlich erkennbar.

Außerhalb des alten Rings der Grabenstraße (die Stadtmauer verschwand gänzlich nach 1818) verliert sich das Interesse am Stadtbild. Die neueren

187 LUDWIGSBURG, Schloss und Stadt von Südwesten

LUDWIGSBURG

188 Schloss, Altes Corps de Logis mit Schlosshof

Ludwigsburg war Residenz eines der vielen Fürsten, die für die dezentrale, königsschwache Geschichte der Deutschen typisch sind. Diese politische Struktur des Reiches hat bekanntlich im barocken Zeitalter zu einer Vervielfachung Versailles-ähnlicher Anlagen geführt, die oft in Größe, Pracht und Originalität dem französischen Urbild in wenig oder nichts nachstehen – man denke nur an die Würzburger Residenz, an die Schlösser in Brühl, Wien oder eben Ludwigsburg. Im heutigen Baden-Württemberg gibt es eine besondere Konzentration großartiger Schlossanlagen – allerdings wurden Mannheim, Karlsruhe, Stuttgart und Bruchsal stark kriegszerstört und konnten nur teilweise originalgetreu wiederhergestellt werden. Zu den unversehrten Glücksfällen gehören hier vor allem Rastatt und Ludwigsburg und in kleineren Dimensionen Tettnang, Schwetzingen und Meersburg.

Es war Herzog Eberhard Ludwig von Württemberg, der 1704 die Errichtung des Schlosses Ludwigsburg veranlasste. Die planmäßige Bebauung der Stadt selbst begann sechs Jahre später (Foto 187). Das Stadtrecht wurde 1718 verliehen, Ludwigsburg blieb Residenz bis zum Tode des Fürsten im Jahre 1733; dieses Datum markiert auch die Fertigstellung des Schlosses. Eine extrem lange Mittelachse bestimmt die Symmetrie der Schlossanlage, nicht aber die der Stadt, die sich nur westlich des Schlosses entwickelte. Da das Gelände nach Westen steigt, ist die Altstadt höher gelegen als das Schloss. Die Tatsache, dass die Schlossflügel sich – für den Barock untypisch – um einen geschlossenen Innenhof gruppieren, ist eine Folge der baugeschichtlichen Entwicklung des Ensembles. Dazu kam man nämlich durch Verdoppelung des Corps de Logis: das alte im Norden (Foto 188), das neue als Riegelbau im Süden (Foto 189). In der ersten Bauphase gab es einen nach Süden hin offenen Ehrenhof. Verantwortlich für die älteren Trakte waren P. J. Jenisch und J. F. Nette, für die neueren (und teilweise die Überformung der älteren) der in der Provinz Como geborene und aus Prag geholte D. G. Frisoni. Die Vollendung des Schlosses hinterließ eine in Gestalt, Volumen und Höhen äußerst fein abgestufte Verkettung von Baukörpern, die zwischen den beiden Fürstentrakten von Nord nach Süd Pavillons, Riesen- und Ordensbau, zwei Kapellen, Festin- und Theaterbau, Bilder- und Ahnengalerie bilden. Bei der überreichen Innenausstattung ist zwischen barocken und klassizistischen Räumen zu differenzieren. Als Höhepunkte des Barock sind u. a. Marmorsaletta, Boisseriekabinett, Ahnengalerie und Schlosskapelle hervorzuheben. Klassizistische Glanzlichter sind der Marmorsaal, das Königsschlafzimmer, Registratur- und Arbeitszimmer. Beim 1805–09 klassizistisch umgebauten Ordenssaal steht man vor einem Kuriosum: der Rebarockisierung von 1939–40 – einer Maßnahme, die heute als konservatorisch völlig unkorrekt gelten würde und dennoch Bestandteil deutscher Denkmalpflegegeschichte ist.

Großartig angelegte Parks gehören zur Selbstverständlichkeit des Barockensembles. Als nördlichster und höchster Punkt der Schlossachse steht das Jagdschloss Favorite (Foto 190), heute vom restlichen Ensemble durch die stark befahrene Marbacher Straße getrennt. Der 1716–23 von Frisoni entworfene und P. Retti ausgeführte Bau wurde feingliedrig und trotzdem charaktervoll mit vier Dachpavillons und einer nicht genug zu lobenden Freitreppe ausgestaltet.

Die Altstadt ist streng regelmäßig aus einem Guss entstanden. Die Südstadt von Theodor Fischer (1910) griff das Straßenraster des 18. Jahrhunderts auf. In der Altstadt fällt die angenehme Maßstäblichkeit der Gesamtheit auf, die nicht zuletzt auf der dominanten Zweigeschossigkeit der allesamt traufständig disponierten Häuser ruht. Vielleicht hat doch Freudenstadt als Idealstadt der Renaissance hier Pate gestanden. Umso schmerzlicher wirkt hier der barbarische Eingriff von 1972–75, den zweifelsohne der Bau des sogenannten „Marstall-Centers" für Ludwigsburg bedeutet. Mit seiner brutalistischen Formensprache und seinem ohne Unterbau bis zu 15 Stockwerke hohen Wohnturmkomplex ruiniert es Stadtsilhouette und viele Blickachsen in der Stadt. Der in unmittelbarer Nachbarschaft liegende Holzmarkt, ein im Stadtraster über Eck gestellter, quadratischer Barockplatz mit mittigem Obelisken, wird von dem Haupthochhaus optisch erdrückt. Das Marstall-Center ist ein flagranter Beleg der Mischung aus Unkultur und Bodenspekulation, die für die damals „mitteljunge" Bundesrepublik charakteristisch war – eine in diesem Punkt offensichtlich falsch verstandene Demokratie. Dies hat in Ludwigsburg für ein leider dauerhaftes Problem gesorgt (im Hochhaus befinden sich über 200 Eigentumswohnungen!), das in keiner Weise mit dem jetzigen fast fertigen Umbau der unteren Komplexbereiche gelöst wird. Nach wie vor geht es um Höhe und Formen des mit dem Stadtbild inkompatiblen Hochhauses.

Beachtung verdient der großflächig angelegte Marktplatz (Foto 191), dessen Mitte von einem Brunnen mit einer Statue Eberhard Ludwigs ge-

189 Schloss, Neues Corps de Logis mit Schlosspark

190 Schloss Favorite von Südosten

gezeigt (Stuttgarter Str. 12, Foto 193), das eine ansprechende Langfassade von 19 Achsen aufweist. Auch östlich des Schlosses, in der Mömpelgardstraße, haben sich mehrere Adelspalais' erhalten.

Der ab Mitte des 18. Jahrhundert erfolgte Ausbau als Garnisonstadt hat in Ludwigsburg außerdem eine nennenswerte Kasernenarchitektur hinterlassen.

PdlR

191 Marktplatz mit Stadtkirche und Laubenhäusern

192 Dreieinigkeits- und Stadtkirche, „Bei der Katholischen Kirche"

193 Becksches Palais (Stuttgarter Str. 12)

bildet wird. Alle den Platz umsäumenden Häuser zeigen Arkadenlauben. Wichtig sind die geschlossenen Platzecken (die an das vergleichbare Prinzip spanischer Plätze denken lassen). Der Zugang zum Platz erfolgt von Süd nach Nord mittig, von West nach Ost durch die doppelten Kurzstraßen, die die Freikörper der gegeneinander gerichteten Kirchenfassaden flankieren: die größere, doppeltürmige Stadtkirche evangelischer Konfession und die eintürmige, bescheidenere Dreieinigkeitskirche (Foto 192), die für die Reformierten geplant wurde und heute katholisch ist. Letztere zeigt ein heute kahlgeschorenes Interieur.

Von den meist den Schlossgarten säumenden Anwesen des Adels sei hier das Becksche Palais

194 Die Altstadt von Südwesten

LÜNEBURG

195 Sankt Johannis am Sande, Südflanke

Lüneburg ist die einzige bis heute so gut wie unversehrt gebliebene Hansestadt mit einer großen historischen Altstadt, einem unvergleichlichen Flächendenkmal. Aufgrund seines sehr guten Erhaltungszustands (viel mehr genuine Bausubstanz als Lübeck, Wismar und Stralsund), der Masse an vorzüglichen Bürgerhäusern und des europaweit seinesgleichen suchenden Rathauses aus Gotik und Renaissance ist kaum zu verstehen, dass Lüneburg bis heute nicht in die Liste des Weltkulturerben aufgenommen wurde. Dies irritiert den Laien nur, der in keiner der genannten Schwesterstädte die Geschlossenheit dieser Stadt vorfinden kann.

Was in Lüneburg verloren ging, ist nicht nur wesentlich weniger als in Lübeck oder Wismar, es ist auch keine Folge des Krieges, sondern von Bodensenkungen im Michaelisviertel (mit den daran gekoppelten, vielfach überflüssigen Abrissen, die auf das Desinteresse bzw. auf die mangelnde Kultur seitens der Stadtverwaltung zurückgingen, besonders ausgeprägt zwischen 1955 und 1975). Hier musste sich eine hoch qualifizierte Bürgerinitiative formieren, die im Kampf mit der Stadt viele Abrisse stoppen konnte. Die Problematik konzentrierte sich zwar nicht nur, aber überwiegend auf das genannte Viertel.

Die Stadtmarke Lüneburgs, ein gotisch gestaltetes „A", vereint in zunächst unleserlicher Form ein M, ein P und ein F. Sie stehen stellvertretend für *Mons, Pons, Fons*, was Berg, Brücke und Brunnen heißt. So erläutert das Logo die Hauptelemente des Stadtwesens: den Kalkberg als Fluchtburg des Markgrafen (1371 von den Bürgern zerstört), den Brunnen – das ist die Saline (mit dem Salz wurde die Stadt reich) – und die Brücke, den Flussübergang der Ilmenau, der bereits im 8. Jahrhundert existierte. Dies sind auch die drei Siedlungskerne, aus denen sich die Stadt formierte.

Der Kalkberg (Mons) im Westen der Altstadt tritt wenig in Erscheinung (auf dem Foto 194 ist er nicht zu sehen). Nach Zerstörung der Burg blieb bis ins 18. Jahrhundert ein hoher Rundturm erhalten – als Warte. Der Berg wurde jahrhundertelang abgebaut, um Gips für das Bauwesen zu verwenden, er war ursprünglich höher. Die Altenbrückertorstraße zeigt heute die Stelle der Alten Brücke (Pons) – etwa dort steht die am besten erhaltene der drei noch vorhandenen gotischen Kirchen: Sankt Johannis am Sande. Ihr wuchtiger, herrlicher Turm von 1380, dessen Helm nach Blitzschlag Anfang des 15. Jahrhunderts er-

196 Am Sande, Westabschluss mit der Gabelung Grapengießerstraße (rechts) und Heiligengeiststraße (links)

197 Haus Lünertorstraße 4

198 Grapengießerstraße 45, Obergeschoss mit Zwerggalerie

neuert wurde (Foto 195), zeigt in monumentaler Form die in fast allen Gebieten deutscher Zunge tradierte Bekrönung durch vier Giebel, die hier alle unterschiedliche Schmuckformen aufweisen. Das Sülzviertel (Fons = Salzbrunnen) liegt nahe am Kalkberg: heute Sulzwiese, Areal des Deutschen Salzmuseums – dazu der benachbarte Lambertiplatz (auf Foto 194 unten rechts: Dreieck mit Bäumen). Im 19. Jahrhundert wurde die Pfarrkirche Sankt Lamberti abgerissen – hier litt der Boden über dem Salzstock an Senkungen, die (nicht nur) diesem Sakralbau Schäden zufügten. Der heute als Michaelisviertel bekannte westliche Altstadtbereich wirkt durch die Achse Salzstraße/Neue Sülze/Marienplatz etwas von der restlichen Altstadt abgetrennt (Bildmitte Foto 194: leichte S-förmige Straße mit Parkplätzen). Entlang dieser sogenannten „Abbruchkante" sind die auffälligsten Verluste an alter Bausubstanz zu beklagen. Das Viertel selbst ist jedoch das am feinsten restaurierte der ganzen Stadt. Seine Wohnfunktion bewahrt es vor den Änderungen, die die Einkaufsstraßen der übrigen Kernstadt belasten.

Lüneburg ist eine Stadt der Backsteingotik mit seiner kantigen, gekonnten Geometrie. Der Hausbestand ist überwiegend giebelständig: Stolze Staffelgiebel mit ihrer Gliederung in Nischen findet man in allen zeitlichen Varianten vom 14. Jahrhundert bis um 1600. Westfälische und niederdeutsche Treppengiebel unterscheiden sich von den flämischen durch eine viel geringere Zahl an Stufen, was den architektonischen Charakter stärkt. Überall in der Altstadt sind Treppengiebelhäuser präsent, eine wahrhaftige Giebelparade umsäumt den lang gestreckten Platz „Am Sande" (Foto 196). Seine westliche Schmalseite wird von den schwarzweiß gegliederten Häusern Nr. 1 und 2 (heute IHK) aus dem Jahre 1548 gebildet, ein prächtiger Abschluss des Platzes, vis-à-vis vom mächtigen Johannisturm.

Von den sehr zahlreichen Häusern aus der Renaissance, die allesamt gotischen Prinzipien folgen und sich lediglich mit naiven „antikisierenden" Details schmücken, sei hier Lünertorstraße 4 (Foto 197) gezeigt: ein siebenteiliger Staffelgiebel mit Blend- und Lukennischen und zwei Ausluchten, die wie üblich in Norddeutschland durchgefenstert sind.

Der erhaltene Hausbestand ist jedoch zum Teil deutlich älter, so Haus Grapengießerstraße 45 (Foto 198), das einen Kniestock mit einer Zwerggalerie mit gotischen Biforen von 1442 zeigt, welche die Gliederung am alten, längst abgegangenen Hamburger Rathaus reflektieren.

Anders als in Alt-Hamburg war der Fachwerkbau in Lüneburg nie dominant. Allerdings haben die durch den Arbeitskreis Lüneburger Altstadt (ALA) durchgeführten Restaurierungen der letzten Jahrzehnte sehr wohl die Existenz sehr schöner Beispiele wieder in Erinnerung gerufen, so in der Unteren Ohlingerstraße 7 und 8 (Foto 199), wo übrigens auch Innenräume auf die Originalform zurückgebracht werden konnten. Das reichst geschnitzte Fachwerkhaus der Stadt ist wohl der Flügelbau „Auf der Altstadt 43b". Für die Gotik ist das schönste Beispiel Baumstraße 3.

Für den Handel der alten Stadt war der Hafen von zentraler Bedeutung. An seine längst eingebüßte Funktion erinnert der Alte Kran (Foto 200), der 1330

199 Häuser Untere Ohlingerstraße 8 und 7

200 Alter Kran am Hafen

201 Am Stintmarkt mit Nicolaikirche

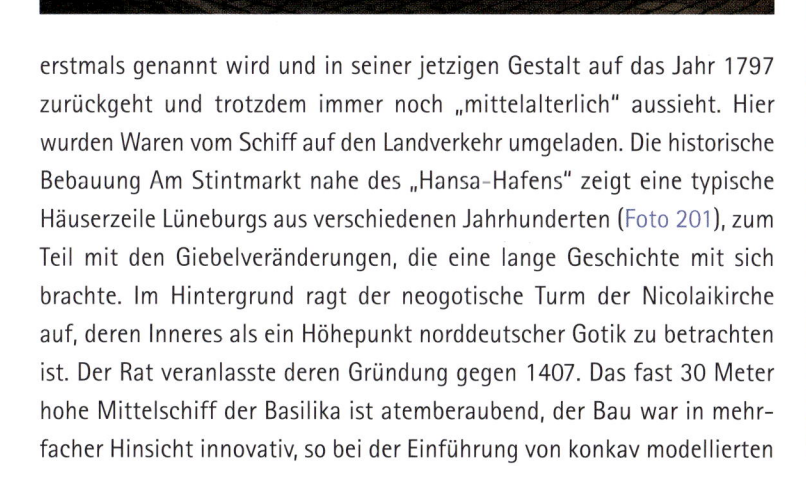

erstmals genannt wird und in seiner jetzigen Gestalt auf das Jahr 1797 zurückgeht und trotzdem immer noch „mittelalterlich" aussieht. Hier wurden Waren vom Schiff auf den Landverkehr umgeladen. Die historische Bebauung Am Stintmarkt nahe des „Hansa-Hafens" zeigt eine typische Häuserzeile Lüneburgs aus verschiedenen Jahrhunderten (Foto 201), zum Teil mit den Giebelveränderungen, die eine lange Geschichte mit sich brachte. Im Hintergrund ragt der neogotische Turm der Nicolaikirche auf, deren Inneres als ein Höhepunkt norddeutscher Gotik zu betrachten ist. Der Rat veranlasste deren Gründung gegen 1407. Das fast 30 Meter hohe Mittelschiff der Basilika ist atemberaubend, der Bau war in mehrfacher Hinsicht innovativ, so bei der Einführung von konkav modellierten

202 St.-Michaelis-Kirche, Ostansicht

203 Rathaus, Westflügel („Schreiberei" / Kämmerei)

Pfeilern. Im 19. Jahrhundert überformte der Neogotiker Conrad Wilhelm Hase vor allem das restaurierungsbedürftige Äußere, leider in seinem Sinne – heute ist dieser Außenbau ein Gemisch aus echt gotischen und neogotischen Teilen. Während neugotische Interventionen über echte gotische Architektur meistens störend sind, können freie Entwürfe der Neugotik durchaus von hoher Qualität sein: In Lüneburg liefert der Wasserturm von 1907 nahe der Johanniskirche ein gutes Beispiel hierfür. Er ist auch ein wichtiger Akzent in der Stadtsilhouette.

Sowohl die Johannis- als auch die Michaeliskirche (Foto 202) sind mit der Persönlichkeit des noch knabenhaften Johann Sebastian Bach verbunden. Er wurde von 1700 bis 1702 in den Mettenchor als Sänger von Michaelis aufgenommen. Bei Georg Böhm spielte der jugendliche Bach an der noch erhaltenen Orgel von Sankt Johannis (das Innere von St. Michaelis dagegen wurde Opfer einer klassizistischen Purifizierung um 1800, die die „Bach-Orgel" nicht verschonte).

Die vierte, bedeutende Kirche aus gotischer Zeit findet man im einen Kilometer von der Kernstadt entfernten Kloster Lüne, einem vorzüglichen ehemaligen Benediktinerinnen-Konvent, der in all seinen Bereichen erhalten ist – ein Besuch dort ist obligatorisch.

Von allen historischen Denkmälern ist jedoch der alte Rathauskomplex zwischen Markt und Marienplatz am wertvollsten (Foto 203). Obwohl die magische gotische Fassade des Rathauses in der Renaissance etwas verändert und im Barock durch Umbau leider unkenntlich gemacht wurde, ist der Rathauskomplex als typisch mittelalterliche Ansammlung unterschiedlicher Bestandteile eine Kostbarkeit. Es ist aber das Innere mit seinen Originalräumen, das alles Vergleichbare in den Schatten stellt. Vor allem die exquisite Gerichtslaube von 1380, der 34 Meter lange, stützenfreie Fürstensaal von 1449 und die Große Ratsstube mit den 1584 vollendeten, feinsten Schnitzereien von Albert von Soest gehören zum Besten der europäischen Kunstgeschichte.

Es dürfte heute als historischer Glücksfall gelten, dass die Macht der alten Stadt mit ihrem stolzen „Salzpatriziat" durch die Welfen seit 1639 immer mehr eingeschränkt wurde. Lüneburg sank allmählich zur unbedeutenden Landstadt ab. Das garantierte den Erhalt des alten Baubestandes. Das 19. Jahrhundert hinterließ wenige Akzente, darunter der schöne, dreiteilige Industriebau der Abtsmühle von 1880, heute ein exzellentes Hotel (Foto 204). Er wurde neben dem „Abtswasserturm" von 1531 errichtet, einem technischen Denkmal des Spätmittelalters.

Der Besucher von Hamburg verpasst ein erstklassiges Erlebnis, wenn er die halbe Stunde Fahrt nach Lüneburg weglässt.

PdlR

204 Abtsmühle, Südfassade mit Abtswasserturm

205 Die Altstadt von Süden: oben Schloss, darunter Pfarrkirche, rechts unten die Alte Universität

MARBURG an der Lahn

Marburg stellt einen Prototyp von mittelalterlicher Stadt dar: Von einer Burg gekrönt, sammelt sich stufenförmig das Wirrwarr von Fachwerkhäusern der Oberstadt zu ihren Füßen (Fotos 205 und 206). Die Brüder Grimm, die ja auch in Marburg studierten, hätten sich keine bessere Inspirationsquelle für ihre Märchen ausdenken können, auch wenn sie sich über das ewige Treppensteigen ausließen.

Man kam nach Marburg, die Lahn überquerend, durch den bis heute gut erhaltenen Brückenvorort Weidenhausen mit seiner langen Reihe

206 Blick von der Vorstadt Weidenhausen aus: Schloss, Pfarrkirche, Kanzlei, Rathaus und Alte Universität

schöner Giebelhäuser. Nördlich der Oberstadt steht die Elisabethkirche dort, wo die heilige Landgräfin Kranke pflegte und im Alter von 24 Jahren verstarb. Das 1234 von keinem Geringeren als dem Deutschen Orden übernommene Areal in der Umgebung der Kirche hat zwar seine Grenzen zur Stadt verloren, behält aber noch bedeutende Bauzeugnisse jener Zeit.

207 Unten: Schloss von Norden

208 Rechts: Elisabethkirche von Osten

Die besonders eindrucksvolle Stadtsilhouette ist gänzlich frei von Akzenten des 19. Jahrhunderts – genuine Hoch- und Spätgotik sind seit Jahrhunderten stadtbildprägend. Alles ist erstaunlich gut erhalten: Die bis auf die kompakte Oberstadt topografisch bedingt recht unregelmäßige Altstadt enthält meist vorbildlich restaurierte Fachwerkhäuser, etwa 600 an der Zahl. Zusammen mit den steinernen Bauten bilden sie ein erstklassiges städtebauliches Denkmal. Die regionale Dachdeckung ist der Schiefer, er alterniert nicht selten mit roten Dachziegeln.

So liebenswürdig das alte Marburg auch ist, hat die Stadt seit den 1960er-Jahren die Schönheit ihrer unmittelbaren Umgebung durch eine nicht enden wollende Reihe von Fehlentscheidungen eingebüßt: Universitätshochhäuser und Stadtautobahn, Parkhäuser, billige Einkaufszentrum-Architektur, unschöne moderne Flachdachbauten – das Erbe einer bis heute andauernden Politik, die viel Kritik verdient. So wurde beispielsweise die eindrucksvolle Einfahrt in die Innenstadt über die Karl-Schumacher-Brücke durch das sogenannte Einkaufsdreieck (am Erlenring) empfindlich gestört.

Wenn man sich allerdings im Meer der schmalen Gassen der Oberstadt verliert, die oft genug in Treppen übergehen, sind alle Bausünden außerhalb der Altstadt vergessen. Auch der Blick vom lutherischen Kirchhof

209 Alte Universität und Chor der ehemaligen Dominikanerkirche

210 Rathaus, Fassade mit seitlichem Küchenbau

(eine in gotischer Zeit künstlich angelegte Plattform) über die Dächer der Altstadt ist sehr reizvoll.

Die historische Bedeutung Marburgs ist kaum zu unterschätzen. Von den Anfängen der Stadt ist wenig mit letzter Gewissheit bekannt. Die erste Burg soll auf die Zeit um 900 zurückgehen und diente im 12. Jahrhundert als ludowingischer Herrschaftsmittelpunkt. Im Jahre 1222 wird Marburg als *civitas* mit zwei Kirchen bezeugt. Entscheidend war die Ankunft der verwitweten Elisabeth von Thüringen (die weltweit und insbesondere in katholischen Ländern als Elisabeth von Ungarn bekannt ist) im Jahre 1227. Sie gründete im Jahr darauf ein Hospital. 1231 starb sie und ihr Grab wurde zu einer bedeutenden Wallfahrtsstätte. Der Deutsche Orden veranlasste den Bau einer Kirche, eines der ersten Werke der Gotik in Deutschland, zwar in französisch geschulter Formensprache, aber mit Hallenstruktur. Elisabeth sollte zur Stammmutter des hessischen Landgrafenhauses werden. Ihre Tochter Sophie von Brabant setzte 1248 für ihren Sohn Heinrich die Gründung der Landgrafschaft Hessen durch. Heinrich wurde 1292 in den Reichsfürstenstand erhoben. Bis 1604 blieb Marburg Residenz der hessischen Landgrafen. Der Bekannteste unter ihnen sollte Philipp der Großmütige werden – er führte die Reformation in der Stadt ein und gründete 1527 die allererste

211 Rudolphsplatz, Häuser Universitätsstraße 1b und 3 sowie Alte Universität

212 Haus Hofstatt 1a

evangelische Universität. Ihm gelang es sogar, Luther und Zwingli zu einem Religionsgespräch einzuladen, das bekanntlich die erhoffte Einigung zwischen den Reformatoren nicht brachte. Nach 1600 verlor Marburg trotz der Universität zunehmend seine einstige Bedeutung. Dies reflektiert der erhaltene Baubestand, der vor allem von einer ungemeinen Stärke gotischer Zeit zeugt. Dies betrifft Sakral- wie Profanbau. Die standesgemäß zum Schloss gewordene Burg ist ein Hauptwerk der Hochgotik (Foto 207). Die 1288 geweihte Schlosskapelle ist sogar als Inkunabel der Spätgotik anzusehen, während der geräumige Fürstensaal in der Hochgotik Mitteleuropas seinesgleichen sucht. Der Chor der ehemaligen Marien-, heute lutherischen Pfarrkirche war in der Geschichte der Gotik ebenfalls zukunftsweisend. Der erst 1447–73 errichtete Turm dieser Kirche trägt einen etwas verformten Helm von 1488, ein Wahrzeichen der Stadt. An der berühmten, zwischen 1235 und 1283 errichteten Elisabethkirche (Foto 208), einem Bau von mittleren Proportionen, fasziniert der außergewöhnliche Eindruck eines wie „aus einem Guss" entstandenen Denkmals. Dies ist bei mittelalterlichen Kirchen eine große Seltenheit – so oft wurden sie Planänderungen unterzogen. Der Bau wirkt erstaunlich einheitlich und erscheint in allen Teilen von einer streng konsequenten Logik geprägt. Die Dreikonchenanlage (Chor und „Querhausarme") wurzelt in der Tradition rheinischer Romanik. 1539 ließ Landgraf Philipp die Gebeine der Elisabeth aus der Kirche entfernen, um die Pilgerfahrt zu tilgen.

Erhalten ist, wenn auch mit Veränderungen, die um 1300 begonnene ehemalige Dominikaner-, heute Universitätskirche (Foto 209). Das ursprünglich dazugehörige Kloster, in das die Universität 1527 einzog, war kein repräsentativer Bau. Dies änderte der geniale Neugotiker Karl Schäfer 1873–91. Seine „Aula" mit drei großen Maßwerkfenstern ist neben dem Kirchenchor ein Markenzeichen Marburgs und eines der einfühlsameren Werke seiner Zeit. Zurück zur Spätgotik: Die 1492 begonnene und unvollendet gebliebene „Kugelkirche" (ehemalige Brüder vom Gemeinsamen Leben) ist mit einem meisterlichen Gewölbenetz und dem kühnen Sakramentshaus einen Besuch wert. Vom Profanbau um 1500 sind Rathaus (Foto 210), Komturei und Fruchtspeicher des Deutschen Ordens hervorzuheben.

Als Ganzes gesehen ist der Fachwerkbestand in Marburg (Fotos 211 und 212) deutlich jünger als etwa in Limburg an der Lahn. Die meisten erhaltenen Fachwerkhäuser datieren ins 17. Jahrhundert. Beachtliche Beispiele älteren Datums findet man am oberen Marktplatz und in dessen Umgebung. Ein Paradebeispiel der urtümlichen Ständerbauweise ist das Haus Schlosstreppe 1 aus dem Jahre 1418 (Foto 213). Dieses Haus steht vor der 1995 ausgegrabenen Synagoge, die aus dem 14. Jahrhundert datierte und 1452 abgebrochen worden war.

In Weidenhausen verdient die mächtige Fachwerkkonstruktion des Jakobsspitals mit seiner steinernen Laube (Foto 214) spezielle Erwähnung. Es wurde 1578 errichtet. In der Altstadt zerstreut findet man bemerkenswerte Beispiele der historistischen Fachwerk-Wiederbelebung.

Wichtiger Akzent der gestaffelten Stadtsilhouette ist die in ihrem Bauvolumen mit dem Rathaus vergleichbare Landgräfliche Kanzlei von 1575 auf halber Höhe zwischen Rathaus und Schloss (siehe nochmals Foto 206). Ihre Schmalseiten zeigen geschweifte Renaissancegiebel.

Ansehnlich in Marburg sind ebenfalls zahlreiche Professorenvillen, die in den die Altstadt umgebenden Anhöhen zerstreut sind, wie auch das schöne Südviertel mit Architekturen zwischen Späthistorismus und den 1930er-Jahren.

PdlR

213 Haus Schlosstreppe 1, Seite Mainzer Gasse

214 Hospital St. Jakob, Weidenhäuser Straße 13, Laube

215 Luftbild des Burgbergs von Nordwesten mit Albrechtsburg und Dom

MEISSEN

216　Altstadt von Süden mit Frauenkirche, Markt und Rathaus (Mitte links) sowie Franziskanerkirche (Mitte rechts)

217 Dom mit „Höckrigem Turm" und Westbau von Südost

Die sächsische Elbstadt Meißen ist heute weltweit bekannt als Stadt des Porzellans. Als die berühmte Porzellanmanufaktur auf Veranlassung des Kurfürsten Friedrich August I. von Sachsen im Jahr 1710 gegründet wurde, hatte Meißen schon eine lange Geschichte. Aber seit den Zeiten Augusts des Starken ist das herrliche, in das Elbtal eingebettete Bild der Altstadt Meißens zum großen Teil unverändert erhalten. Dieses wird immer noch von der unvergleichlichen Baugruppe auf dem Burgberg bekrönt (Luftbild 215). Sie dominiert auch das Landschaftsbild und ist eines der Wahrzeichen Sachsens.

Auf dem Burgberg begann die Geschichte nicht nur der Stadt Meißen, sondern auch diejenige des Landes. In weit nach Osten vorgeschobener Position ließ der erste Ottonenkönig Heinrich I. 928/29 über der Elbe die Grenzburg „Misnia" errichten. Sie ist nach dem Meisabach unterhalb der Burg benannt. Das im Zuge der Ostexpansion des frühen Deutschen Reiches eroberte Land wurde zur Markgrafschaft Meißen, deren Herrschaft im Mittelalter in den Händen verschiedener Geschlechter lag. Im Jahr 968 hatte Otto der Große in Meißen außerdem ein Bistum gegründet. Damit wurde der Ort sowohl Herrscher- als auch Bischofssitz. Diese Situation ist anhand der Bauten auf dem Burgberg noch heute nachvollziehbar. 1423 ging die Markgrafschaft im Kurfürstentum Sachsen auf, das Bistum wurde im Zuge der Reformation 1539 säkularisiert. Unterhalb des Burgbergs entstand noch im 10. Jahrhundert eine Marktsiedlung, die sich im Stadtgrundriss mit dem länglichen Theaterplatz abbildet. Auf einer Erhebung westlich des Burgbergs, dem Afraberg, siedelten sich damals die Burgmannen an. 1205 wurde hier das Augustiner-Chorherrenstift St. Afra gegründet. Auf markgräfliche Initiative ist die Siedlung im Talkessel zwischen Elbe und Triebischtal im 12. Jahrhundert zur Stadt ausgebaut worden, die als solche allerdings erst 1295 ihre erste Erwähnung fand. Sie erhielt einen verzogen fünfeckigen Grundriss, der an die Topografie angepasst ist und an die Burgbefestigung anschließt. Eine Stadtmauer mit sechs Toren entstand schließlich im 13. und 14. Jahrhundert. Auch das Straßennetz ist an die äußeren Gegebenheiten angepasst und verläuft, anders als in den ostdeutschen Stadtgründungen, auf flachem Terrain, eher unregelmäßig. Gerade dies macht den Reiz des Meißener Stadtbildes aus (Luftbild 216).

Der Blick durch die gewundenen Gassen der Altstadt fällt immer wieder auf den Burgberg. Er ist über steile Straßen, Treppenwege und über die 1228 vollendete Schlossbrücke zu erreichen, dabei bieten sich fantastische Perspektiven. Auf dem Bergplateau haben wir mit Albrechtsburg und Dom St. Johannis und St. Donatus ein Architekturensemble von europäischer Bedeutung vor uns. Der gotische Neubau der Domkirche (Foto 217) begann 1266 und zog sich über 200 Jahre hin. Der zweitürmig geplante Westbau konnte im Mittelalter nicht vollendet werden und erhielt seine Turmabschlüsse erst 1904–09. Letztere wurden von dem Kunsthistoriker und Baumeister Carl Schäfer entworfen und variieren spätgotische Formen auf äußerst fantasie- und qualitätvolle Weise neu. Der lang gestreckte, einschiffige Hochchor wird durch einen Lettner vom Querhaus und dem großartigen, einer Planänderung zu verdankenden Hallenlanghaus (14. Jahrhundert) abgeteilt. Trotz der unterschiedlichen Raumkompartimente wirkt der Innenraum außerordentlich einheitlich. Die in den 1420er-Jahren vor dem Westbau errichtete Fürstenkapelle ist ein Kleinod der Spätgotik. Genauso der „Höckrige Turm" im Winkel zwischen Chor und Querhaus. Er trägt einen der wenigen authentischen durchbrochenen Turmhelme der Gotik aus der Zeit um 1400.

Im Norden des Doms befand sich von Beginn an die Residenz der Markgrafen. Im Auftrag der Kurfürsten Ernst und Albrecht entstand hier 1471–85 ein epochales Bauwerk, die Albrechtsburg (Foto 218). Viele sehen in dieser von Arnold von Westfalen konzipierten Anlage den Beginn der Schlossarchitektur. Tatsächlich: Ein herrschaftliches Bauwerk dieser Wirkung und mit solch großformatigen Fensteröffnungen war etwas Neues. Neu war auch die kristallin-scharfkantige Formensprache. Sie zeigt, dass in der mitteleuropäischen Gotik am Übergang zur Neuzeit noch einmal alle Register gezogen wurden. Alles ist virtuos und für die damalige Zeit ungemein modern: die hier erfundenen Vorhangbogenfenster, die unendlich fantasievollen Gewölbe der Säle und der alles übertrumpfende Wendelstein. Nach der Verlegung der Residenz nach Dresden (ab 1485) stand die Burg zeitweise leer, bis August der Starke hier die Porzellanmanufaktur einrichtete. Abgerundet wird die platzartige Umbauung auf dem Burgberg durch die ebenfalls spätgotische Bischofsresidenz mit ihrem markanten Rundturm an der Südostecke des Burgplateaus (Foto 219), den Kurien und

218
Albrechtsburg, Westfassade zum Domplatz mit Wendelstein

219 Elbseite des Burgbergs, im Vordergrund die ehemalige Bischofsresidenz

220 Rathaus, Marktfassade

221 Renaissancegiebelhaus An der Frauenkirche 3

der Dompropstei aus dem frühen 16. Jahrhundert. Es ist auch der Verlegung der Residenz nach Dresden zu verdanken, dass die Bauten auf dem Burgberg weitgehend im Zustand des späten 15. Jahrhunderts erhalten blieben.

Die bürgerliche Stadt, die im Mittelalter hauptsächlich vom Textilgewerbe lebte, findet ihren Mittelpunkt am Markt. Hier laufen die wichtigsten Straßenzüge zusammen, ohne das schöne Raumbild des Platzes zu öffnen. Rathaus und Pfarrkirche Unserer Lieben Frau bilden die Hauptakzente in der Altstadt. Auch diese Bauten stammen aus dem 15. Jahrhundert. Das Rathaus, in den 1470er-Jahren unter Mitwirkung Arnolds von Westfalen errichtet, ist mit seinem riesigen Steildach und den drei Zwerchgiebeln ein Vorbild für die große Reihe sächsischer Renaissance-Rathäuser (Foto 220). Am Markt und in den Altstadtstraßen bestimmen an vielen Stellen noch die traufständigen Bürgerhäuser des 16. Jahrhunderts das Bild. Sie haben am Markt teilweise ihre Zwerchhäuser mit schönen Volutengiebeln bewahrt. Charakteristisch für die Renaissancebürgerhäuser sind die rundbogigen und mit reichen Steinmetzarbeiten verzierten Sitznischenportale. Ein prächtiges Giebelhaus ist der Renaissancebau An der Frauenkirche 3 (um 1570, Foto 221). Hier und da stößt man auch auf spätgotische Fachwerkfassaden.
Aufgrund der Topografie der Stadt mit ihrem alles überragenden Burgberg hat man Meißen oft als ein „Nürnberg des Ostens" bezeichnet. Dieser Vergleich ist durchaus gestattet, aber: Die viel kleinere sächsische Stadt hatte das Glück, unzerstört zu bleiben.

EA

222 Luftbild von Süden

MONSCHAU

223 Haus Kirchstraße 21–23

224 Partie an der Rur

Die Altstadt von Monschau ist ein seltener Zeuge der qualitätsvollen Tradition niederrheinischer Baukultur. Ein wortwörtlich kleiner Trost für ein Land, das zunächst durch wuchernde Industrialisierung und später durch ungeheuerliche Kriegszerstörungen extreme Verluste an Kulturgütern verzeichnet: Man denke an den Untergang von Köln, an Düsseldorf, Essen, Duisburg oder an Wesel und Kleve, die extrem verwüstet und so gut wie ausgelöscht wurden. Man betrachte das heutige Stadtbild von Mönchengladbach. Es gibt in dieser Landschaft keinerlei Flächendenkmäler aus vorindustriellen Epochen mehr – dafür aber eine Reihe von Kleinstädten, die das historische Bild der Region noch erlebbar machen, was sonst höchstens bruchstückhaft in einer Stadt wie Aachen gelingt. Zur Reihe der gut erhaltenen Städte gehören beispielsweise Kornelimünster, Bad Münstereifel, Kempen (allerdings nicht frei von Kriegsschäden), Langenberg oder Lennep – und nicht zuletzt Montjoie, das per kaiserlichem Dekret von 1918 in „Monschau" umgetauft wurde (!).

Das topografisch bedingte Hindernis für eine weitere Stadtentwicklung, vor allem aber die lähmende Angliederung an Frankreich 1794–1814 sowie die durch den Wiener Kongress bedingte Verbannung Monschaus auf seine jetzige Grenzlage unmittelbar vor Belgien sicherten den Erhalt des alten Stadtbildes. Dabei war Monschau im 18. Jahrhundert eine wichtige, sogar international bekannte Tuchmacherstadt. Aber die wirtschaftlichen Interessen der französischen Politik waren in der Okkupationszeit der lokalen Tuchindustrie feindlich gesonnen.

Die Behausungen der Feintuchmacher um 1750 überflügeln in Maßstab und Qualität die bis dahin bekannte Bürgerhausarchitektur Westdeutschlands. So sind wir zwar hier nicht in Aachen oder Lüttich, aber die stattlichen Tuchmacherhäuser würden selbst in einer Großstadt durchaus auffallen. Ihr Bauvolumen versteht sich nicht nur als Repräsentation: Wohnhaus, Kontor und Fabrik stehen alle vereint unter einem Dach.

Der Aufschwung Monschaus begann nach 1600, als eine Gruppe Protestanten, die in der Herstellung von Tuchen hoch spezialisiert war, aus Aachen auswanderte und sich hier niederließ.

Es gibt freilich eine ältere Geschichte des Ortes, wie man an der Existenz einer mittelalterlichen Burg und der Ruine Haller – vielleicht die erste

Burg der Herzöge von Limburg in Monschau – sieht. Eine Siedlung zu Füßen der Burg hatte bereits 1342 Stadtrechte erhalten, die 1476 bestätigt wurden. Montjoie galt sogar als wichtigste Befestigung im Herzogtum Jülich und wurde deshalb im Geldrischen Krieg von 1543 gründlich zerstört. Nach Aussterben des Hauses Jülich kam Monschau mit dem ganzen Herzogtum 1614 an den Pfalzgrafen von Neuburg/Donau und somit später an Bayern.

Die Luftaufnahme veranschaulicht die Struktur des Städtchens (Foto 222): Es liegt höchst malerisch im tief eingeschnittenen Tal der Rur, aufgebaut an ihren eine Schleife bildenden Ufern. Von oben nicht erkennbar, fließt der Laufenbach in die Rur an der Stelle, wo das „Rote Haus", die Hauptattraktion des Ortes, steht. Vor diesem Haus ist die evangelische Pfarrkirche aus dem späten 18. Jahrhundert zu sehen. Die ältere katholische Pfarrkirche Mariä Geburt weiter unten bleibt von Bäumen bis auf ihr Dach versteckt. Unten links auf dem Luftbild sieht man die doppelte Burganlage (Ober- und Unterburg). Die Stadtstraße verläuft parallel zur Rur. Nach der Flusskurve sticht der lang gestreckte Körper der Kirche St. Mariä Empfängnis, Aukirche genannt, hervor. Sie gehörte einem Minoritenkloster. Die Franziskanerniederlassung datiert erst von 1711. Vor der Kirche liegt der heutige Marktplatz, der erst nach dem Brand von neun Häusern im Jahre 1876 entstand.

Die hohe Grazie des Stadtbildes ergibt sich aus der Lage, der Kurve der Rur mit ihrem rausteinigen Flussbett, den teils als Terrassen angelegten Berghängen, dem Zusammenspiel von Architektur und Natur im Einklang von Baumaterialien und Farben: Bruchstein, Fachwerk, Schiefer. Zur „natürlichen" Eleganz des schwarz-weißen Fachwerks kommt die verfeinerte Eleganz der Großbürgerhäuser. Obwohl

225 Rur mit Rückseite der Häuser Eschbachstraße

226 Rotes Haus (Laufenstraße 8–10), Rückfassade

227 Paulsches Haus, Stadtstraße 1–3

228 Haus Troistorff, Laufenstraße 18

wir hier in der Eifel sind, lassen sich Parallelen zum Bergischen Hausbau nicht leugnen.

Was die Bauweise betrifft, so zeigen viele Häuser, entgegen ihrem ursprünglichen Zustand, Sichtfachwerk (Foto 223). Die Freilegungen begannen in den 1930er-Jahren. Traditionell für die einfachen Fachwerkhäuser sind hellgrau gestrichene, waagerechte Verbretterungen an der Wetterseite. Die Schieferverkleidung erfolgt in „belgischer Art" mit rechteckigen Schieferplatten oder auch in der schuppenförmigen, deutschen Weise. Die Dächer, im 18. Jahrhundert als Mansarden gezimmert, wurden als Speicher für Wolle und Torf gebraucht. Es zeigen sich noch zahlreiche Ladeluken mit Aufzugsvorrichtungen. Die Balken der Winden ragen tief in den Straßenraum hinein. Sockelgeschosse wurden für das Färben und Spülen der Wolle oder auch als Kleingewerbe genutzt.

Der Knick der Rur gleich nach dem Roten Haus sorgt für ein hoch lebendiges Bild unterschiedlicher Hausgrößen und -positionen (Foto 224). Besucher stehen hier wie gefesselt von der Magie des Ortes. Die meisten Häuser entlang der Eschbachstraße gehörten Grobtuchmachern und zeigen vorkragende Rückseiten zur Rur (Foto 225). Sie bilden eine eindrucksvolle Fachwerkwand, deren Verformungen den Reiz des Ensembles nur noch steigern.

Das Rote Haus behauptet sich in Form, Farbe und Material als die große Dominante im Stadtbild (Foto 226). Über einem Sockelgeschoss erhebt sich das als Fachwerkbau aufgrund der Backsteinverkleidung nicht zu erkennende Haus, von einem mächtigen, dreigeschossigen Kreuzdach gekrönt. Es handelt sich um das Mitte des 18. Jahrhunderts entstandene Doppelhaus des Feintuch-„Barons" Johann Heinrich Scheibler. In seiner Firma arbeiteten um 1762 mehr als 6000 Menschen! Beide Hausteile haben ihr reiches Inneres gut bewahrt. Die Prunktreppe der Haushälfte „Zum Goldenen Helm" ist als ein Hauptwerk des deutschen Rokoko anzusehen.

Unter den weiteren palastartigen Anwesen der Feintuchfabrikanten ist das Paulsche Haus in der Stadtstraße 1–3 zu nennen (Foto 227). Es zeigt eine sehr großzügig befensterte Fassade mit satt aufliegendem Schweifgiebel. Die Eigenschaft als Doppelhaus wird an ihrer spiegelsymmetrischen Komposition ersichtlich.

Ein weiteres, vornehmes Anwesen ist „Haus Troistorff" von 1783 (Foto 228). Es erweckt den Eindruck eines Massivbaus, in der Tat handelt es sich um Fachwerk. Die Architekturgliederung à la Louis XVI. wurde in Holz gezimmert. Hausbesitzer war der gleichnamige Tuchfabrikant, seine Familie versippte sich mit der Scheiblers.

PdlR

229 Luftbild von Süden mit Untermarkt und Blasiikirche (unten), Kornmarktkirche und Rathaus (Mitte) sowie St. Marien (oben). Links: St. Jakobi und Johannistor

MÜHLHAUSEN

230 Unten: Blick durch die Linsenstraße auf das Turmwerk von St. Blasii

231 Rechts: Stadtbefestigung mit Johannistor und Rabenturm

Mühlhausen gehörte zu den wenigen Freien Reichsstädten in Mitteldeutschland und war im Mittelalter, neben Erfurt, die Metropole Thüringens. Davon künden noch heute elf mittelalterliche Sakralbauten und Kapellen, die das Bild der Altstadt und der alten Vorstädte prägen. Das türmereiche Antlitz Mühlhausens, das uns anhand historischer Stadtansichten präsentiert wird, ist noch unmittelbar zu erleben. Den Hauptakzent setzt hier allerdings die Neogotik – der höchste Turm, der Mittelturm von St. Marien, stammt aus dem späten 19. Jahrhundert. In der Altstadt befinden sich die meisten Kirchengebäude zudem noch in einer von alten Bürgerhäusern geprägten Umgebung (Foto 229). Damit sind die Maßstäbe und Verhältnisse zwischen Großbauten und historischer Alltagsarchitektur beispielhaft zu studieren (Foto 230). In die Geschichtsschreibung eingegangen ist Mühlhausen durch das Wirken Thomas Müntzers, der 1525 vor der Stadt enthauptet wurde. Dies bedeutete das Ende des Deutschen Bauernkrieges. Das in einer weiten Talmulde an der Unstrut gelegene Mühlhausen kann eine über zwölf Jahrhunderte währende Kontinuität aufweisen. Schon im Thüringerreich, das im Jahr 531 von den Franken erobert wurde, existierte hier wohl eine bedeutende Siedlung. Während der Karolingerzeit entstand um 800 ein Königshof, der Ort wurde Mittelpunkt eines herrschaftlichen Gutes und später zu einer Königspfalz. Die erste urkundliche Erwähnung als „mulinhuson" ist mit einer Urkunde Ottos II. allerdings erst für 967 belegt. Als frühe Siedlungsschwerpunkte gelten die Bereiche im Osten und Nordosten der heutigen Altstadt. Dazu gehörten die Pfalzburg mit einer zugehörigen Siedlung westlich der Georgikirche und eine Niederlassung von Kaufleuten bei der Kilianikirche. An die völlig verschwundene Burganlage erinnern nur noch Straßennamen (Burgstraße, An der Burg). Mit dem Untermarkt an der Blasiikirche entstand im 11. Jahrhundert an einer wichtigen Wegegabelung ein Handelsplatz. Im Verlauf des 12. Jahrhunderts wurde Mühlhausen planmäßig erweitert und, nach 1150, mit einem weiten Stadtmauerring umgeben. Er ist mit sieben Toren ausgestattet und umgürtet die längsrechteckige Altstadt, die mit einer Fläche von 49 Hektarn zu den größten in Mitteldeutschland gehört. Mit der wachsenden Bedeutung Mühlhausens entstand im 14. Jahrhundert ein weiterer Befestigungsring, der die Vorstädte einbezog. Große Teile der Stadtbefestigung sind erhalten, besonders gut am Johannistor im Nordwesten der Altstadt (Foto 231). Der Stadtgrundriss lässt die planvoll angelegten Quartiere in der Oberstadt deutlich erkennen. Besonders augenfällig tritt hier ein paralleles Straßensystem in Erscheinung, das den Obermarkt und die Marienkirche einfasst, seine Fortsetzung außerhalb der Altstadt mit der großen Platzanlage des Blobach findet und am äußeren Marientor endet. Der bereits für das 11. Jahrhundert nachweisbare Vorgängerbau der Marienkirche stand ursprünglich frei auf einem lang gestreckten Platz, welcher als „Triumphachse" für den Einzug der Herrscher in ihre Pfalz gedeutet werden kann. Vergleichbares ist noch heute in Speyer oder Würzburg zu bestaunen, wo breite Straßenzüge auf die Schaufronten der dortigen Domkirchen hinführen. Mit dem Ausbau Mühlhausens wurde die Achse der Pfalzstadt nach 1150 bebaut und durch die Stadtbefestigung zudem geteilt.

Bis zum Ende der Stauferzeit (um 1250) lag die Regierung der Stadt in den Händen königlicher Ministerialen. Der Einfluss der jungen Bürgerschaft wuchs jedoch stetig, den Schlusspunkt setzte die Zerstörung der Pfalzburg im Jahr 1256. Verblieb die Stadt auch unter königlicher Herrschaft, erlangte der Rat nach und nach doch zahlreiche Privilegien. Um 1300 entstand genau an der Grenze zwischen Unter- und Oberstadt der Kernbau des Rathauses. Er wurde über dem Stadtbach, der Schwemmnotte, errichtet und noch im gleichen Jahrhundert erweitert. Weitere Anbauten der Renaissancezeit ließen einen mehrteiligen Baukomplex heranwachsen, der einen reizvollen Innenhof umschließt. Das gut erhaltene Innere ist eine besondere Sehenswürdigkeit. Es zeigt Aufbau sowie Ausstattung eines mittelalterlich-frühneuzeitlichen Rathauses einer Reichsstadt.

Die großen Denkmäler Mühlhausens sind jedoch die Sakralbauten, allen voran St. Marien und St. Blasii. Der Westbau von St. Marien lässt die jahrhundertelange, vielfältige Baugeschichte dieser Kirche erkennen, während das Kirchenschiff mit einer bewundernswerten Einheitlichkeit aufwartet. Über den Fundamenten des Turmwerks aus dem 11. Jahrhundert wuchsen ab 1180 ein spätromanischer Nord- und ein bereits frühgotischer Südturm, beide über achteckigem Grundriss. Der spätgotisch konzipierte Mittelturm erhielt 1690–94 einen barocken Aufbau, der 1886–1903 durch ein neugotisches Oktogon mit Spitzhelm ersetzt wurde. Die gewaltige, im 14. Jahrhundert errichtete fünfschiffige Hallenkirche mit Querhaus, Langchor und Nebenchören ist der dritte Kirchenbau an dieser Stelle (Foto 232). Es handelt sich um eine wahre Preziose gotischen Sakralbaus. Das straff gegliederte Äußere zeigt einen Kranz aus Stufengiebeln und durchbrochenen Maßwerk-Wimpergen. Einzigartig ist die Front des südlichen Querhausarms mit ihrem Figurenportal und einer scheinbaren Brüstung, über die sich Skulpturen eines Herrscherpaares (wohl Karl IV. und Elisabeth von Pommern) samt Gefolge erheben: eine Referenz an den Status der Freien Reichsstadt. Von der Ausstattung der Marienkirche sind die großartigen Glasmalereien besonders hervorzuheben. Im Februar 1525 wurde Thomas Müntzer Pfarrer an St. Marien, nachdem ein Aufstand den patrizischen Rat der Stadt beseitigt hatte. Das zweite Prunkstück gotischen Kirchenbaus ist die Kirche Divi Blasii am Untermarkt (Foto 233). Während der zweitürmige, riegelartige West-

232 Marienkirche, südlicher Querhausarm

233 Blasiikirche, Chor, im Hintergrund das Turmpaar von St. Jakobi

bau durch eine reiche spätromanisch-frühgotische Formensprache gekennzeichnet ist, präsentiert sich das lang gestreckte Kirchenschiff als Denkmal der Hochgotik des späten 13. und frühen 14. Jahrhunderts: eine dreischiffige Halle mit Querhaus und Chorpolygon. Der eindrucksvolle Giebelkranz über den Jochen wurde zum Vorbild für St. Marien. Mit der nördlichen Querhausfassade und ihrer großen Maßwerkrose zeigt sich die Rezeption französischer Kathedralgotik. Im Kirchenraum faszinieren die ungemein wohltuenden Proportionen der von Bündelpfeilern getragenen Rippengewölbe.

Den beiden „Großkirchen" St. Marien und St. Blasii, deren Patronat übrigens in den Händen des Deutschen Ordens lag, treten die übrigen Kirchenbauten würdig zur Seite. Die Doppelturmfront von St. Jakobi und die Türme von St. Nikolai, der Allerheiligen- und der Kornmarktkirche sind prägende Elemente der Stadtsilhouette. Von besonderer

Franziskanerkirche, wo eigentlich turmlose Bauten vorgeschrieben waren.

Die Hauptdenkmäler sind von einer Fülle historischer Bürgerhäuser umgeben. Während an Hauptstraßen und Märkten zahlreiche Steinbauten oder zumindest steinerne Gebäudeteile vorkommen (Foto 235), besteht die überwiegende Mehrzahl der Wohnhäuser aus Fachwerk. Neben vereinzelten Giebelhäusern sind die meisten Bürgerbauten traufständig. Fast alle Fassaden erhielten ihr Erscheinungsbild im 16. und 17. Jahrhundert, besonders nach dem Stadtbrand von 1689. Davon zeugen besonders die großen Dielenportale. Die Kernsubstanz vieler Häuser stammt jedoch aus dem Hochmittelalter, was anhand von mehreren hundert Kelleranlagen nachgewiesen ist. Aus der großen Masse der meist verputzten Fachwerkhäuser ragen einige hervor, deren Fassaden mit Schnitzwerk niedersächsischer Manier oder mit reichen Verstrebungen geziert sind (Untermarkt 14 und 15, 17. Jahrhundert, Foto 236). Die Haustore

234 Jakobikirche von Südwest

235 Patrizierhäuser am Übergang vom Obermarkt zur Holzstraße

Schönheit sind die schiefergedeckten Spitzen von St. Jakobi mit ihren jeweils vier Eckwarten (Foto 234). Die Kornmarktkirche war Klosterkirche des um 1225 gegründeten Franziskanerklosters. Ihr erstaunlich langer und ungewöhnlich schlichter Predigtraum ist ein eindringliches Zeugnis der Bettelordensarchitektur, er ist seit 1975 Heimstatt eines Museums zum Deutschen Bauernkrieg. Eine Besonderheit: Das Kirchengebäude ist mit einem stattlichen Turm ausgestattet, ganz untypisch für eine

führen bisweilen in schöne Hofanlagen mit Galerien. Nach der Verarmung der Stadt im Dreißigjährigen Krieg entstanden im 18. Jahrhundert wieder durchaus beachtliche, barocke Bürgerhäuser, so Untermarkt 16 von 1729. Die Verluste durch Verfall und Abbruch zu DDR-Zeiten blieben überschaubar. Einige Quartiere sind mit „Anpassungs-Plattenbauten" der 1980er-Jahre bebaut. Erfreulich ist die 2008 erfolgte Beseitigung eines Hotelhochhauses am Untermarkt, das 1968/69 als sozialistischer

236 Untermarkt Südseite mit dem massiven Haus Nr. 16 und den Fachwerkhäusern Nr. 15 und 14

237 Popperöder Brunnenhaus mit Quellfassung

Gegenpol zur Blasiikirche errichtet worden war. Ein besonderes Kleinod befindet sich drei Kilometer südwestlich der Altstadt: das Popperöder Brunnenhaus. An der Quellfassung des gleichnamigen Baches errichteten die Stadtväter 1614 eine offene Bogenhalle mit entzückendem Fachwerkaufbau (Foto 237).
Der Status der Freien Reichsstadt endete 1802, nun wurde Mühlhausen dem Königreich Preußen einverleibt. Ein Sohn der Stadt, Friedrich August Stüler, wurde zu einem führenden Baumeister Preußens und engagierte sich für die Bewahrung der Baudenkmäler in seinem Heimatort. Eine weitere Persönlichkeit der Geschichte des Bauwesens aus Mühlhausen war der geniale Ingenieur Johann August Röbling, Schöpfer der Brooklyn Bridge in New York.

EA

238 Luftbild von Westen mit Domviertel (unten links) sowie Markt und St. Wenzel (Mitte oben)

NAUMBURG

239 Dom Südost-Ansicht mit Dreikönigskapelle (links)

240 Ägidienkurie am Domplatz

Naumburg gehört zu den Städten, deren Wahrzeichen kein Bauwerk, sondern ein Werk der Bauplastik ist: Uta von Naumburg. Ein unbekannter Meister, dessen Herkunft aus Frankreich inzwischen unumstritten ist, schuf um 1250 mit der Reihe der Stifterfiguren im Dom ein Hauptwerk der mittelalterlichen Skulptur schlechthin. Von diesen idealisierten Figuren, deren Vorbilder 200 Jahre vor ihrer Entstehung lebten, ragt diejenige der Uta besonders heraus. Sie ist wie ein Sinnbild des Adels dargestellt, ihre Gestalt und ihr klares Gesicht zeigen größte Eleganz sowie strenge Unnahbarkeit. Kein Wunder, dass Uta von den Nationalsozialisten zu einem arischen Idealbild stilisiert und für ihre Propaganda missbraucht wurde. Trotzdem blieb der alten Domstadt eine Zerstörung im Zweiten Weltkrieg erspart (Foto 238).

Naumburg liegt einige Kilometer von der Saale entfernt an der Ostseite des Flusslaufs. Der Name der Stadt geht auf eine hier um 1000 angelegte Burg der Markgrafen aus dem Geschlecht der Ekkehardinger zurück. Nachdem eine ältere Burganlage am Westufer der Saale aufgegeben worden war, wurde westlich des späteren Dombezirks eine „Neue Burg" errichtet. Ihr einstiger Standort ist an Stelle des heutigen Oberlandesgerichts zu lokalisieren. Die entscheidenden Impulse für die weitere Entwicklung verlagerten sich jedoch bald in die Vorburgsiedlung. Dort ist schon 1021 eine Propstei bezeugt. Sieben Jahre später wurde der bereits 968 in Zeitz gegründete Bischofssitz nach Naumburg verlegt. Dom und Dombezirk entstanden in der Vorburgsiedlung, die Domfreiheit erhielt

241 Marientor, Ansicht von der Stadtseite

242 Rathaus, Hauptfassade

243 Markt-Ostseite, Bürgerhäuser

eine eigene Befestigung. Das Quartier um den Dom hat seinen eigenständigen Charakter bis heute bewahrt. Die berühmte Kathedrale wird an ihrer Nord- und Ostseite von den historischen Kurien umkränzt. Herausragend ist die Ägidienkurie mit ihrer einzigartigen Kapelle aus dem frühen 13. Jahrhundert (Foto 240).

Der Dom St. Peter und Paul ist eine klassische deutsche Bischofskirche des Hochmittelalters mit zwei Chören und vier Türmen (Foto 239). Die Vorgängerbauten, eine Stiftskirche St. Marien und die erste Domkirche aus dem 11. Jahrhundert, sind in dem einheitlichen Neubau der 1. Hälfte des 13. Jahrhunderts aufgegangen. Damals entstand eine spätromanische Gewölbebasilika mit Ostquerhaus. Sie wurde weitgehend über dem Grundriss des alten Doms errichtet. Im Süden der Bischofskirche befindet sich die wohlerhaltene Domklausur mit ihrem Kreuzgang. In den Ostteil der Klausur sind die spätgotische Dreikönigskapelle (um 1420) und die Marienpfarrkirche eingebunden. Der im 14. Jahrhundert erbaute Chor von St. Marien und der originelle Steilgiebel der Dreikönigskapelle stehen dem wuchtigen Ostbau des Doms zur Seite – ein fantastisches Ensemble mittelalterlicher Sakralarchitektur. Der um 1330 neu errichtete Dom-Ostchor ersetzte die romanische Hauptapsis. Seine Eigenart besteht darin, dass im Chorscheitel kein Fenster, sondern ein Strebepfeiler zu finden ist. Alles überstrahlt jedoch der in den Jahren um 1250 entstandene frühgotische Westchor mit seinen Stifterfiguren und dem Westlettner. Es handelt sich um ein echtes Gesamtkunstwerk von Baukunst, Plastik und Glasmalerei. Der berühmte Naumburger Meister schuf vermutlich das Gesamtkonzept von Architektur und Skulptur sowie die Entwürfe für die Westtürme. Ihre Vorbilder waren die Turmbauten der Kathedrale von Laon. An diesen Türmen wurde jedoch über Jahrhunderte gebaut. Die spätgotisch abgeschlossenen Osttürme erhielten barocke Hauben, während man den Südwestturm erst im späten 19. Jahrhundert vollendete.

Die Domtürme sorgen für eine großartige Fernwirkung besonders im Saaletal, sind aber auch in vielen Straßenbildern Naumburgs präsent. Geradezu überwältigend ist der Blick vom Steinweg auf das Turmgeviert. Der Steinweg verbindet den Dombezirk mit der bürgerlichen Altstadt, der Ratsstadt. Sie ist von einem Grünring umgeben, der die einstige, heute im Süden und Osten noch gut erhaltene, Stadtbefestigung markiert. Das Marientor (Foto 241) im Norden der Altstadt ist das einzige noch vorhandene Stadttor und weist eine spätgotische Zwingeranlage, einen Barbakan, auf. Die aus einer bereits vorhandenen Kaufleutesiedlung hervorgegangene Ratsstadt wurde im 13. Jahrhundert planmäßig ausgebaut. Sie etablierte sich mit ihrer Lage an der einstigen „Via Regia" als bedeutender Handelsplatz und war im Spätmittelalter auch Messestandort.

Alle wichtigen Straßen münden auf den geräumigen Marktplatz. Dieser gehört zweifelsfrei zu den schönsten Märkten Mitteldeutschlands. Unmerklich münden die Straßen in die allseits geschlossenen Platzwände ein. Die Marktbebauung zeigt sich in einer wohltuenden Einheitlichkeit. Einen besonderen Dreiklang bilden das mächtige Rathaus (1517–28, Foto 242), ein großes Bürgerhaus an der Nordostecke des Platzes (Foto 243) und das „Schlösschen" an seiner Südseite mit ihren von spätgotischem Maßwerk geschmückten Halbrundgiebeln (Foto 244). Beeindruckend ist auch der Doppelgiebelbau der Residenz des Herzogs Moritz von Sachsen-Zeitz (1653, mit älterer Kernsubstanz). Eine gewichtige Stellung im Marktensemble hat die hinter dem Schlösschen aufragende Pfarrkirche St. Wenzel mit ihrem zum Markt hin platzierten Turm. Dieser Sakralbau, an dem ab 1426 annähernd 100 Jahre lang gebaut wurde, gehört zu den eigentümlichsten Schöpfungen spätgotischen Kirchenbaus überhaupt. Das über einem ungewöhnlich gedrungenen Grundriss errichtete Bauwerk mit einseitigem Turm schließt ostseitig mit einem reich dekorierten Chor ab. Im Westen endet das kurze, dreischiffige Langhaus mit einem einheitlichen fünfteiligen Polygon, das über segmentförmigem Grundriss aufgespannt ist. Dieses ragt monumental über dem kleinen Kirchplatz auf und birgt das über Stufen emporgehobene Westportal.

In den Hauptstraßen reihen sich die Bürgerhäuser, von denen viele noch aus dem 16. Jahrhundert stammen und Portale sowie häufig auch Erker in den Formen der Renaissance aufweisen – stattlichstes Beispiel ist Jakobsstraße 26 von 1570 (Foto 245). Neben den überwiegenden Traufenhäusern mit ihren beeindruckenden Steildächern kommen auch Giebelfronten mit Schweifwerk vor. Ein im Kern spätromanischer Wohnturm, die „Lilie" (Stadtmuseum) an der Nordwestecke des Marktes, trägt einen Maßwerkgiebel von 1535. In der Ratsvorstadt im Süden der Domfreiheit hat sich die kleinteilige Struktur mit schlichten Wohnhäusern weitgehend erhalten. Ganz im Osten dieses Quartiers steht die spätgotische Moritzkirche mit ihrer Doppelturmfront, welche von nadelspitzen Helmen besetzt ist – ein weiterer Akzent in der Stadtsilhouette.

Naumburg beeindruckt nicht nur mit großartigen Kunstwerken und einem sehenswerten Stadtbild, sondern auch durch seine Lage in einer einzigartigen Kulturlandschaft. Der Ort ist umgeben von Weinbergen und bedeutenden Burganlagen wie der Rudelsburg und der Neuenburg über Freyburg. Ganz in der Nähe befindet sich das ehemalige Zisterzienserkloster Pforta, heute Landesschule Schulpforte. Die dortige Klosterkirche tritt dem Naumburger Dom würdig zur Seite.

EA

Seite 158:
244 Blick über den Markt nach Süden mit „Residenz", Schlösschen und St. Wenzel

245 Großbürgerhaus Jakobsstraße 26, Südfassade

246 Nördlingen von Süden

NÖRDLINGEN

Die Stadt gehört zusammen mit Rothenburg und Dinkelsbühl zu den bekanntesten Beispielen gut erhaltenen mittelalterlichen Städtebaus, die sich heute noch wie wohlbehütet in ihrem ursprünglichen Mauergürtel präsentieren. Alle drei Städte liegen heute an der 1950 entstandenen „Romantischen Straße". Sie wurde mit der Absicht geschaffen, das Nachkriegsdeutschland als immer noch attraktives, geschichtsträchtiges Touristenziel zu präsentieren. Der Krieg hatte allerdings selbst in Rothenburg eine tiefe Wunde geschlagen. Letztlich war dort die essenzielle Bausubstanz aber nicht untergegangen – ein reiner Zufall.

Es ist nichts anderes als der historische Bedeutungsverlust nach dem Dreißigjährigen Krieg, der dieses Stadtgebilde von einer weiteren Entwicklung ferngehalten hat – aus der heutigen Perspektive des Besuchers ein riesiger Glücksfall.

Der runde Umriss der Altstadt von Nördlingen ist ausgesprochen idealtypisch (Foto 246): Würde man das Mittelalter als theozentrische Zeit deuten wollen, so stellt in der Tat das große Gotteshaus die absolute Mitte der Stadt dar: Fünf Straßen führen von fünf Haupttoren radial zur Kirche.

Die erste Form der ursprünglich mit einem Wall befestigten Stadt war ebenfalls rund und ist nach wie vor deutlich erkennbar; der Mauerring entstand als Stadterweiterung erst nach 1327 und machte aus Nördlingen das konzentrische Gebilde, das es heute noch ist. Das Straßennetz wurde überwiegend unregelmäßig geführt. Eine erste urkundliche Nachricht über Nördlingen datiert ins Jahr 898. Der Ort entwickelte sich allmählich zum Markt und wurde von Kaiser Friedrich II. im Tausch erworben und gleich zur „Reichsstadt" erhoben. Der eigentliche Reichtum kam durch die Eigenschaft als Messestadt.

Abgesehen von wenigen Störungen durch Neubauten spiegelt die Stadtstruktur immer noch das soziale Geflecht des Mittelalters anschaulich wider: Im Zentrum stehen neben den wichtigsten öffentlichen Bauten wie Rathaus und Tanzhaus die höchsten Kaufmanns- und Patrizierhäuser (das „Hohe Haus", Marktplatz 16, erreicht gar eine Höhe von 35 Metern!). Der Maßstab der Einzelbauten verkleinert sich konzentrisch in Richtung Stadtmauer über die wohlhabenden Handwerkerviertel bis hin zu den kleinbürgerlichen Behausungen. Am kleinsten sind die Kasarmen, ehemalige Soldatenwohnungen, die sich gegen die Stadtmauer stützen.

Die Bürgerhäuser sind giebelständig, sie stehen, wenn auch dicht aneinandergereiht, als freie, individuelle Körper da. Die übliche Bauweise des Wohnungsbaus war das Fachwerk. Allerdings sind die meisten dieser Häuser verputzt – keine Überraschung für Schwaben: Zum Beispiel Lauingen ist als Fachwerkstadt einfach nicht erlebbar, so gut wie alle Häuser schlafen dort hinter dem Mantel eines später aufgetragenen (meist klassizistischen) Putzes.

In Nördlingen findet man am Bachdurchlauf der Eger in der nördlichen Altstadt eines der besterhaltenen Gerberviertel Deutschlands (Vordere, Mittlere und Hintere Gerbergasse). Die Gerberhäuser sind leicht an den offenen Fachwerkgeschossen erkennbar (Foto 247), so auch bei dem wuchtigen Lippacher Haus von 1422. Hier ist allerdings nur der Giebel offen.

247 Lipparcher Haus, Vordere Gerbergasse 25

Das bereits erwähnte Tanzhaus von 1442–44 wurde mit einem massiven Unterbau errichtet (Foto 248). Das Parterre diente als Brothaus, das erste Obergeschoss zu Messzeiten als Gewandkaufhaus. Darüber befindet sich ein Fachwerkgeschoss, dessen Fenster die in Schwaben beliebten Kielbogen zeigen. Das 1503 aufgestellte Porträt von Kaiser Maximilian ist eine Huldigung der Stadt an ihren besonderen Gönner.

Einen übertrieben zugespitzten Massivgiebel aus dem frühen 15. Jahrhundert gibt es am Bürgerhaus Eisengasse 1 (vom Hafenmarkt gut zu sehen, Foto 250). Diese Spitzform ergibt sich automatisch aus dem Trapez des Hausgrundrisses: Der Giebel steht an der Schmalseite, die Firsthöhe blieb konstant. Solche stark unregelmäßige Parzellen mit Spitzhäusern sind von vielen deutschen Altstädten bekannt (Brusttuch in Goslar, Windloch in Minden).

Durch spätgotisches Fachwerk sticht der lang gestreckte Körper der Spitalmühle hervor (Foto 249). Überhaupt gehört das komplexe Spitalensemble zu den architektonischen Glanzlichtern Nördlingens.

248 Tanzhaus am Marktplatz

249 Spitalmühle, Baldinger Straße 23

250 Haus Eisengasse 1, Rückfassade

251 Rathaus von Südwest

Für die Massivbauten der Renaissance verbreitete sich in Nördlingen eine Sonderform des Treppengiebels: Die Stufen sind einwärts geschweift. In dieser Gestalt wurden Rathaus (Foto 251, dort nach neogotischer Veränderung rekonstruiert), Spital, Hallgebäude, Alte Schranne und manche Bürgerhäuser (so das Pullich'sche Haus) errichtet. Es sind die großen Baukörper der öffentlichen Bauten mit Speicherfunktion, die den Charakter der Altstadt stärken. Aus der Luft ist am einfachsten das gelbe Volumen der „Hall" erkennbar, ein Lagerhaus für Wein, Getreide und Salz. Freilich bleiben solche Baukörper im Spätmittelalter verhaftet: Eine „Renaissance" ist nur an Details auszumachen. Tatsächlich stehen sie in der Nachfolge der Spätgotik (Büchsenstadel in Ulm, Alter Zoll in Straßburg, Mauthalle zu Nürnberg). Außer dem Typus der kurvierten Stufen am Treppengiebel findet man Schweif- und Mischgiebel mit kleinen Voluten.

Größere Bauvolumina weisen nur noch die Kirchen auf. Davon ist die der Franziskaner im Norden der Altstadt lediglich in der Form nach ihrer totalen Verwandlung als Kornhaus erhalten (das sogenannte „Klösterle"). In der südlichen Altstadt steht Sankt Salvator, die ehemalige Karmeliterkirche. Sie ist am großen Walmdach ihres Langhauses leicht erkennbar und wartet auf Besucher mit einem wertvollen, wenn auch nicht ursprünglich zur Kirche gehörenden Retabel.

All dies wird vom Hauptdenkmal Nördlingens überragt: der Georgskirche (Foto 252). Lässt das Äußere dieses Meisterwerks spätgotischer Architektur aufgrund der etwas trockenen Formensprache und des wenig gefälligen Baumaterials – Suevit – Schöneres vermissen, so kommt der grandiose Innenraum einer Offenbarung gleich. Der 90 Meter hohe „Daniel", der von einer Haube von 1538 bekrönte Einturm der Kirche, ist unbestritten der Markstein von Stadt und Umgebung. Hinter

252 Sankt Georg mit „Daniel" von Süden
253 Deininger Tor, An der Deininger Mauer 10

ihm erstreckt sich der lange Baukörper, der als Halle ausgeführt wurde. Der etwas schmalere Hallenchor entstand ab 1427. Die Kirche war mit der fantastischen Einwölbung des Langhauses im Jahre 1505 bzw. 1508 mit der Westempore von Burkard Engelberg vollendet. Im Hauptaltar sind die epochemachenden Figuren des Nicolaus Gerhaert von Leiden original erhalten, des großen Erneuerers der mitteleuropäischen Plastik des 15. Jahrhunderts. Sankt Georg ist leider seit zu vielen Jahren Baustelle, weder die statischen noch die steinkonservatorischen Probleme sind zurzeit (2015) gelöst.

Zurück zu dem Suevit: Bekanntlich liegt Nördlingen in einem Krater, der durch den Einschlag eines Meteoriten von einen Kilometer Durchmesser vor ca. 14 Millionen Jahren entstand. Aus der Explosionswolke lagerte sich geschmolzenes Gestein im Krater ab – das war der Suevit oder „Schwabenstein". Das Material lässt sich leicht bearbeiten – im Vergleich mit Sand- und Kalkstein sieht es jedoch nicht so gut aus: Sehr porös und von graugrüner Farbe, leidet dieses Gestein unter der Luftverschmutzung stark, sodass Restaurierungen meist in künstlichem, resistenterem Material durchgeführt werden.

Der Suevit bleibt an Toren und Türmen der eindrucksvollen Stadtmauer unsichtbar (Foto 253): Sie sind allesamt verputzt. Anders als in Rothenburg und Dinkelsbühl wurden die Tortumanlagen der Nördlinger Stadtmauer im 16. und 17. Jahrhundert (im Letzteren als Wiederherstellungen nach dem Dreißigjährigen Krieg) derart modernisiert, dass sie neuzeitlichen Charakter tragen. Dies ist bei den hohen Türmen von Loepsinger und Deininger Tor mit ihren runden Zylindern und Hauben sofort erkennbar: Sie entwickeln sich elegant aus quadratischen Unterbauten, die freilich noch die spitzbogige Durchfahrt bewahren. Im Schwäbischen war man schon in der Spätgotik zu höchsten zylindrischen Turmkörpern übergegangen wie dem alten Luginsland von Augsburg von 1430, erster Vorläufer de genialen Holzmodelle der 1510er-Jahre von Adolf Daucher – ebenfalls in Augsburg. Solche Werke waren den Nördlingern offensichtlich gut bekannt.

PdlR

254 Die Altstadt zwischen Inn (rechts) und Donau (links). Im Zentrum der Dom, auf dem Berg links die Veste Oberhaus

PASSAU

255 Donaufront: Donaukai

Passau liegt wie ein Schiff inmitten der Wasser von Inn und Donau (Fotos 254 und 255), die von Norden kommende Ilz ergießt sich in die Donau: eine ungewöhnliche Drei-Flüsse-Stadt, die die vorgegebene Natur in ein urbanes Kunstwerk zu verwandeln wusste. So steht die zungenförmige Altstadt zwischen Inn im Süden und Donau im Norden. Das „Triptychon" Altpassaus vervollständigt die Ilzstadt an der Ilzmündung. Ein modernes Zentrum hat sich westlich der Altstadt entwickelt, ohne sie wirklich zu stören.

In der Innstadt, die ihre mittelalterliche Stadtmauer weitgehend erhalten hat, findet man älteste Zeugnisse der Vergangenheit – aus der Römerzeit das Kastel Boitro (Römermuseum) und aus frühchristlicher Zeit die Severinskirche, die bereits vor 482 genannt wurde und im Laufe der Jahrhunderte mehrere Umbauten erfuhr.

Die Erhebung Passaus zum Bischofssitz im Jahre 739 durch Papst Gregor III. war das entscheidende Ereignis der Stadtgeschichte. Auch wenn das rivalisierende und mächtigere Salzburg genau 50 Jahre später zum Erzbistum avancierte, war der Bistumssprengel Passaus extrem ausgedehnt – er reichte über Wien hinaus bis nach Ungarn. Erst die Loslösung Wiens, das 1468 eigenes Bistum wurde, bedeutete für Passau einen Verlust an Macht. In der Stadt selbst gelang es der Bürgerschaft nie, vom Bischof frei zu werden. Schon im 13. Jahrhundert zeugt der Ausbau des St.-Georg-Bergs zur bischöflichen Festung von der Angst des Prälaten gegenüber einer reich gewordenen Bürgerschaft: Die Burgen Ober- und Niederhaus entstanden. Die Auseinandersetzungen zwischen den seit 1217 vom Kaiser in den Reichsfürstenstand erhobenen Bischöfen und der Bürgerschaft spitzten sich im 14. Jahrhundert zu, sodass Bürgeraufstände mit der Beschießung der Stadt von oben aus bestraft werden konnten. Die Idylle des heutigen Passau reflektiert den heftigen historischen Konflikt zwischen Kirche und Bürgern nicht wirklich.

1785 entzog Kaiser Joseph II. Passau den gesamtösterreichischen Bistumsanteil. Schließlich kam 1803 die Aufhebung des Fürstbistums. Das 19. Jahrhundert war eher verschlafen, bis sich die Stadt als Verkehrsknotenpunkt entwickeln konnte. Heute lebt Passau hauptsächlich vom Tourismus und von der 1978 gegründeten Universität.

Die im Zweiten Weltkrieg unzerstörte Stadt wurde bereits 1662 und 1680 von verheerenden Bränden heimgesucht. Sie erklären ihre Umformung in barocker Formensprache. Der barocke Mantel verbirgt aber oft genug eine viel ältere Bausubstanz – so bei zahlreichen Häusern. Im Falle des Doms, der durch die Italiener Carlo Lurago als Architekt und Giovanni Battista Carlone als Stuckateur wiederaufgebaut bzw. verwandelt wurde, blieben Chor, Querhaus und Vierungsturm von außen als authentische Spätgotik stehen (Foto 256) – ihre Bewahrung in ursprünglicher Gestalt war offenbar ausdrücklich gewünscht. Diese Bauteile stellen eine oft vergessene und seltene Meisterleistung deutscher Gotik dar: Die Architektur zeigt Flamboyant-Elemente, die in diesem Ausmaß kein zweites Mal in Mitteleuropa vorkommen. Begonnen 1407, dauerte der gotische Umbau der romanischen Vorgängerkirche bis 1524 an. Das Dominnere zeigt helles, aber schweres Barock mit üppigsten Stuckaturen. Vom ursprünglichen Innenraum der Gotik geben Zeichnungen und Gemälde von Wolf Huber um 1520 eine ungefähre Vorstellung.

Dass das spätmittelalterliche Passau nicht nur wegen des Doms ein hohes Zentrum der Kunst war, darf nicht vergessen werden. Sankt Salvator (1470–1510, Foto 257) an der Ilzmündung zeigt einen höchst originellen Raum, der als Wandpfeilerkirche in seiner Weite bahnbrechend ist. Erst zu einem späteren Zeitpunkt gelang dem Barock Vergleichbares. In der Veste Oberhaus befand sich eine ihresgleichen suchende geschnitzte Holzdecke von 1490, die leider ins Bayerische Nationalmuseum nach München transloziert wurde. Sie beweist die hohe Qualität der Passauer Spätgotik. Die Spitalkirche Heiliggeist von 1442 zeigt ebenfalls einfallsreiche Spätgotik, das Innere der 1588 neben Heiliggeist errichteten Annakapelle (ehemals Franziskanerkloster) gute Nachgotik in zurückhaltendem Renaissancegewand.

Aber es ist natürlich der Barock, der beherrschend ist. Um zunächst bei den Sakralbauten zu bleiben, muss die Jesuitenkirche Sankt Michael (1665–77) erwähnt werden (Foto 258): Sie wurde höchstwahrscheinlich von Pietro Carlone entworfen. Zu ihr gehört das ehemalige Jesuitenkolleg, eine Dreiflügelanlage von beachtlicher Größe – auch eine Sternwarte fehlt hier nicht. Die barocke Stadtpfarrkirche Sankt Paul beherrscht die westliche Altstadt. Die Wallfahrtskirche Mariahilf hoch über der Innstadt prägt ebenfalls das Stadtbild – bei den Turmhauben hat sich der Baumeister wohl einen Witz erlaubt: Eine derart unorganische Gestalt gibt es kein zweites Mal in ganz Deutschland. Überhaupt ist vieles in Passau ungewöhnlich und wirkt geradezu fremdartig. Unleugbar sind der italienische Charakter und die Gemeinsamkeiten mit Österreich.

256 Dom, Detail von Querhaus und Chor von Ost/Südost aus gesehen

257 Sankt Salvator an der Ilz, Ostansicht

258 Jesuitenkirche von Süden mit Veste Oberhaus

259 Veste Oberhaus, Fürstenbau von Südosten

260 Höllgasse

261 Bräugasse 21–29

Bei der Veste Oberhaus fällt der klobige Block des „Fürstenbaus" auf. Seine jetzige Gestalt geht auf die Zeit von 1670/80 zurück (Foto 259). Die an sich ärmliche Architektur wurde durch eine bemalte Gliederung bereichert, sogar das Balustergeländer ist nur ausgemalte Attrappe. Alles Mögliche wurde hier getan, um Sein durch Schein zu ersetzen – das Gegenteil von dem, was die Baumeister in Deutschland jahrhundertelang angestrebt hatten. Die Täuschungen sind mit den bühnenartigen Inszenierungen Italiens verwandt.

In diesem Zusammenhang sei allerdings an die Profanarchitektur der Inn-Salzach-Städte erinnert, die sich sozusagen das Grobe als Ziel gesetzt hatte. Passau steht damit nicht allein da. Die Häuser wurden stets flächig als Teil der Straßenflucht oder Platzwand gehalten (Foto 260). Giebel wurden weitgehend negiert oder sehr flach gebildet. Die Fassaden enden in eine gerade Linie, das Hausvolumen wird kubisch (Foto 261). Da aus offensichtlichen klimatischen Gründen hier keine mediterranen Dachterrassen möglich sind, forcierte man die Lösung als Pseudo-Flachdächer: indem man Halbgiebel – die beispielsweise nach innen geneigt sind und an einer Rinne aufeinanderstoßen – durch eine Vorschussmauer überdeckte. Die Vorschussmauer musste mit Wasserspeiern durchbrochen werden. Das Ergebnis der Fassaden ist lapidar und herb, oft auch recht ausdrucksschwach. Der Wert liegt im Ensemble, man darf die Häuser nicht isoliert beurteilen. Durch die Farbe wird den Putzfassaden zur Expressivität verholfen.

Bei anspruchsvollen Bauten wie der Neuen Residenz, die seit 1730 Schloss der Fürstbischöfe war, ist die Balustrade stadtseitig echt (Foto 262), flussseitig aber nur eine Vorschussmauer. Man beachte von oben, wie aufwendig die Konstruktion des Grabendachs ausfallen musste, um überhaupt Flächigkeit zu simulieren: Es handelt sich um ein „Scherendach", eine quer zur Längsachse gestellte Reihe zwölf flacher Kleinsatteldächer. Die Hauptfassade der sonst durch Italiener erbauten Residenz schuf 1664–71 der aus Wien berufene Melchior Hefele. Ein Besuch hier ist zu empfehlen, Höhepunkt dabei ist das Treppenhaus Hefeles mit den meisterhaften Stuckaturen von Johann Baptist Modler.

PdlR

262 Neue Residenz, Hauptfassade (Nordseite)

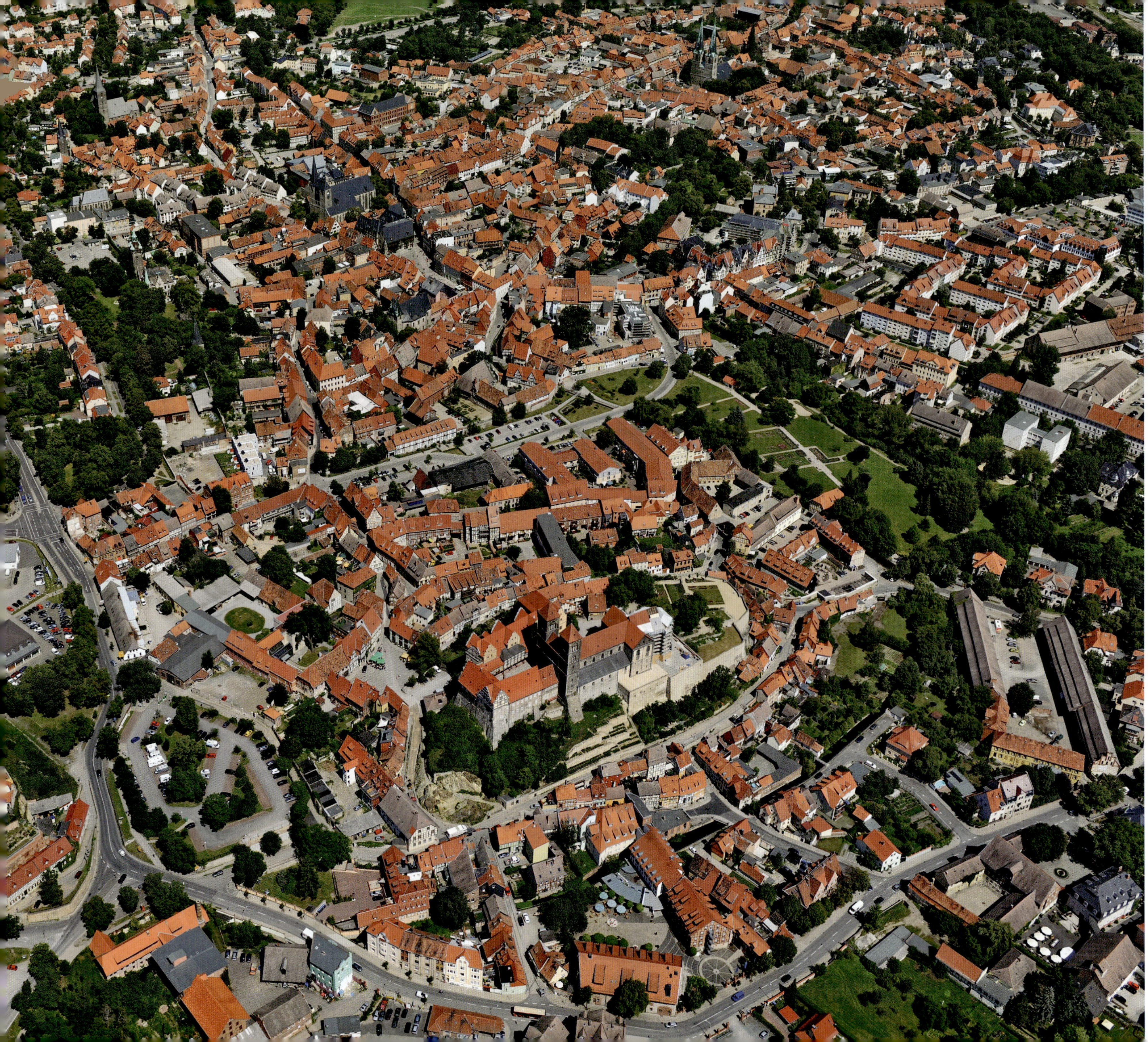

QUEDLINBURG

Seite 170:
263 Luftbild von Süden. Vorn der Burgberg mit dem Westendorf; oben links: Altstadt mit Rathaus und St. Benedikti; oben rechts: Neustadt mit St. Nikolai

264 Burgberg Westansicht mit der Schlossanlage

265 Stiftskirche St. Servatii, Ansicht von Südost

Seit 1994 ist der historische Stadtkern von Quedlinburg in die Liste der UNESCO-Welterbestätten eingetragen. In der Würdigung wird die Bedeutung als Mittelpunkt des frühen Deutschen Reiches sowie die erhaltene mittelalterliche Stadttopografie mit dem herausragenden Bestand an Fachwerkgebäuden hervorgehoben. Die Anlage der Straßen, Plätze und der Stadtbefestigung geben einen lebendigen Einblick in über 1000 Jahre Siedlungs- und Baugeschichte. Innerhalb des großflächigen historischen Stadtkerns (Foto 263) lassen sich vier Teilstädte deutlich voneinander unterscheiden: der Schlossberg mit seinem Stadtquartier (Westendorf), die Altstadt, die regelmäßig angelegte Neustadt und die anstelle einer ehemaligen Klosteranlage entstandene Siedlung auf dem Münzenberg. Die erste urkundliche Erwähnung Quedlinburgs stammt aus dem Jahr 922 und somit aus der Zeit König Heinrichs I., des ersten Herrschers des Deutschen Reiches. Er ließ auf dem Schlossberg eine Burganlage errichten, welche sein bevorzugter Aufenthaltsort wurde. Nach seinem Tod stiftete der Nachfolger, Otto I. (der Große), auf der Burg 936 ein freiweltliches und hochadliges Damenstift. Gleichzeitig war Quedlinburg eine Königspfalz, für die zahlreiche Besuche von Königen und Kaisern des Heiligen Römischen Reiches überliefert sind. Ein Ort solcher Bedeutung zog Handwerker und Kaufleute an, und bereits 994 privilegierte Otto III. Quedlinburg mit Markt-, Münz- und Zollrechten. Die im Norden des Burgbergs und des Westendorfs gelegene Marktsiedlung wurde im Verlauf des 12. Jahrhunderts auf den Umfang der Altstadt aufgesiedelt. Die dynamische Entwicklung führte zu Beginn des 13. Jahrhunderts zur Anlage der Neustadt im Osten der alten Marktsiedlung, die sich als ursprünglich eigenständige Teilstadt noch heute deutlich abzeichnet. Ihr Grundriss zeigt ein regelmäßiges Netz breiter Straßen.

Lag die Oberhoheit über die Stadt auch bei den Äbtissinnen des Damenstifts, so konnten die Stadtgemeinden im 14. Jahrhundert immer umfangreichere Rechte an sich ziehen. In diese Blütezeit der auch in der

Hanse vertretenen Stadt fällt die Errichtung der Rathäuser von Alt- und Neustadt, der Stadtbefestigung und der Neu- bzw. Ausbau der Stadtpfarrkirchen. Nach einer gewaltsamen Auseinandersetzung mit der Äbtissin Hedwig von Wettin verlor die Stadt 1477 einen Großteil ihrer Freiheiten. Obwohl Quedlinburg nur wenig am Fernhandel beteiligt und eher als regionales Zentrum anzusehen war, kam es zu einer lebhaften Bautätigkeit des Bürgertums auch in der Renaissance- und Barockzeit. 1698 wurde das Stift Quedlinburg in das Kurfürstentum Brandenburg eingegliedert. Im 19. Jahrhundert entwickelte sich die Stadt zu einer Hochburg der Saatzucht und konnte sich um 1900 einer neuen Blütezeit erfreuen. Dies zeigt sich anhand zahlreicher Jugendstilbauten von erstaunlicher Qualität. Nachdem Quedlinburg ohne Zerstörungen den Zweiten Weltkrieg überstanden hatte, sind in der DDR-Zeit zahlreiche Fachwerkbauten verfallen und abgebrochen worden. Seit den 1970er-Jahren wurden jedoch einzelne Baudenkmäler saniert, seit der Wiedervereinigung wird die umfassende Sanierung mit großem Erfolg weitergeführt.

266 Der Platz Schlossberg mit dem Klopstockhaus

267 Markt von Süden mit Rathaus und St. Benedikti

Der Burgberg ist weithin sichtbares Wahrzeichen (Foto 264) und die Stiftskirche St. Servatii das bedeutendste Einzeldenkmal Quedlinburgs (Foto 265). Ihre Vorgängerbauten gingen ab 1070 in einem hochromanischen Neubau auf. St. Servatii, die Grabstätte Heinrichs I., gehört mit niedersächsischem Stützenwechsel, flach gedeckten Kirchenschiffen und einer großartigen Krypta zu den klassischen Sakralbauten der sächsischen Romanik. Die hochwertige Bauplastik machte in der ganzen Harzregion Schule. Im gotisch erneuerten Chor aus dem frühen 14. Jahrhundert erinnert die pseudoromanische Krypta der 1930er-Jahre an die zynische Vereinnahmung des Bauwerks durch die Nationalsozialisten. Stiftskirche und Stiftsschloss erheben sich an ihrer Nord- und Westseite direkt über einer Felsformation. Das Ganze wirkt in einer von Fachwerkhäusern umwobenen Szenerie absolut fantastisch. Für den Charakter des über der Stadt thronenden Stiftsschlosses sind die Renaissancebauten mit ihren zahlreichen Giebeln bestimmend. Sie dominieren das Gassengewirr im Westendorf und den überaus reizvollen Platz Schlossberg mit dem Klopstockhaus (Foto 266). Im Inneren wartet die Schlossanlage mit schönen Beispielen für die Raumkunst des Barock und Frühklassizismus auf. Ihre Kelleranlagen gehen auf die Zeit der hochmittelalterlichen Königspfalz zurück.

Zentrum der Altstadt ist der lang gestreckte Markt (Foto 267). Seine trichterförmigen Platzwände erweitern sich nach Norden. Dort findet er einen wirkungsvollen Abschluss mit der Breitseite des Rathauses und dem dahinter aufragenden Westbau der Marktkirche St. Benedikti. Vor dem gotischen, aber zu Beginn des 17. Jahrhunderts umgestalteten Rathaus mit seinem prachtvollen Renaissanceportal kündet die um 1450 geschaffene Rolandstatue von den Ambitionen städtischer Freiheit. Der Roland wurde nach der Unterwerfung durch die Äbtissin 1477 zerschlagen, 1869 erfolgte die Wiederaufstellung, allerdings nicht am ursprünglichen Ort. Am Markt sind in den Jahrzehnten um 1900 einige Neubauten von Geschäftshäusern mit Fassaden des Historismus entstanden. In einem der schönen Renaissancehäuser an der Einmündung der Breiten Straße auf den Markt findet sich ein tunnelartiger Torweg. Mit seiner Durchquerung gelangt man in den reizvollen Schuhhof und taucht am Stieg in eines der schönsten Ensembles der Fachwerkstadt ein (Foto 268).

268 Am Stieg, Häuserzeile
269 Haus Wordgasse 3, Südansicht
270 Am Steinweg 23, Haus Börse

In Quedlinburg sind in den historischen Stadtquartieren an die 1300 Fachwerkbauten erhalten. Die Entstehungszeit dieser Gebäude umfasst eine Zeitspanne vom späten 13. Jahrhundert bis in die Jahre um 1900. Wie in den übrigen Städten am Harz ist die traufständige Bauweise für das Straßenbild bestimmend. Die Quedlinburger Holzarchitektur ist dem niederdeutschen Fachwerk zuzuordnen. Mit dem Ständerbau an der Wordgasse (1347, Foto 269), passend als Museum für Fachwerkarchitektur eingerichtet, steht ein geradezu archaischer Vertreter des mittelalterlichen Hausbaus vor uns. Der reine Ständerbau wurde frühzeitig durch eine Mischbauweise abgelöst, indem man die Obergeschosse an den Vorderfronten auskragen ließ. Schließlich ging man zum reinen Stockwerkbau über, wo jedes Stockwerk eigenständig abgezimmert ist. Die damit ermöglichten Auskragungen sind ein hervorstechendes Merkmal der Fachwerkarchitektur des 15. bis 17. Jahrhunderts und geben den entsprechenden Bauten ihre kraftvoll-plastische Gestalt. Für die stilistisch in die späte Gotik und die Renaissance einzuordnenden Bauten des 15. Jahrhunderts bis zum Dreißigjährigen Krieg ist das Schnitzwerk an den Fassaden charakteristisch. Anhand des Wandels der Schmuckformen kann man die Häuser zeitlich gut einordnen. Die Jahrzehnte zwischen 1650 bis 1700 brachten eine weitere Blüte der Fachwerkarchitektur, den sogenannten „Quedlinburger Sonderstil". Er ist von den als Pyramiden geformten Balkenköpfen, oftmals reich gestalteten Verstrebungen und Ge-

271 Unten: Häusergruppe zwischen Rathaus und Benediktikirchhof

272 Rechts: Pölkenstraße mit dem Turmpaar von St. Nikolai

273 Blick vom Lindenbeinturm auf die Altstadt mit St. Benedikti und Rathaus

fachfüllungen mit Backstein-Ziermauerwerk gekennzeichnet. Vielfach sind die Bauten dieser Epoche mit Erkern belebt, so die „Börse" am Steinweg 23 von 1683 (Foto 270). Im frühen 18. Jahrhundert setzte sich eine Angleichung der Fachwerkarchitektur an den zeitgenössischen Massivbau durch. Sie bestimmte das Erscheinungsbild der Bauten bis in die erste Hälfte des 19. Jahrhunderts. Schließlich kam mit dem Historismus auch das ältere Fachwerk des 15. bis 17. Jahrhunderts wieder zu Ehren. Neben ersten Restaurierungen wurden Fachwerk-Neubauten in der gerade aktuellen Formensprache von Neugotik und Neorenaissance errichtet.
Die fast unübersehbare Fülle der Fachwerkhäuser bildet unverwechselbare Stadträume von größter Vielfalt: enge Gassen und kleine Plätze in der Altstadt (Foto 271) sowie weite, von Bäumen gesäumte Straßen in der Neustadt. Besonders sehenswert sind die intimen Kirchhöfe von St. Benedikti und St. Nikolai, der Pfarrkirche der Neustadt. Letztere beherrscht diese Teilstadt mit ihren schönen Spitzhelmen unangefochten (Foto 272). Weitere Architekturschätze wie das spätbarocke Saalfeld-Palais am Kornmarkt (köstliche Ausstattung mit Bandelwerkstuck), das Hagensche Freihaus an der Grenze der Alt- zur Neustadt und die mächtigen Türme der Stadtbefestigung bereichern das Bild. Auf keinen Fall sollte man einen Panoramablick vom Burgberg, vom Münzenberg oder vom Lindenbeinturm (Foto 273) versäumen.

EA

274 Luftbild von Süden mit Oberstadt (rechts) und Unterstadt (links). In der Bildmitte der gewundene Verlauf des Marienplatzes mit Karmeliterkirche (unten) sowie Kornhaus, Rathaus und Waaghaus

RAVENSBURG

Der Name der oberschwäbischen Stadt Ravensburg ist wohl jedem bekannt für die Herstellung von Gesellschaftsspielen, die von hier aus ihren Weg in die ganze Welt finden. Sie ist aber auch bekannt als ein mittelalterliches Stadtdenkmal, das die Zeitläufte ungewöhnlich gut überstanden hat. Da die Blütezeit Ravensburgs als überregional bedeutendes Handelszentrum im 16. Jahrhundert endete, sind hier der Stadtgrundriss und auch große Teile der Bausubstanz genuin mittelalterlich (Foto 274). Neben einer Vielzahl öffentlicher Gebäude haben sich auch große Teile der Stadtbefestigung mit drei Tortürmen und neun Mauertürmen erhalten. Einer der Türme, ein ungewöhnlich hoher, weiß gestrichener Rundturm, der „Mehlsack", ist weithin sichtbares Wahrzeichen. In der Nähe dieses Turms befinden sich die Reste einer Burg, die Ausgangspunkt für die Entstehung Ravensburgs war und der Stadt ihren Namen gab.

Die Reste der einstigen Ravensburg befinden sich auf einem Bergrücken im Osten des Schussentals. Im Norden des Burgbergs verläuft das Tal der Flappach, des Stadtbachs Ravensburgs. Sein Verlauf ist markant in den Stadtgrundriss eingeschrieben. Archäologische Befunde einer Besiedlung des Burgbergs reichen in die Bronzezeit zurück. Der unsicheren Überlieferung einer Burggründung um 930 durch „Rabanus" steht ihre erste urkundliche Erwähnung im Jahr 1088 gegenüber. Damals fungierte die Burg als Hauptsitz des welfischen Bayernherzogs Welf IV. Oberschwaben war bis zum Übergang an die Staufer im Jahr 1191 Stammland der Welfen, Angehörige des Adelsgeschlechts wurden bis 1126 in ihrem Hauskloster im nahegelegenen Weingarten bestattet. Möglicherweise wurde auch der berühmteste Sprössling der Welfen, Heinrich der Löwe, um 1129 auf der Ravensburg geboren. Seit ihrer Zerstörung durch die Schweden (1647) sind lediglich Reste der Burg und das 1751/52 errichtete „Schlössle", ein reizvoller Rokokobau von Johann Caspar Bagnato, zu besichtigen.

Am Westhang der Burg veranlassten die Welfen nach 1100 die Entstehung einer Marktsiedlung, sie wurde erstmals 1152 bezeugt. Ihr Rückgrat bildet die leicht geschwungene Marktstraße, die vom Rathaus in steilem Anstieg zum Obertor führt. Diese alte Hauptstraße ist nicht nur städtebaulich überaus reizvoll, sondern auch wegen der lückenlosen Bebauung mit stattlichen Bürger- und Patrizierhäusern. Ihre Bausubstanz reicht bis in die Romanik zurück. Die große Zeit Ravensburgs begann mit der Erhebung zur Reichsstadt durch Rudolf von Schwaben im Jahr 1276. Ab 1330 konnten Rat und Bürgermeister die Geschicke Ravensburgs fast unabhängig lenken, bis der Status als Reichsstadt 1802 endete. Die Stadt lag am Kreuzungspunkt wichtiger Handelsstraßen, daher entfaltete sich reger Handel, aber auch ein vielfältiges Handwerk. Neben der Tuchmacherei

275 Blick von Westen auf das Obertor und den Mehlsack. Links oben: die Reste der Burg

276 Rathaus von Nordwest

und dem Weinbau kam nach 1400 auch der Papierherstellung größerer Bedeutung zu. In die Wirtschaftsgeschichte eingegangen ist die Ravensburger Handelsgesellschaft, ein von der hiesigen Patrizierfamilie Humpis um 1380 gegründeter Verbund von Kaufleuten, die Verbindungen in weite Teile Europas hatten.

277 Waaghaus und Blaserturm, im Hintergrund das Lederhaus

278 Lederhaus und die Einmündung der Bachstraße in den Marienplatz

279 Humpis-Quartier mit Humpishaus

Der älteste Stadtkern, die Oberstadt, erhielt nach 1330 mit der nach Westen hin ausgerichteten Unterstadt eine erhebliche Erweiterung. Sie wurde umgehend in den weitläufigen Mauerring einbezogen, deren Türme die Stadtsilhouette prägen (Foto 275). Auffälligster Mauerturm ist der Gemalte Turm an der Nordwestecke der Neustadt (1418 vollendet) mit seiner bauzeitlich überlieferten Farbgestaltung. Mit der pragmatischen Lösung, anstelle der einstigen Befestigungen am Westrand der Oberstadt nun lang gestreckte Straßenmärkte anzulegen, entstanden großartige Platz- und Raumfolgen. Der geschwungene Marienplatz durchquert den gesamten Stadtkörper von Nord nach Süd. An der Kreuzung mit den wichtigsten Querstraßen markiert ein Versatz die Mitte der alten Stadt. Dort findet man die wichtigsten Profanbauten, welche mit sicherem Gefühl für städtebauliche Raumwirkung in das Gewebe der Platzfolgen komponiert sind. Das ab 1386 errichtete spätgotische Rathaus ist ein wuchtiger Rechteckbau mit hohen Stufengiebeln (Foto 276). Die bemerkenswerten Fensterbänder an seiner Westseite markieren den Großen Ratssaal mit seiner weit gespannten Bohlenbalkendecke aus dem 16. Jahrhundert. Das 1496/97 erbaute Waaghaus war städtisches Kaufhaus mit Zollstätte (Foto 277). Die Tuchhalle im Obergeschoss mit kräftigen Holzständern, die das Gebälk des einstigen Kornspeichers im Dachraum tragen, ist ein weiterer Profanraum aus dem späten Mittelalter. Vor der Westfassade erhebt sich auf schrägem Grundriss der Blaserturm, er besetzt die Position eines Turms der ehemaligen Oberstadt-Befestigung. In seiner heutigen Form stammt der Stadtturm aus den 1550er-Jahren, er markiert auch baulich die Mitte Ravensburgs. Er gehört in die Reihe der für Ostschwaben und Bayern typischen Stadttürme, eine Besonderheit dieser Städtelandschaft. Gegenüber von Rat- und Waaghaus besetzt das 1512/13 errichtete Lederhaus die Einmündung der Bachstraße (Foto 278). Es zeigt gewellte Giebel und Bemalungen der Renaissancezeit von 1574 (erneuert 1905/06) und gibt damit einen Hinweis auf die ursprüngliche Gestaltung der Fassaden verputzter Steinbauten in Ravensburg. Das behäbig-wuchtige Kornhaus beherrscht den Südteil des Marienplatzes. Der aus der Zeit um 1450 stammende Speicherbau wurde 1618 mit massiven Fassaden und Quaderbemalung versehen.

280 Marktstraße von Südosten, im Hintergrund der Blaserturm

Die breit gelagerten Baumassen und die verhältnismäßig flach geneigten Satteldächer von Korn- und Waaghaus entsprechen oberschwäbischem Charakter. Bürgerhäuser lassen diese Eigenschaften ebenfalls erkennen. Sie sind in Ravensburg traufständig, an Eckhäusern kommen auch Stufengiebel vor. Vorherrschend ist der Steinbau, obwohl mittelalterliche Fachwerkbauten immer wieder die Blicke auf sich ziehen. So auch im Humpis-Quartier an der oberen Marktstraße. Am Stammsitz dieser bedeutenden Patrizierfamilie ist heute ein über mehrere Häuser ausgedehntes Museum eingerichtet (Foto 279). Es bietet seltene Einblicke in das Innere mittelalterlicher Wohnbauten. Ober- und Unterstadt unterscheiden sich nicht nur anhand ihrer Grundrisse, sondern auch durch Grundstücks- und damit Hausgrößen. In der weitgehend regelmäßig angelegten Unterstadt lebten vorwiegend Handwerker, besonders Weber, in Kleinhäusern. Die großen, bis zu viergeschossigen Patrizierhäuser befinden sich am Marienplatz und in der Oberstadt (Foto 280). Damit wird die einstige Sozialstruktur der Reichsstadt anschaulich. Vor dem Unteren Tor liegt das mittelalterliche Heilig-Geist-Spital mit seiner gotischen Kapelle.

Die Sakralbauten liegen an der Peripherie der mittelalterlichen Stadt (siehe Foto 274). Am nördlichen Stadtausgang in Richtung Weingarten steht die hochgotische Liebfrauenkirche, die bis 1803 dem Kloster Weingarten unterstand. Es handelt sich um eine lang gestreckte Basilika mit Flachdecken und gewölbtem Chor. Ihr einseitiger Turm am Choransatz behauptet sich wenig gegen diejenigen der Befestigung und den Blaserturm. Eine ähnliche, bescheidenere Anlage zeigt die Unterstadt-Pfarrkirche St. Jodok. Das ehemalige Karmeliterkloster am südlichen Marienplatz ist eine wiederum flach gedeckte Basilika des mittleren 14. Jahrhunderts, auch innen das Idealbild einer Bettelordenskirche. Ihr einschiffiger, gerade geschlossener Chor ist von äußerster Schlichtheit und beeindruckt mit seinen in die Höhe strebenden Raumverhältnissen.

Bei einer Erkundung des historischen Stadtkerns steigern die hohe Qualität der Gestaltung von Straßen- und Platzräumen und die Einbeziehung des Stadtbachs den visuellen Genuss. Der Mut zur „steinernen Stadt" mit gezielt platziertem Grün zahlt sich aus und kann als vorbildlich gelten.

EA

281 Altstadt mit Donau und Steinerner Brücke, Dom, Rathaus (unten links) und Häusermeer

REGENSBURG

Ratisbona vetustas et venustas: Das „altertümliche und kunstreiche" Regensburg präsentiert sich als Flächendenkmal der Superlative: Eine in Deutschland selten anzutreffende mächtige romanische Brücke aus der ersten Hälfte des 12. Jahrhunderts (Fotos 281 und 282) verbindet Nord- und Südufer der Donau, ins Stadtherz führend. Dort befand sich das 179 von Marc Aurel eingerichtete Legionslager Castra Regina, ein im Stadtgrundriss noch deutlich erkennbares Rechteck. Die Nordgrenze ist heute die Straße „Unter den Schwibbögen", die Westgrenze entspricht der heutigen Wahlenstraße, ausgezeichnet durch den „Goldenen Turm" mit seinem Pyramidendach (im Luftbild unten rechts).

Die Dichte der Bebauung ist typisch mittelalterlich, die Bausubstanz der massiv gebauten Häuser oft romanisch und frühgotisch. Dominant ist der gotische Dom. Sein Chor steht auf der Achse der römischen Porta Praetoria (Foto 283), deren Reste erst 1885 entdeckt und freigelegt wurden. Neben der bedeutenderen Porta Nigra in Trier ist dieses Tor aus dem Jahre 179 nach Christus ein für Mitteleuropa seltenes Beispiel seiner Gattung. Um den großartigen Dom gruppieren sich kleinere Kirchen: St. Johann, St. Ulrich, das Niedermünster. Insgesamt besitzt Regensburg eine beträchtliche Zahl an romanischen, gotischen und barockisierten Kirchen – nicht zu vergessen sogar untypischerweise zwei Renaissancekirchen: die Neupfarr- und die Dreieinigkeitskirche! Diese Gotteshäuser sind über die ganze Altstadtfläche verteilt.

Das Auffälligste der alten Stadt sind jedoch die Geschlechtertürme: Dieser Typus von eher für die Repräsentation als zur Verteidigung durch die reichen Familien erbauten Türmen ist für sich genommen nichts Ungewöhnliches (so beispielsweise bei der Hildesheimer Bischofsdomäne, der Marienburg). Die Konzentration derselben in einer einzigen Stadt wie Regensburg ist jedoch verblüffend und lässt sich nur mit San Gimignano in Italien vergleichen. Auf dem Luftbild sowie auf dem Panoramafoto (Foto 284) erkennt man einige Beispiele davon. Nachweisbar in Regens-

282 Steinerne Brücke von Nord nach Süd

283 Ruine der Porta Praetoria

284 Weinlände, von links nach rechts: Dom, Baumburger Turm, Rathausturm. Blauer-Hecht-Turm und Goldener Turm

burg sind um die 40 Türme, aber nicht alle ragen so hoch empor wie der rosarote Baumburger Turm (Foto 285) aus dem dritten Viertel des 13. Jahrhunderts. Zur eigentlichen Nutzung waren die Türme nur in den unteren Geschossen ausgebaut. Ohne Anbauten, die eigentlichen Wohnhäuser, sind Geschlechtertürme undenkbar.

Nicht nur Geschlechtertürme machen das Ritterlich-Altertümliche von Regensburg aus. Eine überraschend hohe Zahl von Profanbauten zeigt im Erdgeschoss kreuzrippengewölbte Räume aus der Frühgotik, die heute zu Läden, Restaurants und Cafés umfunktioniert wurden. Oft handelt es sich um ehemalige Hauskapellen. Ebenso auffällig ist die hohe Zahl ro-

285 Baumburger Turm

286 Watmarkt

287 St. Jakob, Schottenportal

manischer und gotischer „Bauspolien", die als Biforen oder plastische Reliefs an Häuserfassaden sichtbar sind und sogar Assoziationen mit Venedig wecken. Dies alles stellt den beinahe „archäologischen" Wert des Hausbestandes in Regensburg dar. Andererseits wirken viele Häuser trocken-schwermütig, wenn nicht sogar abweisend (Foto 286). Diese Tatsache versucht der Dehio „Regensburg/Oberpfalz" von 1991 mit dem Satz „Regensburg ist keine Stadt ausgeprägter Fassaden" zu umschreiben. Eine graziöse, gefällige Architektur wie in Franken sucht man in Regensburg und der Oberpfalz vergebens. Dies hat mit der andersartigen Bautradition der Region zu tun, die der Architektur südlich der Alpen scheinbar näher steht als derjenigen im Norden. Vom „südländischen" Charakter Regensburgs ist oft zu hören. Allerdings bleibt dies widersprüchlich, da die vielen hohen Dachwerke der Altstadt und die Bedeutung der gotischen Dombauhütte von Regensburg im spätmittelalterlichen Reich denkbar weit von Italien und seiner Kunst entfernt sind. Zweckbauten wie Salz- und Amberger Stadel und „Leerer Beutel" oder Rathaus und eben der Dom sind auf der apenninischen Halbinsel einfach unvorstellbar.

Nach Abklingen der Römerzeit und den Zerstörungen durch die Alamannen war Regensburg kaum noch bevölkert. Die Bajuwaren treten im 6. Jahrhundert in Erscheinung. Im 8. Jahrhundert war die *urbs radaspona* eine in Stein gebaute Stadt mit hochragenden Türmen. Die Gründung eines Bistums erfolgte im Jahre 739 durch Bonifatius, dies wurde aber knapp 60 Jahre später dem Erzbistum Salzburg unterstellt. Karl der Große baute Regensburg zum fränkischen Herrschersitz aus. Im 12. Jahrhundert war Regensburg die mächtigste Stadt Süddeutschlands und zählte bereits um die Zehntausend Einwohner. 1245 wurde es Freie Reichsstadt. Das Patriziat setzte sich aus Fernhandelskaufleuten zusammen.

Die Zwietracht rivalisierender Geschlechter ließ den Handel zurückgehen, 1486 war Regensburg bankrott und ohnehin bereits deutlich von Nürnberg überflügelt. 1542 wurde Regensburg evangelisch – Bischof und Klöster blieben, waren aber von den Bürgern isoliert. Seit 1663 tagte in der

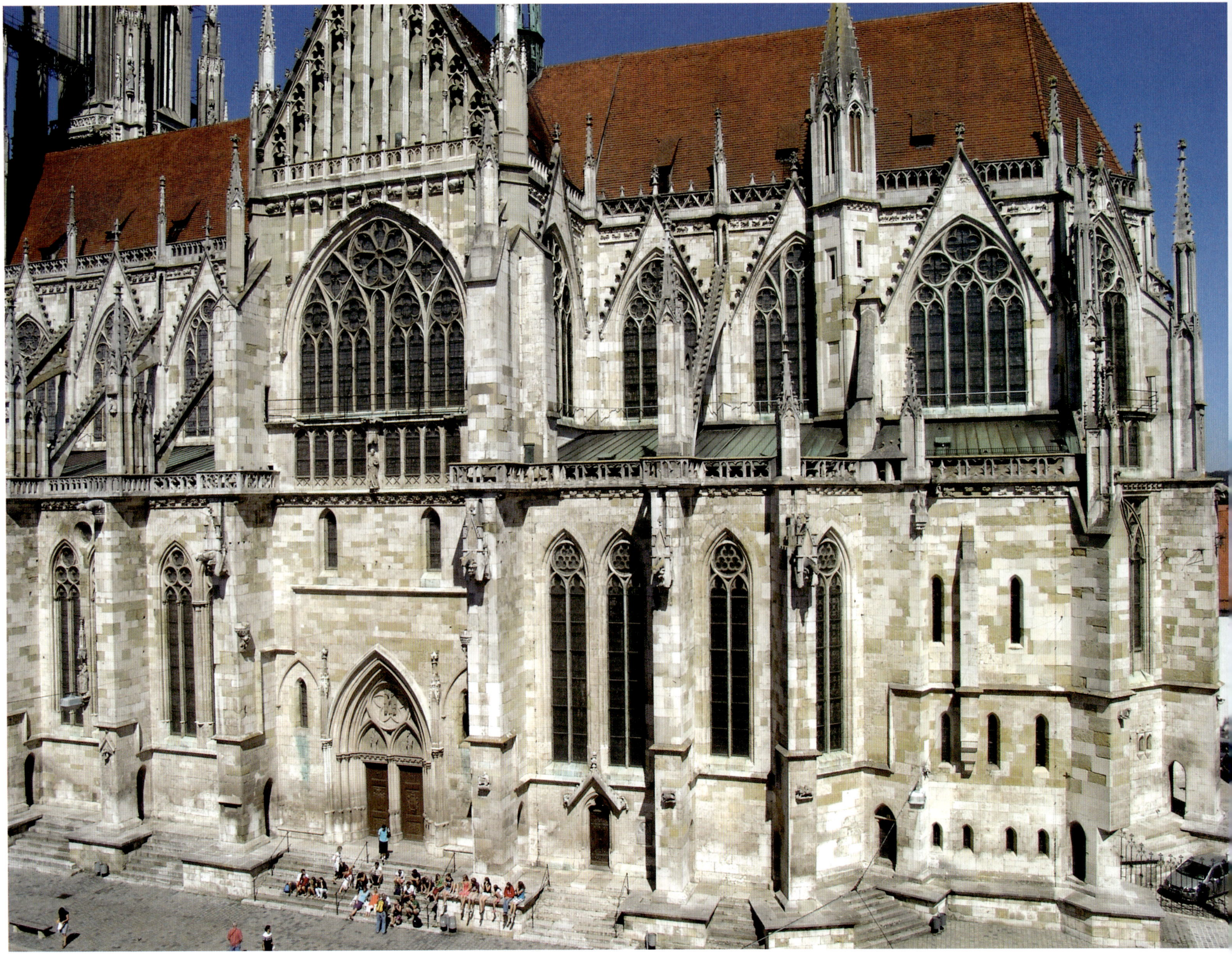

Stadt der „immerwährende" Reichstag. Das Rathaus wurde zu einer Art Parlament, der Prinzipalkommissar, der Fürst von Thurn und Taxis, wohnte seit 1784 in St. Emmeram – dem uralten Kloster, das man in der Folgezeit zu einem Schloss des Historismus überformte. Noch lange leuchtete der Ruhm Regensburgs nach, aber die Stadt hatte ihre einstige Bedeutung eingebüßt, was ihre Altstadt weitgehend vor ungunten Veränderungen verschonte. Jedoch ist sie heute nicht ganz frei von Bausünden: Kaufhauskomplex am Neupfarrplatz und Pustet-Passage (Rote-Hahnen-Gasse/Gesandtstraße), Parkhaus zwischen Dr.-Martin-Luther- und Dr.-Wunderle-Straße, Maximilianstraße.

Zu den Störfaktoren in der Altstadt gehört leider seit 2000 auch der Glasvorbau an der Schottenkirche St. Jakob, Werk eines renommierten Architekturbüros. Es ging darum, das herrliche romanische Nordportal aus dem späten 12. Jahrhundert zu schützen (Foto 287), man opferte damit allerdings das Außenbild des Sakralbaus. Das Portal selbst ist ein Meisterwerk mit einem komplexen, nicht endgültig geklärten ikonografischen Programm.

So ehrwürdig die romanischen Kirchen in dieser Stadt auch sind – die Allerheiligen- und Stephanskapelle am Domkreuzgang, St. Leonhard, die Abteikirche Prüfening, die nicht überformten Bereiche von St. Emmeram und Niedermünster, die höchst originelle spätromanisch-frühgotische Kirche St. Ulrich –, ist doch der Dom das wichtigste Denkmal in Regensburg (Foto 288). Als Ausnahme in der Gotik Deutschlands folgt der um 1290 in der jetzigen Gestalt begonnene Bau dem Vorbild der „klassischen" französischen Kathedrale mit voller Verstrebung. Das wie oft in Frankreich dunkle Innere hängt mit den satten Farben der Originalverglasung zusammen. Am Dom hat man bis ins 16. Jahrhundert gearbeitet, nur die Westfassade hat sich vom französischen Modell gelöst. Die Dombauhütte hat mit viel Disziplin die Sprache der Hochgotik kultiviert und in der Spätgotik Eigenständiges hervorgebracht. Insgesamt gesehen bleibt aber der Regensburger Dom aufgrund seiner französischen Art weniger zukunftsweisend als die nieder- und oberbayrische Spätgotik (Landshut, Ingolstadt, München). Der letzte bedeutende Baumeister am Dom war Wolfgang Roritzer, er stand in der zwischen Kaiser und dem Herzogtum Bayern hin und her gerissenen Stadt auf der Seite Bayerns: Der Kaiser ließ ihn deshalb 1514 enthaupten.

Die im 16. Jahrhundert unvollendet gebliebenen Domtürme wurden in pseudo-hochgotischer Formensprache 1859–69 ausgebaut.

Nicht nur der Dom, sein ganzer Bezirk ist von zum Teil wertvollster Bausubstanz belegt: Kreuzgang mit Mortuarium und den erwähnten Kapellen, Kapitelhaus, St. Michael, Bischofshof.

Seite 184:
288 Dom, Chor und Querhaus von Süd/Südost

289 Rathaus, Reichssaalbau von Ost

Von seiner historischen Bedeutung und vom Erhaltungszustand her ist das Rathaus ein herausragendes Denkmal für das ganze Land. Als Kern des Baukomplexes mit mehreren Innenhöfen sticht der Reichssaalbau hervor (Foto 289). Er datiert aus dem zweiten Viertel des 14. Jahrhunderts und wurde ursprünglich als Gehäuse für den großen Tanzsaal gebaut. Ein Standerker unterbricht das „Fensterband" des Festsaales, der nach vermehrter Inanspruchnahme für Reichs-Diäten (Vorläufer des Deutschen Parlaments) ab 1663 als fester Platz für den „Immerwährenden Reichstag" diente. Weitere gut erhaltene und sehenswerte Innenräume sind das Kurfürstenzimmer mit Nebenraum, das Reichsstädtische und das Fürstliche Kollegium sowie die makabre Fragstatt mit originalem Foltergerät.

Ein Brand im Jahre 1706 veranlasste die Errichtung eines neuen Rathausflügels rechts vom erhalten gebliebenen Rathausturm im „Mittelbau" aus dem 13. und 14. Jahrhundert. Er wird als „barockes Rathaus" bezeichnet. Vom Rathaus ist es nur ein Katzensprung bis zum dreieckigen Haidplatz (Foto 290), dem größten mittelalterlichen Platz der Stadt. Dominant ist hier die rosarote „Neue Waag" mit dem Turm aus der Zeit um 1300 und dem im späten 16. Jahrhundert umgestalteten Fassadentrakt. Links auf

290 Haidplatz nach Osten

dem Foto erkennt man die 1809 datierende Fassade des Thon-Dittmer-Palais, das wesentlich ältere Bauteile verbirgt und mit einem schönen Innenhof die Besucher grüßt. Weitere altehrwürdige Bauten am Haidplatz sind die sogenannte „Kaiserherberge" (Goldenes Kreuz) und das gotische Haus „Arch" (heute Hotel).

Es ist nicht möglich, in dieser kurzen Darstellung der Fülle Regensburger Denkmäler gerecht zu werden. Wegen des hohen Alters ist ein Besuch bei St. Emmeram zu empfehlen. Sein frühgotischer Kreuzgang befindet sich im Schloss Thurn und Taxis, das sonst nur wenig genuine Bausubstanz zeigt – es sei denn die historistische –, da die alte Klosteranlage leider weitgehend abgerissen wurde. Auf keinen Fall zu verpassen ist die Alte Kapelle am Kornmarkt, deren im Rokoko völlig umgestaltetes Inneres als spektakulär zu gelten hat.

PdlR

291 Kernstadt von Südost, in der Luftbildmitte von unten nach oben: Jesuitenkolleg, Kapellenkirche und Hl. Kreuz

ROTTWEIL

292 Engelgasse, Erkerreihe

293 Häuser Hauptstraße 27–29

294 Haus Lorenzgasse 21

Klein, aber stolz, die kompakte Kernstadt von Rottweil ergibt sich aus der weitgehend regelmäßigen Kreuzung zweier Hauptstraßen: der von Süd nach Nord bzw. von Ost nach West verlaufenden Hochbrück- und Hauptstraße (Foto 291). Dem quadratischen Umfang dieses Kerns ist im Westen der Triangel eines Waldvorortes vorgelagert – an dessen Vorderspitze ragt der kühne „Hochturm" empor. Die Stadt liegt auf einem schräg zu einer Neckarschleife hängenden Plateau, dabei steigt die Hauptstraße um 30 Meter in Richtung Hochturm. Die südliche Grenze markiert ein schluchtartiger Stadtgraben, seine Höhe überwindet die Hochbrücke.

Die sogenannte „Altstadt" von Rottweil liegt dagegen rechts des Neckars, etwa 800 Meter von der Kernstadt entfernt. Sie wuchs um die leider neuromanisch überformte Pelagiuskirche. Diese hier nicht weiter beschriebene Altstadt ging auf eine römische Siedlung zurück und wurde aufgegeben, um eine Neugründung mit „idealtypischem" Grundriss zu schaffen. Zwischen Alt- und Kernstadt befindet sich noch eine „Mittelstadt", in der es einen um 750 angelegten fränkischen Königshof gab. Aus ihm ging die Gerichtsstätte des Schwäbischen Herzogs hervor.

Die eigentliche Stadtgründung um 1140 soll durch den Staufer Konrad III. erfolgt worden sein. Die klare Gestalt der Kernstadt mit dem Achsenkreuz wird entweder auf die Art der Zähringer (Freiburg i. Br., Villingen, Kenzingen) oder auf praktisch/topografische Überlegungen vor

Ort zurückgeführt. Die Breite der Hauptstraßen täuscht, da sich mitten auf diesen Marktstraßen frei stehende Bauten befanden, so das Kauf-, das Kornhaus, die Herrenstube und die Metzig. Bedauerlicherweise wurden sie alle Anfang des 19. Jahrhundert abgerissen. Das Kornhaus war ein prächtiger, lang gestreckter Fachwerkbau in der Hochbrückstraße, der in der „Pürschgerichtskarte" von 1564 gut zu sehen ist. Kennt man diese Karte nicht, so lässt sich am heutigen Zustand der Kernstadt nichts vermissen!

Rottweil ist von großartiger Geschlossenheit: Alle Häuser wurden traufständig disponiert, die Dächer fielen deshalb so monumental aus, weil die Hausparzellen so sehr in die Tiefe gehen. Alle vier „Viertel" der Kernstadt sind recht klein, wenn auch in unterschiedlichem Maße. Eine Veränderung der mittelalterlichen Kleinparzellierung erfolgte erst im Barock im südöstlichen Viertel. Hier waren die Jesuiten die Ursache, da sie 1717–22 ihr Gymnasium neben der auf sie übertragenen Kapellenkirche bauten. Die Einführung längerer Gebäudeachsen in die kleinteilige Parzellierung

295 Panorama vom Hochturm aus: von links nach rechts: Hl.-Kreuz-Kirche, Schwarzes Tor und Kapellenturm

296 Kapellenkirche, Turm von Westen

ist aus der Luft sofort erkennbar. Dies entspricht eins zu eins, aber en miniature, was der Jesuitenorden ab dem späten 16. Jahrhundert mit der älteren Struktur großer Stadtzentren wie München tat. Die Enge des Straßenraums lässt das Gymnasium von Rottweil jedoch kaum in Erscheinung treten.

Außer der durchgehenden Traufdisposition der Häuser kommt die Wiederholung architektonischer Motive der Einheitlichkeit des Stadtbildes zugute: Es sind die zahlreichen Wand- und Eckerker aus Stein oder Holz, ein- bis dreigeschossig (Foto 292), schlicht bis üppig ausgestaltet, die für das reizvolle Bild der Kernstadt sorgen. Ebenso auch die Zwerchhäuser (Aufzugsluken) der Dächer, die manchmal halbiert an der Grenze zweier Nachbarn ein doppeltes „Häuschen" bilden (Foto 293).

Die meisten Häuser – ob Fachwerk- oder Massivbau – wurden verputzt. Die Substanz vieler Wohnhäuser ist erstaunlich alt. Fünfzig Gebäude stammen noch aus dem 14. und 15. Jahrhundert, zwei Häuser datieren gar in das 13. Jahrhundert. Ein urtümliches Beispiel ist das Haus in der Lorenzgasse Nr. 21 aus dem Jahre 1429 mit einer typischen Bohlenstube (Foto 294).

Vom Hochturm aus gesehen zeigt Rottweil seine charakteristisch spätmittelalterliche Silhouette (Foto 295) mit dem unsymmetrisch platzierten Turm der Heilig-Kreuz-Kirche, dem mit einem Pyramidendach endenden Schwarzen Tor und dem herrlichen Kapellenturm. Letzterer ist das unbestrittene Hauptwerk der Stadt (Foto 296). Der Turm entstand in zwei Phasen, die quadratischen Geschosse ca. 1330–64, die achteckigen nach 1473. Der Unterbau des an drei Seiten frei stehenden Turms stand unter dem erlesenen Einfluss des Straßburger Münsters, wenn auch mit Verzicht auf Strebepfeiler – an ihre Stelle wurden Treppenhäuser gebaut. Die Spätgotik brachte die unsymmetrische Anordnung der Treppen. „Dieser Turm ist mit vollem Bewusstsein seiner städtebaulichen Stellung im Bild der Straße gebaut worden. Er steht etwas zurückgerückt hinter die Straßenflucht des Marktes, doch so weit nach Osten, dass er das Stadtbild, vom Neckar gesehen, noch stolz überragt" (Karl Gruber). Nicht zuletzt die Qualität der Plastik der Kirchenportale hat zum Ruhm des Kapellenturms beigetragen. Der Baukörper der Kirche hinter dem Turm wurde unter den Jesuiten barockisiert.

Die größere Pfarrkirche (heute „Münster" genannt) zum Heiligen Kreuz entstand durch komplizierte Umbauten eines Vorgängerbaus zwischen dem 14. und dem frühen 16. Jahrhundert. Die Kirche ist als Architektur und in ihrer Ausstattung wertvoll, wenn auch für deutsche Verhältnisse extrem dunkel.

Rottweil konnte sich im 14. Jahrhundert zur freien Reichsstadt entwickeln. Bereits bei dem Aussterben der Zähringer im Jahre 1018 hatte das Reich die Stadt an sich gezogen. Aus der Sonderstellung Rottweils, das von 1463 bis 1802 ein Bündnis mit der Eidgenossenschaft der Schweiz hatte, erklären sich spezifische Verwandtschaften mit schweizerischen Stadtbildern, so beispielsweise die Art der öffentlichen Brunnen. Besonders originell ist der Marktbrunnen (Foto 297) mit seinem architektonischen Aufbau – er zeigt drei sich nach oben verjüngende, giebelbekrönte Ädikulae. Oben steht ein Eidgenosse mit dem städtischen Banner nach Art der Schweizer Fahnenhalterbrunnen. Das Bildprogramm basiert auf Augsburger Holzschnitten des Hans Burgkmair. Aber auch der Duktus des Christophorus-Brunnens ist deutschschweizerisch, während ein gotischer „Fialenbrunnen" wie der Grafen- oder Georgsbrunnen dem gesamtdeutschen Südwest-Raum gemeinsam ist.

Die Originale dieser Brunnenfiguren, aber auch die des Kapellenturms, sind in der Sammlung Lorenzkapelle, einer alten Friedhofskirche im Nordosten der Kernstadt, untergebracht. Dort befand sich früher auch die Skulpturensammlung, die 1838 von Johann Martin Dursch zusammengetragen wurde – eine der wichtigsten in Deutschland für spätmittelalterliche Schnitzkunst. Seit 1992 ist sie im Rottweiler Dominikanermuseum zu sehen, das ebenfalls der römischen Zeit gewidmet ist. Das

297 Marktbrunnen

Museum als Gebäude ist ein fragwürdiges Kind aus der Zeit der Postmoderne – in seiner eher versteckten Lage stört es jedoch das tradierte Stadtbild nicht.

Die Bedeutung Rottweils basiert also auf seiner städtebaulichen Leistung, Qualität und Alter seines profanen- und sakralen Baubestandes sowie seiner Skulpturensammlung. Es war sicher kein Zufall, dass 1952 Karl Gruber in seinem Buch „Die Gestalt der Deutschen Stadt" Rottweil ganze sieben Seiten widmete, bei Humpert und Schenk waren es im Jahre 2001 gar zwölf Seiten („Entdeckung der mittelalterlichen Stadtplanung").

PdlR

298 Luftbild von Süden. Unten die Marienkirche, darüber das Rathaus der Altstadt. In der Bildmitte die Mönchkirche, links daneben der Standort der Burg. Hinten: die Neustadt mit St. Katharinen

SALZWEDEL

In der Altmark, der historischen Landschaft im Norden Sachsen-Anhalts, haben die Städte ihre historischen Kernbereiche großenteils bewahren können. Dazu gehört das an der Elbe gelegene Tangermünde mit seinem berühmten Rathaus oder Stendal mit den hochbedeutenden Sakralbauten wie dem Dom St. Nikolai und der Marienkirche. Während die großen öffentlichen Bauten und Befestigungsanlagen dieser Städte als großartige Zeugnisse der mittelalterlichen Backsteinarchitektur glänzen, bestehen die historischen Wohnbauten zumeist aus Fachwerk.

Salzwedel liegt im Nordwesten der Altmark. Der Name dieser Stadt rührt von ihrer Lage an einer wichtigen Fernhandelsstraße her. Diese Salzstraße führte von Lüneburg nach Magdeburg und überquerte hier mit einer Furt das Flüsschen Jeetze. Solche Orte waren nicht nur für die Ansiedlung von Kaufleuten und Handwerkern prädestiniert, sie hatten auch stategische Bedeutung. So entstand in Salzwedel eine Burganlage, die vermutlich auf das 10. oder 11. Jahrhundert zurückgeht und 1112 anlässlich eines Aufenthalts Kaiser Heinrichs V. erstmals erwähnt wurde. In dieser Zeit befand sich der Ort noch an der Ostgrenze des damaligen Reiches: Die Altmark war eine Grenzregion zu den benachbarten, slawisch bevölkerten Regionen. Von der Niederungsburg, deren Grundriss noch deutlich im Nordwesten der Altstadt sichtbar ist, sind neben einem mächtigen Bergfried nur spärliche Mauerreste der einstigen Burgkapelle St. Anna erhalten. Vor der Burg entwickelte sich eine frühstädtische Siedlung, die ebenfalls 1112 erstmals in den Urkunden überliefert ist. Ihre erste Pfarrkirche, St. Nikolai, wurde 1797 abgetragen. Aus der Siedlung entwickelte sich die Altstadt, welche 1197 als Oppidum und 1233 mit Civitas beschrieben wurde. Das 13. Jahrhundert brachte schließlich das Stadtrecht und einen sichtbaren wirtschaftlichen Aufschwung. Letzterer führte dazu, dass im Norden der Altstadt 1247 von den Markgrafen Johann I. und Otto III. eine Neustadt gegründet wurde. 1263 wurden die beiden Teilstädte, deren Verwaltung man erst 1713 zusammenfasste, Mitglieder der Hanse.

Alt- und Neustadt besaßen eigenständige Befestigungsanlagen. Die Teilstädte sind noch deutlich ablesbar (Foto 298). Die Altstadt zeigt einen als gewachsen erscheinenden, rundlichen Grundriss. Ihre wichtigsten Straßen, die von Südosten kommende Altperver Straße und die in südliche Richtung verlaufende Neutorstraße, treffen sich vor dem spätgotischen, winkelförmigen Altstadtrathaus (Foto 299). Schräg gegenüber haben wir mit dem ehemaligen Münzgebäude ein weiteres Zeugnis profaner Backsteingotik vor Augen. Ausgeprägte Marktplätze besitzen weder Alt- noch Neustadt. In der Altstadt diente die Holzmarkt-

299 Rathaus der Altstadt, Ansicht von Südosten

300 Alte Münze, Nordfassade

301 Blick über den Hof der ehemaligen Propstei auf die Marienkirche

302 Haus Schmiedestraße 30 (links) mit Blick zum Marienkirchplatz

straße dem Markttreiben, sie führt vom Rathaus in Richtung der Neustadt. An der nahegelegenen Altperverstraße befindet sich der bemerkenswerte Backsteinbau der Alten Münze aus der Zeit um 1500 mit Fachwerkgiebel (Foto 300).

Am Südwestrand der Altstadt ist das schönste Gebäudeensemble Salzwedels zu bestaunen: die Pfarrkirche St. Marien (Foto 301) mit ihrem reizvollen Kirchplatz und der einstigen Propstei (Johann-Friedrich-Danneil-Museum) mit ihrer stattlichen Hofanlage. St. Marien wartet mit einer komplexen Baugeschichte auf: Aus einer ursprünglichen, romanischen Feldsteinkirche entstand im frühen 13. Jahrhundert eine Backsteinbasilika. Diese erweiterte man nach 1300 zu einer fünfschiffigen Hallenkirche und um 1340/50 mit einem schönen gotischen Chor, bevor im späten 14. Jahrhundert ein erneuter Umbau zu einer Basilika erfolgte. Nun entstanden auch die wundervollen Blendengiebel über den Seitenschiffen, die an stolze Häuserzeilen norddeutscher Hansestädte erinnern. Der mächtige Turm wurde völlig umbaut, sein runder Unterbau aus der Romanik steht im Kircheninneren weitgehend frei. Die 1496 vollendete, leicht verzogene und geradezu expressiv aufragende Turmspitze ist das Wahrzeichen der Stadt.

steinarchitektur mit einzigartigen Detailformen. Ein gewichtiges Wort in der Stadtsilhouette hat die ehemalige Franziskanerkirche, deren gewaltiger Blendengiebel und das hohe Dach die Umgebung beherrschen.

Der Grundriss der Neustadt lässt ihre planmäßige Entstehung deutlich erkennen. Eine Folge von parallelen Nord-Süd-Straßen wird von einer bestimmenden Querachse, der Neuperver Straße, durchschnitten. Abermals erhielt das Rathaus seinen Platz an der wichtigsten Straßenkreuzung, ohne dass ein eigentlicher Marktplatz angelegt wurde. Leider brannte der stattliche Renaissancebau des Neustädter Rat- und Gewandhauses 1895 ab, sodass lediglich der reizvolle Turm erhalten blieb. Auch in der Neustadt liegt die Pfarrkirche, St. Katharinen, an der Peripherie. Der stille, ganz im Norden gelegene Kirchplatz bietet ein weiteres Denkmalensemble, aus dem die ehemalige Lateinschule (um 1570) mit ihrem Treppenturm herausragt. Die Katharinenkirche (Foto 303) weist eine ähnliche Baugeschichte wie ihre ältere Schwester in der Altstadt auf. Auch hier prägen der aus der Dachfläche des Kirchenschiffs aufragende Turm, der auf den Ursprungsbau aus dem 13. Jahrhundert zurückgeht, sowie blenden-

303 Katharinenkirche von Südwest

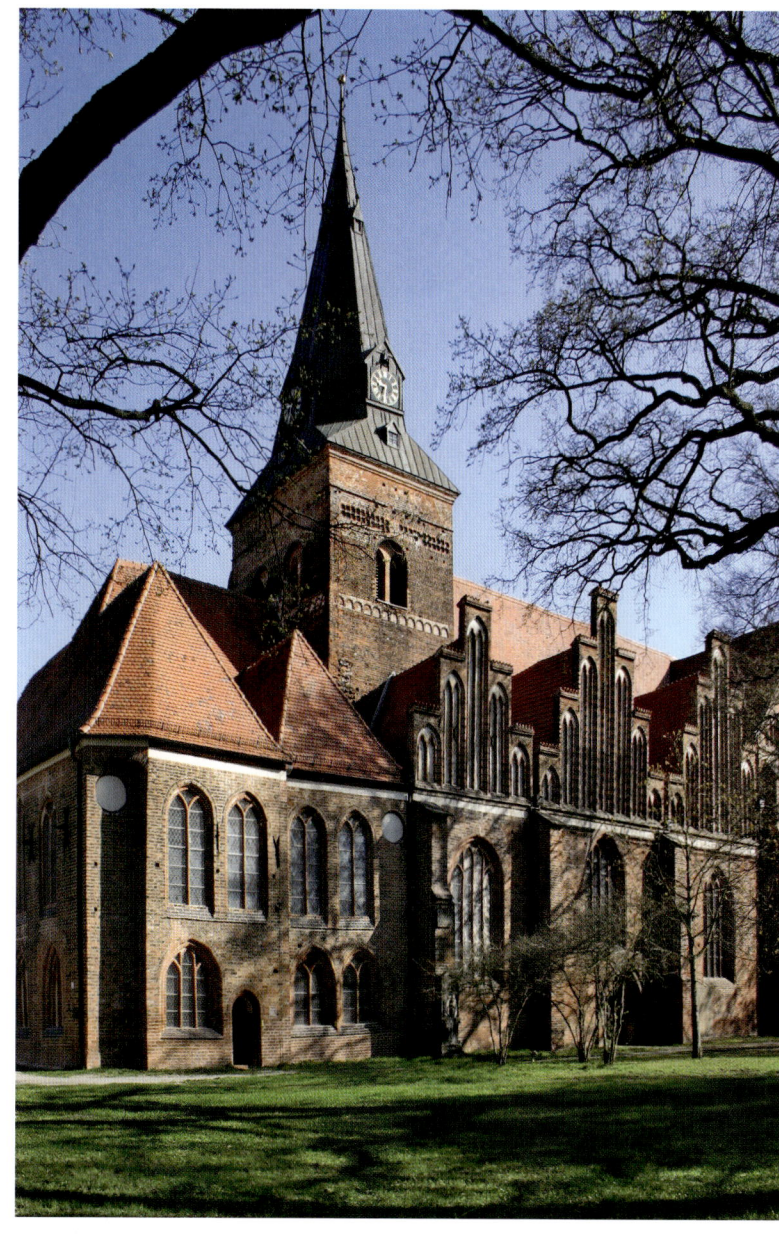

304 Blick von Süden in die Reichestraße

Um den Kirchplatz befinden sich reizvolle Fachwerkbauten, welche die Entwicklung dieser Bauweise vom mittelalterlichen Ständerbau in der Schmiedestraße 30 (Foto 302) über den stattlichen Renaissancebau der Propstei von 1578 mit ihrem Treppenturm der Barockzeit bis zu den schlichten, gut proportionierten Häusern des 18. Jahrhunderts aufzeigen. Ein wahres Kleinod der Fachwerkarchitektur ist der Bürgermeisterhof an der Burgstraße mit seinen spätmittelalterlichen und aus dem 16. Jahrhundert stammenden Speicherbauten. Zwei weitere Sakralbauten bereichern die Altstadt. Die um 1250 errichtete Lorenzkirche ist ein seltenes Zeugnis frühgotischer Back-

305 Neuperver Torturm, Stadtseite

306 Steintorturm, Stadtseite

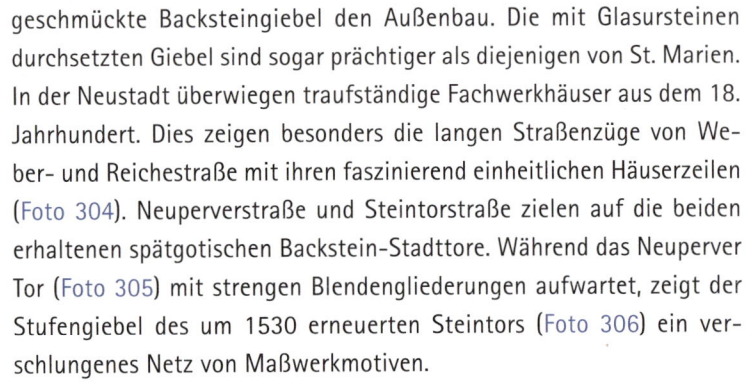

geschmückte Backsteingiebel den Außenbau. Die mit Glasursteinen durchsetzten Giebel sind sogar prächtiger als diejenigen von St. Marien. In der Neustadt überwiegen traufständige Fachwerkhäuser aus dem 18. Jahrhundert. Dies zeigen besonders die langen Straßenzüge von Weber- und Reichestraße mit ihren faszinierend einheitlichen Häuserzeilen (Foto 304). Neuperverstraße und Steintorstraße zielen auf die beiden erhaltenen spätgotischen Backstein-Stadttore. Während das Neuperver Tor (Foto 305) mit strengen Blendengliederungen aufwartet, zeigt der Stufengiebel des um 1530 erneuerten Steintors (Foto 306) ein verschlungenes Netz von Maßwerkmotiven.

Der aus Alt- und Neustadt bestehende und daher entsprechend ausgedehnte historische Stadtkern Salzwedels ist ein vorzügliches Beispiel für eine im Binnenland gelegene Hansestadt. Die Architektur lebt von den Einflüssen aus dem eng benachbarten Niedersachsen und der Küstenstädte. Die beiden Stadtpfarrkirchen sind in ihrer Baugeschichte und Gestalt jedoch durchaus einmalig.

EA

Seite 197:
307 SCHLESWIG, Luftbild von Süden mit
Dom, Rathausmarkt (Mitte rechts)
und Holm (unten rechts)

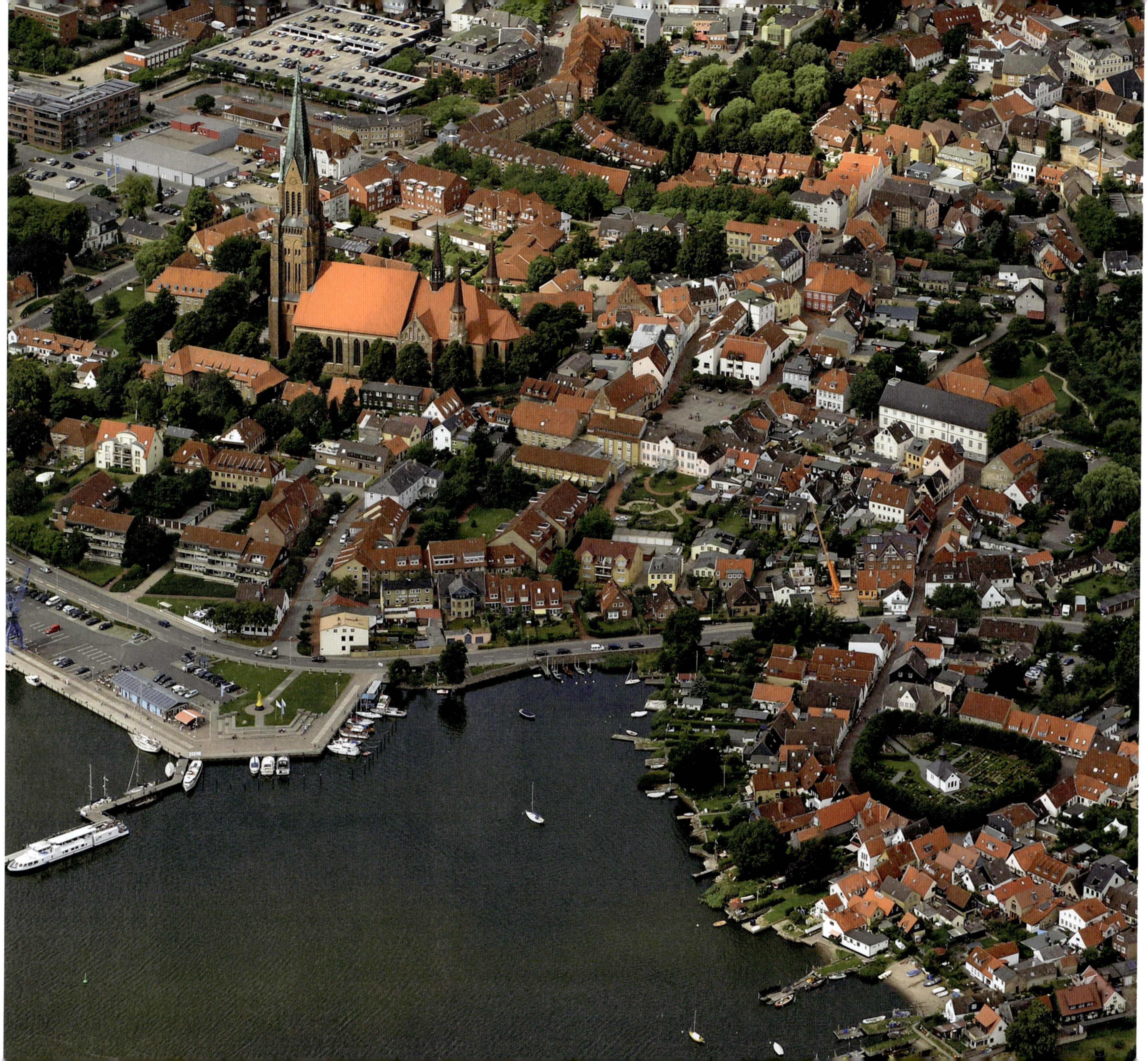

SCHLESWIG

Schleswig ist der nördlichste der in dieser Publikation beschriebenen Orte. Diese kleine, aber historisch bedeutende Stadt liegt am westlichen Ende der Schlei, einem 42 Kilometer langen Meeresarm der Ostsee. Man kann bei einem Besuch Schleswigs auf den Gedanken kommen, schon in Skandinavien zu weilen. In der Tat gehörte Schleswig über lange Zeiträume zu Dänemark. Nur wenige Kilometer von Schleswig entfernt befindet sich, an der Südseite der Schlei, eine der bedeutendsten archäologischen Stätten des Nordens: Haithabu, die berühmte Handelsmetropole der Wikinger. Sie entstand im 8. Jahrhundert und hatte ihre Blütezeit im 9. und 10. Jahrhundert. Die Lage am kürzesten Landweg zwischen Nord- und Ostsee und an einer wichtigen Nord-Süd-Verbindung, dem Ochsenweg, war prädestiniert für einen Handelsplatz. Er wurde in den fränkischen Annalen erstmals 804 als „Sliasthorp" erwähnt, er bedeutet: Dorf an der Schlei. Eine andere Bezeichnung für die Siedlung war damals auch „Sliaswich". Unter Otto dem Großen gründete hier Erzbischof Adaldag von Bremen-Hamburg um 947/48 ein neues Bistum.

Nachdem Haithabu während eines Slawenaufstands im Jahr 1066 zerstört worden war, begann nördlich der Schlei die Geschichte der heutigen Stadt Schleswig. Die nach und nach entstandenen historischen Ortsteile bilden ein weiträumiges Geflecht: Die Altstadt mit dem Dom als Kern (Foto 307), daran schließen im Südosten die Fischersiedlung Holm und im Norden die Gallberg-Vorstadt vor dem einstigen Hohen Tor (Neustadt) an. Beide gehen auf die mittelalterliche Stadtentwicklung zurück. In der Vorstadt wiederum zweigt nach Westen hin der Weg zum Schloss Gottorf ab, welcher über die Straßensiedlung Lollfuß führt. Seit dem späten 16. Jahrhundert kam die Siedlung Friedrichsberg hinzu, die 1582 über den Gottorfer Damm mit dem Schlossbezirk verbunden werden konnte. Die unterschiedlichen Ortsteile wurden erst 1711 zu einer Stadtgemeinde zusammengeschlossen. Die Nähe zu Skandinavien, zu Dänemark,

308 Dom von Nordost

309 Kalandhaus, Giebelfassade

310 Günderothscher Hof, Hauptgebäude

besteht noch aus Granit. In den Jahrzehnten um 1250 erfolgte ein groß angelegter Umbau zu einer Gewölbebasilika. Ab 1275 entstand ein neuer, dreischiffiger Hallenchor. Die letzten großen mittelalterlichen Baumaßnahmen dienten der Umwandlung des Langhauses in eine Halle (ab 1408) und dem Bau der Sakristei in der 2. Hälfte des 15. Jahrhunderts. Der Westturm entstand 1888–94 nach Plänen des Berliner Neugotikers Friedrich Adler. Solche Turmneubauten gehörten damals zum „Standardprogramm" und schufen eine gewisse Nivellierung in der Fernsicht bis dahin unvollendeter oder zu wenig repräsentativ erscheinender Turmbauten (Schweriner Dom, St. Nicolai zu Lüneburg). Das Innere ist geprägt von hochbusigen Wölbungen im Mittelschiff, einem der wenigen erhaltenen Lettner und von einer ungemein reichen Ausstattung. Eines der ganz großen Kunstwerke der Spätgotik ist der

311 Prinzenpalais, Ehrenhof

prägte die an Konflikten reiche Geschichte der Stadt. Als Residenz der (dänischen) Herzöge von Schleswig ging ihr Name auch auf das Land über. Ab 1340 gehörte Schleswig zur Herrschaft der Schauenburger Grafen. 1459 fiel es wieder an Dänemark. Von 1544 bis 1713 regierten auf Schloss Gottorf die Herzöge von Holstein-Gottorf und schufen hier eine der prachtvollsten Residenzen des Nordens. Nach dem Nordischen Krieg gehörte Schleswig, ab 1721, wieder zum Königreich Dänemark, bevor es nach dem Deutsch-Dänischen Krieg 1865/66 an Preußen kam.

Aufgrund der Topografie Schleswigs sind seine Hauptbaudenkmäler, der Dom und Schloss Gottorf, mehrere Kilometer voneinander entfernt. Als Höhendominanten der Stadt treten der neugotische Domturm und ein schon zur Bauzeit (1970–73) hoch umstrittenes Appartement-Hochhaus am südlichen Schleiufer in Erscheinung. Der Dom St. Peter kann als ehrwürdigster Sakralbau im Landesteil Schleswig gelten (Foto 308). Seine baulichen Ursprünge liegen im frühen 12. Jahrhundert, die Ersterwähnung des hochromanischen Vorgängerbaus geht auf 1134 zurück. Reste der ursprünglichen, flach gedeckten Basilika aus Granitquadern und Tuffstein sind im Langhaus erhalten. Aus dem späten 12. Jahrhundert stammt das Querhaus. Hier ist zu beobachten, wie die mittelalterlichen Bauleute zur Backsteinarchitektur übergingen. Das schöne Säulenportal am Südgiebel

312 Luftaufnahme von Schloss Gottorf mit dem Neuwerkgarten

Bordesholmer Altar, der bereits 1666 aus dem gleichnamigen Kloster nach Schleswig kam. Die kuppelartigen, achtteiligen Gewölbe im Mittelschiff verweisen auf westfälische Bauten und kommen auch in dänischen Domkirchen wie Ribe vor. Hervorragend ist der um 1310/20 entstandene, hier als „Schwahl" bezeichnete Kreuzgang mit seinen bauzeitlichen Gewölbemalereien.

In der locker umbauten Umgebung des Doms befinden sich Kurien und Adelshöfe. Davon zeugen das barocke Königsteinsche Palais und der Hattenhof aus dem 17. Jahrhundert. Die Bürgerhäuser in der Altstadt präsentieren sich fast ausschließlich als schlichte, frühneuzeitliche Backsteinbauten. Sie sind zumeist zwei-, in den Nebenstraßen sogar nur eingeschossig. Die in der Regel mit Putzschlämme versehenen Backsteinhäuser sind überwiegend traufständig und fügen sich in einer eher lockeren Bebauung zu reizvollen Ensembles. Die schönsten Bürgerbauten stehen allerdings in der Neustadt. Als einziger Profanbau des Mittelalters im Stadtkern zeigt sich das Kalandhaus, das einen (1928 rekonstruierten) gotischen Staffelgiebel aufweist (Foto 309).

Die großartigen Kaufmannshäuser der Hansestädte wie Lüneburg, Lübeck oder Stralsund sucht man in Schleswig vergeblich. War die Stadt noch im 12. Jahrhundert ein bevorzugter Handelsplatz, änderte sich dies im 13. vor allem zugunsten von Lübeck. Es blieben der Bischofssitz und die Herzogsresidenz. Nach der Reformation büßte Schleswig einen großen Teil seiner sakralen Architekturschätze ein, so drei Pfarrkirchen, das Dominikanerkloster und die Kirche des Franziskanerklosters. Die Klausurgebäude dieses „Grauen Klosters" blieben erhalten. Am ehemaligen Standort der Kirche erhebt sich heute das 1794 neu errichtete Rathaus. In seiner Gesamtheit ist noch das einstige Benediktinerinnenkloster St. Johannis zu erleben. Seine einschiffige Klosterkirche gründet noch im 12. Jahrhundert, während die erhaltene Klausur im Spätmittelalter entstand. Das heutige Damenstift setzt den östlichen Endpunkt der hübschen Fischersiedlung mit ihren kleinen, aber feinen Wohnhäusern auf dem Holm (dänisch: kleine Insel).

Repräsentative Adelshöfe befinden sich am Friedrichsberg, einer im 17. Jahrhundert entstandenen Siedlung für Hofbeamte und -bedienstete. Dazu gehören der Günderothsche Hof an der Friedrichstraße (Haupthaus von 1634–41, Foto 310) und das barocke Prinzenpalais (Foto 311, heute Landesarchiv). Letzteres wurde 1702–11 als elegante Dreiflügelanlage errichtet und ähnelt den Gutshäusern der ländlichen Umgebung.

Große Architektur bietet das im Westen der Innenstadt gelegene Schloss Gottorf (Foto 312). Im Jahr 1268 wurde sein Vorgängerbau, eine mittelalterliche Wasserburg, vom Bischofssitz zur Herzogsresidenz umgebaut. Trotz mehrfacher Belagerungen blieb die Burganlage prägend auch für den späteren Schlossbau. Dessen große Zeit begann 1544, damals erhob Herzog Adolf von Holstein-Gottorf das Schloss zur Hauptresidenz. In mehreren Bauetappen wurde sie im Verlauf des 16. Jahrhunderts zu einer stattlichen Vierflügelanlage der Renaissance gestaltet. Das Ganze entstand auf einer mächtigen Bastionsinsel. An die einstige Burg erinnert noch der Schlachterturm an der Nordwestecke. Besonders eindrucksvoll erscheint die bereits um 1530 in Back- und Werkstein errichtete Hoffront des Westflügels („Neues Haus"). Großartige Baukunst, die noch in den Traditionen der nordischen Spätgotik wurzelt und mit qualitätsvollen Dekorationen der Frührenaissance bereichert ist. Die 1978–85 erfolgte Rekonstruktion des prächtigen Erkers (Laterne, 1871 durch Explosion zerstört) kann man nur begrüßen, die einstige Dachlandschaft mit vier parallelen Satteldächern ist jedoch verloren. Auch die Giebelzier der Zwerchhäuser über dem Nordflügel (1565–90) fehlt heute. Prägend für Schloss Gottorf ist der lang gestreckte, gewaltige Südflügel (Foto 313), an dessen barockem Neubau (1698–1703) auch der berühmte schwedische Baumeister Nikodemus Tessin beteiligt war. Er birgt noch die um 1500 entstandene Gotische Halle. Neben der 1590 geschaffenen Kapelle mit ihrer überreichen Ausstattung aus der Renaissancezeit wartet die einstige Residenz mit weiteren Prunkräumen besonders des 17. Jahrhunderts auf. Abgerundet wird die Schlossanlage durch den erst zur Landesgartenschau 2008 rekonstruierten Neuwerkgarten. Dieser ab 1637 angelegte Terrassengarten gilt als frühester seiner Art nördlich der Alpen und lockt die Besucher nicht nur mit erlesener Freiraumgestaltung, sondern auch mit einer Kopie des berühmten Gottorfer Riesenglobus.

EA

313 Schloss Gottorf, Südflügel

314 Altstadt von Südwest, in der Mitte das Heilig-Kreuz-Münster

SCHWÄBISCH GMÜND

Auch die Parzellierung mit ihrer additiven Summe einzelner – ursprünglich giebelständiger – Häuser ist mittelalterlich. Veränderungen im sakralen Baubestand ergaben sich durch die bereits im Außenbild erkennbare Barockisierung der Kirchen – bis auf Heilig-Kreuz-Münster und die leider arg „reromanisierte" Kirche St. Johannis. Veränderungen im Baubestand gab es auch im Barock, sodass das Stadtbild heute von einem Abwechseln spätmittelalterlicher Fachwerkhäuser und massiver (oder verputzter) Barockhäuser geprägt ist. Die Barockisierungen in der Kernstadt gehen im Wesentlichen auf den Baumeister Johann Michael Keller zurück. Am Markt sind die

315 Heilig-Kreuz-Münster, Ostansicht

316 St. Johanniskirche, Turm mit buntem Helm

317 Marktplatz mit Marienbrunnen, links das Rathaus

Das Ende des 13. Jahrhunderts in den Stand einer Freien Reichsstadt erhobene Gmünd in Schwaben konnte seinen mittelalterlichen Grundcharakter bis heute bewahren. Dies verrät das Luftbild deutlich (Foto 314), auf dem insgesamt fünf geostete kirchliche Baukörper zu sehen sind, von links nach rechts: Augustinerkirche, Predigerkirche, Heilig-Kreuz-Münster, St. Johannis und, am rechten Fotorand, St. Franziskus.

Hausveränderungen typologisch von Giebel- zu Traufenhäusern bzw. von Sattel- zu Mansardendächern erfolgt.

Zahlreiches Fachwerk schlummert unter einer Putzschicht, was im Falle von Gmünd eine Verarmung des Stadtbildes bewirkt, da die Kernstadt selbst – so reizvoll ihre Umgebung auch ist – weder von der Topografie noch vom Grundriss her besonders favorisiert ist. So beruht ihre Wirkung vorwiegend auf der Architektur, ganz anders als bei der Schwesterstadt Schwäbisch Hall. Die Kernstadt ist auch nicht frei von Bausünden, allen voran die Kreissparkasse an der Ecke Hospital- und Kappelgasse.

318 Fruchtschranne, Kornhausstraße 14

319 Fünfknopfturm

In karolingischer Zeit befand sich in Gmünd eine Niederlassung, die in der Längsachse dem Marktplatz entsprach und sich bis zum Johannis- und Münsterplatz ausdehnte.

Der international anerkannte kunsthistorische Ruhm Gmünds basiert unilateral auf dem Bau des Heilig-Kreuz-Münsters, von dem ein wesentlicher Impuls bei der Ausformung der Spätgotik ausging (Foto 315). Diese Inkunabel der Familie Parler – Vater Heinrich und Sohn Peter – wurde nach 1330 als Hallenkirche umgeplant. Die Grundsteinlegung des besonders zukunftsweisenden Chors erfolgte 1351, er wurde 1410 geweiht.

Die Kirche sah ursprünglich anders aus, da 1497 das Chorflankenturmpaar einstürzte. Die bewundernswerte Kompaktheit des Bauvolumens ist nicht zuletzt Resultat dieses Unglücks. Bei der Ostansicht des Chores denkt man an einen Zentralbau (verwandt etwa mit dem gotischen Zustand von Kloster Ettal). Sowohl der Raum an sich wie zahlreiche Details wurden hier bahnbrechend und qualitativ hervorragend erarbeitet. Der Chor von Sankt Lorenz in Nürnberg ist ohne das Gmünder Vorbild undenkbar. Das Können des Peter Parler soll sehr überzeugend gewesen sein, was auch erklärt, warum Kaiser Karl IV. ihn nach Prag zum Weiterbau der Domkirche holte – nach einer nicht urkundlich belegten, aber wahrscheinlichen Kurtätigkeit in Nürnberg. Der Veitsdom zu Prag ist ein ultimativ revolutionärer Bau in der Geschichte der Gotik, von dem Gmündner Peter Parler geschaffen!

Im Inneren von Heilig-Kreuz fällt dem Laien besonders das unglaublich engmaschige Rippennetz im Chorgewölbe auf, das als Werk von Aberlin Jörg gilt.

Dass das „Exportgut Spätgotik" aus Gmünd gefragt war, belegt zusätzlich das äußerst feine, 1467–80 erstellte Steinretabel im Hauptchor der Seo in Zaragoza, Spanien, ein Werk des gebürtigen Gmündners Hans Peter Danzer.

Ein mit der Kirche nicht verbundener, massiger Glockenturm steht vor der Nordflanke des Chors.

Bei der benachbarten Johanniskirche ist wenig im Urzustand geblieben. Schon in der Gotik verändert, wurde sie barock weiter überformt und vor allem im Historismus, wie bereits gesagt, frei reromanisiert. Das Innere ist stark vom „frommen" Geist des 19. Jahrhunderts geprägt. Es handelt sich um die einzige Kirche Gmünds, die einen Turm hat (Foto 316). Auch stark erneuert, zeigt der Helm die im Spätmittelalter geliebten Buntdachziegel, die im deutschen Südwesten und in Burgund wohl am meisten verbreitet waren.

Auf dem Marktplatz steht der Marienbrunnen als deutliches Zeichen der katholischen Stadt (Foto 317). Immerhin war Gmünd eine der wenigen Reichsstädte, die sich kompromisslos gegen die Reformation wandten. Rathaus und Moher'sches Haus sind am Markt schöne Beispiele des Spätbarock.

Südlich vom Markt steht noch die 1507 in Eichenholz verzimmerte „Fruchtschranne" (Foto 318), ein stattliches Kornhaus, das seit 2006 die Kunstverein-Galerie beherbergt. Solche Nutzbauten sind fester Bestandteil des süddeutschen Stadtbildes im Spätmittelalter, sie besitzen einen hohen architektonischen Wert.

Von der Stadtbefestigung aus dem 14. und 15. Jahrhundert sind noch sechs Türme vorhanden: Im Süden überragt der Königsturm, eine hohe Warte. Ein besonderer Turm ist aber der sogenannte „Fünfknopfturm" aus der zweiten Hälfte des 15. Jahrhunderts (Foto 319). Der Name bezieht sich auf die Knäufe über Dach, Glöcklein und drei Scharwachttürmchen. Der Rumpf des Turmes ist pentagonal, mit der Spitze nach vorne, für seine Zeit einer moderneren Verteidigung angepasst. Die Buckelquader sind wohl Anspielung auf die Eigenschaft Gmünds als Reichsstadt.

Alle Stadttürme Gmünds haben eine respektable Höhe, dies gibt auch der Lageplan des Jäger von Jägerberg von 1700 in übertriebener Weise wieder. Wenn man sich der Stadt von Osten nähert (über die Bundesstraße 298), steht am Ende der neuen Einfahrtsituation der hohe Schmiedturm, perspektivisch auf einer Linie gereiht mit der nachgotischen Herrgottsruhkapelle von 1622 und der Friedhofskapelle Sankt Leonhard (14./18. Jahrhundert, Foto 320).

PdlR

320 Herrgottskapelle, St. Leonhard und im Hintergrund Schmiedturm

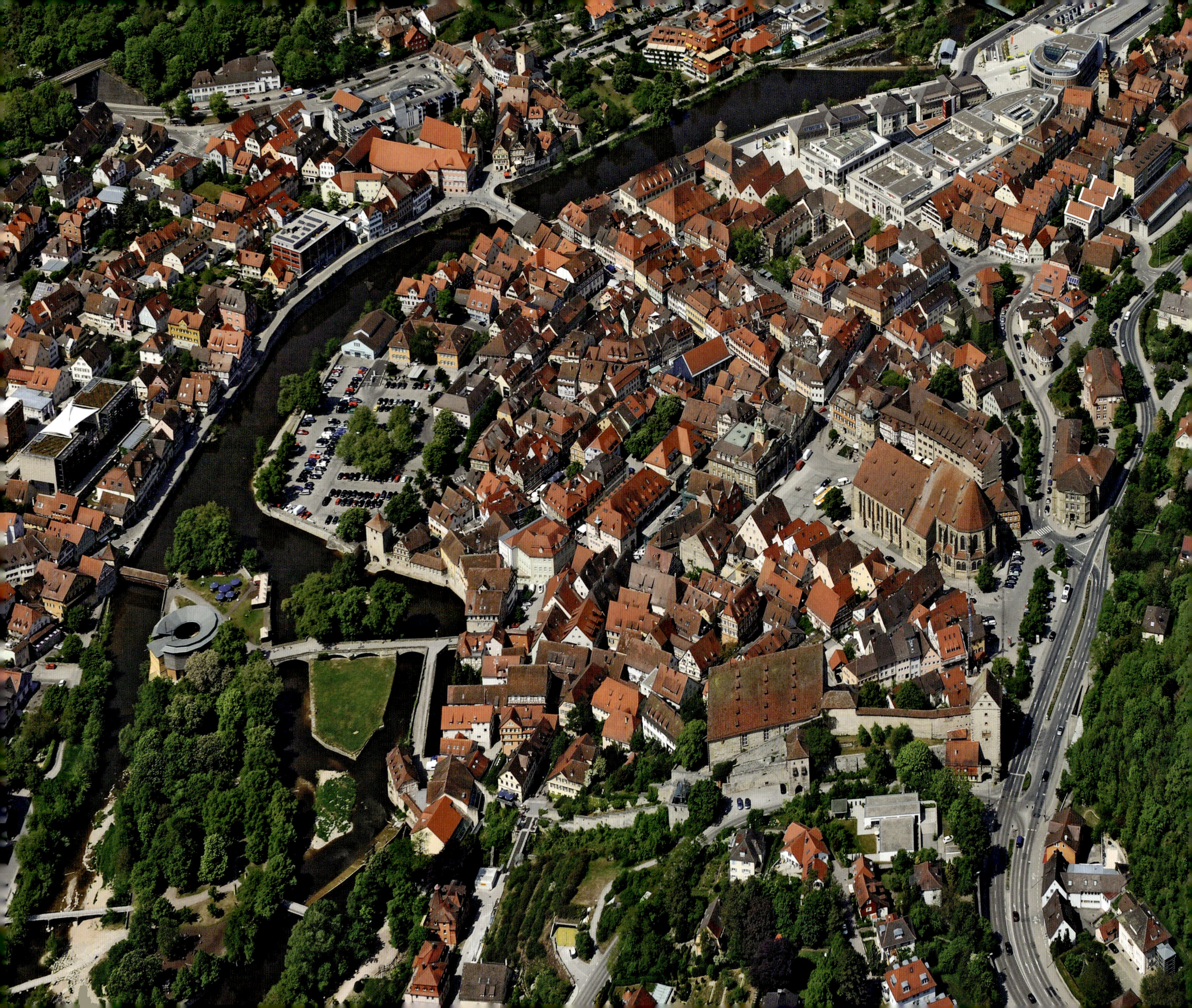

SCHWÄBISCH HALL

Schwäbisch Hall ist eine mittelalterlich geprägte Stadt, die als sensationell zu bezeichnen ist (Foto 321). Ohne jeglichen architekturtheoretischen Anspruch entstand hier gemäß Besitz-, Funktions- und topografischen Verhältnissen nicht nur ein meisterhafter Stadtgrundriss, sondern eine Gruppe von Bauten von hohem ästhetischem Anspruch, die mit größtem Geschick zu einem Ganzen komponiert wurden. Es verblüfft, mit welchem sicheren Instinkt mehrere Generationen daran gearbeitet haben und gar aus Rückschlägen wie verheerenden Bränden das Beste für das Stadtbild herausholten. Bestimmt ist Hall kein Einzelfall in Deutschland, aber das Besondere der hier erreichten Qualität ist unleugbar. Auch punktuelle Gebäude der Moderne seit den 1970er-Jahren sind eher Bereicherung als Störung des Ensembles, was in einer historischen Stadt wohl als Ausnahme gelten kann.

Wie schon der Name „Hall" suggeriert, gab es hier Salz – die Grundlage des mittelalterlichen Stadtreichtums. Zur Unterscheidung etwa von anderen, auch nach den eigenen Salinen benannten Orten wie Hall in Tirol oder Halle (an der Saale), nennt sich die Stadt Schwäbisch Hall. Auch Weinhandel und Münzprägung (Haller Pfennige = Heller) trugen zum Wohl der Stadt bei.

Seite 206:
321 Luftbild von Südost

322 Oben: Wohnhaus Lange Straße 49

323 Links: Kocherbebauung der Katharinenvorstadt

324 Marktplatz Nordseite

325 Sankt Michael mit der großen Kegeltreppe

Nach dem Ende der Stauferzeit erlangte Hall den Status einer unabhängigen Reichsstadt. Die Saline, das alte „Haal", befand sich just unter dem heutigen Parkplatz, der auf der linken Hälfte des Luftbildes bei der Gabelung des Kochers zu sehen ist. Hier befinden sich auch konsequenterweise Sulferturm und Sulfersteg, eine gedeckte Holzbrücke. Die benachbarte steinerne Brücke führt heute zu „The Globe", einem zentralen hölzernen Theaterbau aus dem Jahre 2000, der das Londoner Gegenstück frei paraphrasiert.

Am unteren Luftbildrand ist noch die abgetreppte Stadtmauer zu sehen, die bis zum Langenfelder Tor steigt – sie lässt das trapezförmige Büchsenhaus von 1533 mit seinem stadtbildprägenden fünf Stockwerke hohen Dach direkt hinter sich. Östlich der großen Kirche Sankt Michael ist kein Mauerzug mehr erhalten. Hier verläuft die Landstraße 2218. Von den Achsen der Altstadt ist am deutlichsten die Neue Straße und deren Verlängerung durch die wiederherge-

Die Katharinenvorstadt ist reich an Häusern, die über 600 Jahre alt sind. Sie gehören zu den ältesten erhaltenen Beispielen des Landes (Foto 322). Die Bebauung am Ufer des Kochers ist in diesem Viertel ebenfalls reizvoll (Foto 323). Sehr alte, wertvolle Bausubstanz findet sich auch südlich von Sankt Michael in der Altstadt, einschließlich der Gebäudegruppe des Hällisch-Fränkischen Museums.

Höhepunkt des mittelalterlichen Städtebaus ist der Marktplatz (Foto 324). Die ursprüngliche Substruktion, die dem Höhenunterschied zwischen Markt und St. Michael entsprach und sie trennte, wurde 1507 abgebrochen. An ihrer Stelle entstand eine großartige Kegeltreppe, eine der europaweit wichtigsten städtebaulichen Interventionen der Spätgotik, die die wesentlich spätere Entwicklung des Barock vorwegnimmt. In nichts steht diese Treppe der von Erfurt nach. Ursprünglich hatte sie 42 Stufen,

326 Marktplatz, Fischbrunnen und Pranger

327 Rathaus von Südwest (Rückfassade)

stellte Henkersbrücke von 1502 zu erkennen. Herz der Stadt ist der nach Westen abfallende Marktplatz: Rathaus und Sankt Michael stehen sich vis-à-vis. An der Stelle des barocken Rathauses standen im Mittelalter Kloster und Kirche Sankt Jakob. Der Bereich westlich der Freitreppe von Sankt Michael bis zum Kocher brannte 1728 ab, wurde jedoch traditionsbewusst in kleinteiliger Parzellierung wiederaufgebaut. Der südliche Teil der Gelbinger Vorstadt (rechts oben auf dem Luftbild) brannte bereits 48 Jahre früher ab und wurde wie später die Kernstadt traditionell rekonstruiert. Auf dem gegenüberliegenden Ufer des Kochers finden sich „Weiler-" und „Katharinenvorstadt". Hier baute Henning Larsen 2001 die „Kunsthalle Würth", zu erkennen am linken Bildrand. Von der sonnengeschützten Terrasse zwischen den beiden Baukörpern bietet sich ein unvergesslicher Blick auf die gestaffelte Altstadt.

heute sind es 53. Sie ist etwa 50 Meter breit und überspringt 9 Meter Höhe. Die Michaelskirche selbst ist ein spätgotischer Bau von 1427–56. Ihr romanischer Turm aus dem 12. Jahrhundert blieb trotz eines Erweiterungsplans erhalten (Foto 325). Der zwischen 1495 und 1516 errichtete Chor stellt ein Meisterwerk der Spätgotik dar und erinnert nicht zuletzt an die herrliche Lorenzkirche zu Nürnberg. In St. Michael sind ebenfalls erstklassige Kunstwerke zu bestaunen, allen voran der große Gekreuzigte von Michael Erhart aus dem Jahre 1494. Nord- und Südseite des Marktes zeigen unterschiedliche Architekturen. Während die Südwand stattliche Fachwerkhäuser zeigt, sind bei der Nordwand die massiv gebauten Häuser nach dem Brand von 1728 neu entstanden, während der „Adler" noch ein Teil des Fachwerks von 1586 mit seinem stark vorkragenden Erker zeigt. Zwischen den 1730 und 1732 barock errichteten Häusern blieb jedoch der Fischbrunnen von 1509 stehen (Foto 326), der zusammen mit dem fialenförmigen Bühnenpranger entstand. Das höchst originelle Werk schuf der Bildhauer Hans Beuscher, das Brunnenbecken wurde zwischen Barock und Klassizismus erneuert. Gegenüber der Kirchennordseite steht das Büschlerhaus, ein steinerner Adelshof, der 1972 von Walter Luz gelungen um- und ausgebaut wurde.

Die mittlere Westseite des Markts nimmt das als Freikörper stehende Rathaus ein (Foto 327). Es überwindet den Höhenunterschied des abfallenden Terrains mit charaktervollem Bauvolumen und feiner Fassadengliederung, die an Flanken und Rückseite geradezu an die Stadtpaläste in Bern erinnert.

Wer über die Markstraße seine Schritte in Richtung Gelbinger Gasse lenkt, wird dort mit schönen Architekturen belohnt, so der Josenturm mit einem kurz nach 1680 gezimmerten Fachwerkaufsatz (Foto 328) und vielerlei Fachwerkhäuser, darunter das reich gestaltete Gräterhaus von 1606 (Foto 329). Diesem gegenüber stehen das vorzügliche, in Backstein verkleidete Landratsamt von 1978–81 und seine Treppe mit den bemerkenswerten, humorvollen Bronzefiguren von Karl-Henning Seemann.

Außer den hier nicht näher zu erwähnenden weiteren Kunstschätzen von Kernstadt und alten Vorstädten Halls ist eine Erwähnung von Groß- und Kleinkomburg obligatorisch. Sie erheben sich südöstlich vor den Toren der Stadt: Die Großkomburg sieht wie eine riesige Kirchenburg aus, und tatsächlich wurde hier eine ältere Burganlage schon vor 1078 in ein Benediktinerkloster umgewandelt. Die große Kirche ist von außen romanisch, das Innere wurde barockisiert. Sie ist Kern eines vielteiligen, besuchenswerten Klosterkomplexes. Die Kleinkomburg enthält eine 1108 gegründete, in ihren Formen sehr reine romanische Kirche.

PdlR

328 Gelbinger Straße mit Josenturm

329 Gräterhaus, Gelbinger Gasse 47

330 Luftbild von Nordwesten – vorne links: Pfaffenteich mit Arsenal, in der Bildmitte der Dom. Im Hintergrund Schweriner See und Burgsee (rechts) mit Schloss

SCHWERIN

331 Blick vom Markt
über das „Neue
Gebäude" zum Dom

332 Straße Großer Moor,
Bürgerhäuser

Die Landeshauptstadt Schwerin ist die älteste Stadt Mecklenburgs, und ihr Stadtbild ist noch ganz von der jahrhundertelangen Geschichte als Residenz geprägt. Das Schloss ist eines der Wahrzeichen Mecklenburg-Vorpommerns. Prägend sind nicht nur die Bauwerke, sondern auch die einzigartige Lage dieser Stadt inmitten einer ausgedehnten Seenlandschaft. Vom Wasser aus bieten sich die schönsten Ausblicke auf Schwerin. Sie werden immer wieder von der türmereichen Silhouette der Schlossanlage angezogen. In der Stadtmitte ragt der neugotische Domturm auf. Die Dominanten und viele Einzelbauten zeigen, wie das 19. Jahrhundert der alten Residenz seinen Stempel aufgedrückt hat.

Am Standort des Schlosses befand sich ein slawischer Burgwall, dessen Anlage archäologisch in die 960er- und 970er-Jahre datiert werden kann. Mit der ersten namentlichen Erwähnung dieser Befestigungsanlage als „Zuarina" im Jahr 1018 ist eine Frühform des heutigen Stadtnamens überliefert. In der westslawischen Sprache hatte „Zuarina" oder später: „Zvarin" (1174) in etwa die Bedeutung „Tiergehege". Der Ort gehörte zum Obodritenreich, einem slawischen Stammesverband, welcher Mecklenburg und Teile Holsteins umfasste. Mit den Eroberungszügen Heinrichs des Löwen gelangte das Gebiet 1160 in den Einflussbereich des mächtigen Sachsenherzogs. Ein Jahr später wurde die Grafschaft Schwerin gegründet. Nachdem hier auch ein Bischofssitz eingerichtet worden war, erfolgte 1171 der Baubeginn einer Domkirche. Während die Burg auf einer Insel ganz im Süden des Schweriner Sees angelegt war, erhielt der Dom seinen Platz auf einer Erhebung zwischen Burgsee und Pfaffenteich. Die Bischofskirche entstand als romanische Backsteinbasilika, vergleichbar mit dem Ratzeburger Dom. Im Umkreis des Doms wuchs die Altstadt mit ihrem unregelmäßig-fünfeckigen Grundriss heran (Foto 330). Die Gewässer und das Sumpfland boten der Siedlung Schutz. An ihrer Nordseite bestand eine wohl noch von slawischer Bevölkerung bewohnte Fischersiedlung, die spätere Schelfstadt. Ein Rat der Stadt Schwerin wurde erstmals 1228 erwähnt. Der Bau einer massiven Stadtmauer erfolgte erst im 14. Jahrhundert. Auch ein Rathaus ist erst für 1351 bezeugt. Seit 1358 gehörte Schwerin zum Herzogtum Mecklenburg und wurde unter Herzog Albrecht II. zur Residenz.

Eine seit 1222 im Schweriner Dom St. Marien befindliche Heiligblut-Reliquie machte die Stadt zu einem der wenigen Wallfahrtsorte in Nordostdeutschland. Die daraus generierten Einkünfte trugen dazu bei, ab 1270 einen groß angelegten Domneubau zu ermöglichen (Foto 331). Ein Ansporn waren sicherlich auch die gewaltigen Kirchenbauten in den Küstenstädten. In einhundertfünfzigjähriger Bauzeit entstand eine dreischiffige Backsteinbasilika mit einem ebenso dreischiffigen Querhaus.

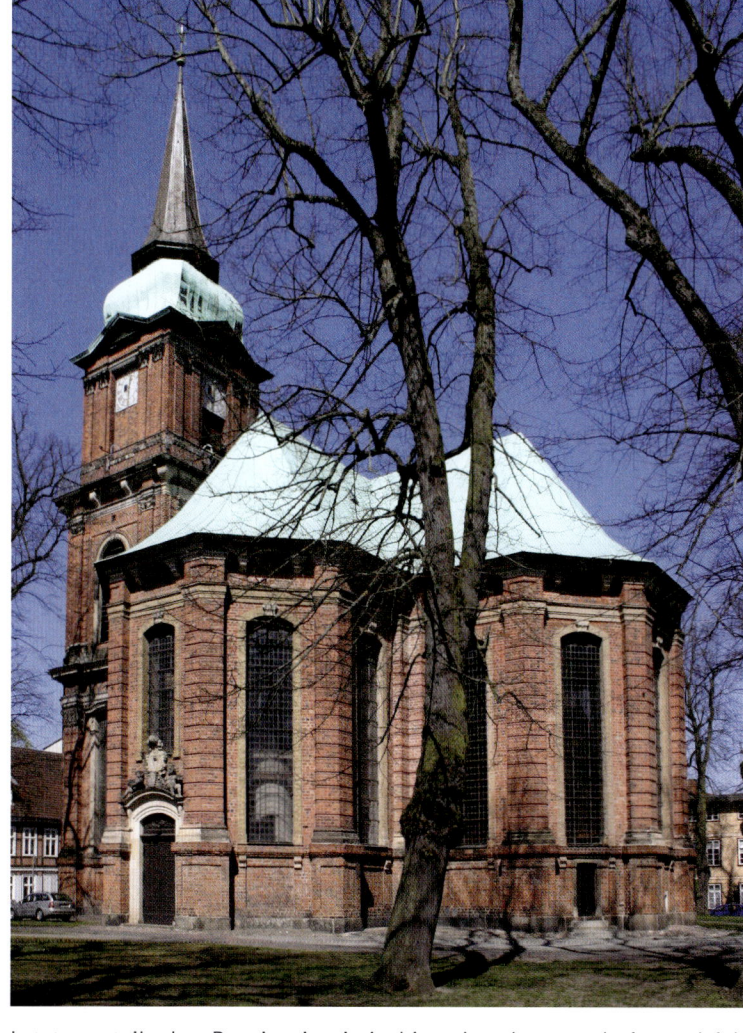

Sonst sind die Spuren des Mittelalters in Schwerin leider äußerst selten. Dazu gehören die Kernbausubstanz des Rathauses und ein kleiner Rest der Stadtmauer an der Burgstraße. Die Wohnbebauung bestand bis in das 19. Jahrhundert fast ausschließlich aus Fachwerkhäusern des 17. und 18. Jahrhunderts (Foto 332). Mehrere Großbrände, so 1531, 1558 und besonders 1661, haben den Gebäudebestand immer wieder dezimiert. Ältester Fachwerkbau ist der „Domhof" aus dem Jahr 1576. Zusammen-

333 Schelfkirche von Südost

334 Markt mit älterem Fachwerkbau inmitten späterer Massivbauten

Letzteres teilt den Bau in ein vierjochiges Langhaus und einen gleich langen Chor mit abschließendem Polygon und Kapellenkranz. Damit waren die wesentlichen Elemente der französischen Kathedralgotik in die Sprache des norddeutschen Backsteinbaus übersetzt. Der Dom sollte allerdings, wie sein Vorgänger, nur einen Westturm erhalten. Der gegen das mächtige Kirchenschiff wie ein Stumpf wirkende Turm des romanischen Baus blieb jedoch bis 1889 bestehen, ihn ersetzte ein neugotischer Turmbau. Ganz unfranzösisch sind der niedrige Obergaden und das fehlende Strebewerk über dem Chorumgang. Umgang und Chorkapellen sind nicht nur innen miteinander verschmolzen, außen überbrücken ihre Bedachungen die Winkel zwischen den Kapellen und ziehen sich zu durchlaufenden Pultdächern zusammen. Diese faszinierende Lösung gehört hier zu den frühen Beispielen ihrer Art und gab einen Vorgeschmack auf die unorthodoxen, aber fantastischen Architekturen der Spätgotik.

hängende Ensembles von Fachwerkhäusern aus dem 18. Jahrhundert bietet die Schelfstadt, das alte Fischerviertel. Sie wurde ab 1705 auf landesherrliche Weisung hin ausgebaut und stellt somit eine barocke Stadterweiterung dar. Im Zentrum des Quartiers steht die barocke Pfarrkirche St. Nikolaus, die Schelfkirche (Foto 333). Der in Backstein-Sichtmauerwerk gestaltete Zentralbau gehört zu den protestantischen Predigtkirchen und ist bedeutendster Vertreter seiner Gattung in Mecklenburg. Neben dem Baumeister Jakob Reutz war der berühmte Architekturtheoretiker Leonhard Christoph Sturm am Entwurf beteiligt. Während die in den 1980er-Jahren geplante Zerstörung der reizvollen Schelfstadt durch eine Flächensanierung gerade noch verhindert werden konnte, fielen Teile der nordwestlichen Altstadt, das Fachwerk-Viertel „Großer Moor", nach 1975 einer solchen Abrisskampagne zum Opfer. Es war die Zeit, als das gebaute Erbe in Ost und West gleichermaßen radikal

335 Schlossbrücke und Alter Garten mit Staatstheater und Museumsgebäude

beseitigt wurde. Man muss dankbar sein, dass die in den 1960er-Jahren für Schwerin vorgesehenen Hochhausdominanten in unmittelbarer Nähe des historischen Zentrums nicht realisiert wurden. In der DDR kam zur Ignoranz noch die Ideologie, welche allerdings die Wirtschaft behinderte und damit einige Anschläge auf alte Stadtkerne verhinderte.

Auch Palaisbauten und größere Bürgerhäuser des 18. Jahrhunderts wurden in Fachwerk errichtet und erhielten bisweilen eine massive Schaufront. Bauten wie das Brandensteinsche Palais, das Alte Palais und verschiedene Bürgerhausfassaden zeugen von einer reserviert-norddeutschen, aber würdevollen Barockarchitektur. Diese kontrastiert mit den Neubauten der folgenden Epochen. Großherzog Paul Friedrich legte seine Residenz 1837 wieder nach Schwerin, nachdem diese seit 1765 nach Ludwigslust verlagert gewesen war. Mit der folgenden Baukonjunktur zog ein neuer Maßstab in das Stadtbild ein. Die Neubauten führten in der Nachbarschaft zu den Zeugnissen älterer Epochen nicht selten zu Maßstabsbrüchen (Foto 334). Schon vorher hatte 1783–85 das „Neue Gebäude" am Markt von Johann Joachim Busch, ein frühklassizistisches Kaufhaus für Ladengeschäfte mit dorischer Säulenkolonnade, einen neuen Klang in die hiesige Architektur gebracht. Schräg gegenüber gestaltete Georg Adolph Demmler 1835 das Rathaus mit einer Fassade im gerade aktuellen Rundbogenstil um. Demmler war der entscheidende Architekt des 19. Jahrhunderts in Schwerin. Seine Schinkel-Ausbildung an der Berliner Bauakademie ist deutlich spürbar. Er plante die heutige Staatskanzlei an der Schlossstraße, die Großbauten des Arsenals und Marstalls und schuf die ersten Entwürfe für den Umbau der Schlossanlage in Schwerin. Mit dem neuen Maßstab kam auch eine neue Großzügigkeit. Das Bauensemble um den Pfaffenteich besticht durch nordische Noblesse und erinnert an die Alster in Hamburg. Gegenüber dem Schloss entstand am Alten Garten ein Ensemble öffentlicher Gebäude des Historismus (Staatstheater, Museum, Foto 335).

Das Schloss (Foto 336) befand sich seinerzeit in schlechtem Bauzustand. Der umfassende Um- und Neubau währte von 1843 bis 1857 und wurde von mehreren Architekten betreut. Neben Demmler und Hermann Willebrand, deren erster Entwurf abgelehnt wurde, griffen auch Friedrich August Stüler aus Berlin und Gottfried Semper aus Dresden in die Planungen ein. Obwohl man den Eindruck eines einheitlichen Bauwerks des romantischen Historismus vermutet, birgt das Schloss doch bedeutende Bauteile aus der Renaissancezeit. Es handelt sich um das „Große Neue Haus" und das „Bischofshaus" an der Ostseite der fünfeckigen Schlossanlage (1553–55) und die Schlosskirche (1560–63) im Nordflügel. Die Gebäude am Ostflügel zeigen (erneuerten) Terrakottaschmuck nach den Vorbildern des Statius von Düren. Die Kirche dagegen ähnelt der Schlosskapelle von Torgau, und bei ihrer hochkarätigen Ausstattung kamen auch sächsische Renaissancekünstler wie Hans Walther zum Zuge. Das 19. Jahrhundert nun ließ das historische Gesamtkunstwerk Schweriner Schloss entstehen. Die Vorbilder für seine Architektur waren französische Renaissanceschlösser. Über die Schlossinsel hinweg gelangt man in den Schlosspark. Er verknüpft noch einmal die Stadt mit der Seenlandschaft und bietet reizvolle Ausblicke auf eine der schönsten Landeshauptstädte der Bundesrepublik.

EA

336 Schloss, Luftbild von Westen

337 Altstadt von Nordosten. Bildmitte: Ss. Patroklus und Petri, unten rechts St. Maria zur Wiese, ganz unten links das Osthofentor

SOEST

338 Osthofentor, Ostfassade (Feldseite)

schen Kerne bereits mit der Industrialisierung in den „Gründerjahren" verloren. Dann kamen die furchtbaren Verwüstungen Westdeutschlands durch den Bombenkrieg. Soest konnte immerhin so viel historische Substanz bewahren und wurde so traditionsbewusst wiederaufgebaut, dass wir hier noch ein altes westfälisches Stadtbild erleben können. Zum Glück hatten die Luftangriffe im Zweiten Weltkrieg keinen Flächenbrand entfacht, davon zeugt die Fülle erhaltener Fachwerkbauten.

Spuren der Besiedlung sind im Stadtgebiet bereits für die Jungsteinzeit nachgewiesen. Wohl im 7. Jahrhundert entstand im Bereich der Kernstadt eine fränkische Siedlung, sie war Ausgangspunkt für die mittelalterliche Stadt. Mit ihrer ersten Erwähnung im Jahr 836 als „villa Sosat" wurde sie als volkreich beschrieben. Drei Gesichtspunkte sprachen für die Entwicklung eines erfolgreichen Gemeinwesens: die Lage an einer uralten und hochbedeutenden Handels- und Heerstraße, dem Hellweg, das fruchtbare Land der Soester Börde und die nahegelegenen Solequellen. Salz und Getreide wurden zum gewinnträchtigen Exportgut der Hansestadt. Als weiterer Wirtschaftszweig kam die Verarbeitung von Eisen hinzu. Die Gegend um Soest gehörte zum Besitz der Kölner Erzbischöfe, bis in das 15. Jahrhundert die offiziellen Stadtherren. Welche Bedeutung sie dem Ort beimaßen, beweisen die Existenz einer Bischofspfalz und die Gründung des Patroklistifts durch Erzbischof Bruno, einem Bruder Ottos des Großen, um 954. Von der Pfalz kündet heute nur noch die sogenannte Wittekindsmauer, während St. Patrokli heute Wahrzeichen der Stadt ist. Die benachbarte Pfarrkirche St. Petri ist dagegen mindestens seit 800 nachweisbar, sie war Mittelpunkt der fränkischen Siedlung. Der älteste, befestigte Stadtkern des 10. Jahrhunderts umfasste beide Kirchen und die Pfalz, er ist im Stadtgrundriss noch deutlich abzulesen.

Im folgenden Jahrhundert bildete sich im Norden dieses Kerns eine Marktsiedlung, die sich durch Handel und Handwerk zügig vergrößerte. Sehr früh, in der ersten Hälfte des 12. Jahrhunderts, erhielt Soest ein Stadtrecht, das in weite Teile Nordostdeutschlands ausstrahlte. So wurde das Soester Stadtrecht 1160 Vorbild für das Lübische Stadtrecht. Bereits um 1180 konnte der fast

Die heutige Größe der westfälischen Stadt Soest spiegelt in keiner Weise ihre überragende Bedeutung im Hochmittelalter wider. Ein eindrucksvolles Abbild vom einstigen Rang Soests vermitteln die schon aus weiter Entfernung über der Bördelandschaft sichtbaren Kirchtürme. Kommt man näher, fällt auf, dass die Turmwerke aus einem grünlichen Stein, dem Anröchter Sandstein, errichtet sind. Dieser Sandstein prägt den Charakter der großen Bauwerke wie den einfacher Gartenmauern, eine Besonderheit der Soester Altstadt. In Aufzeichnungen zu den Zerstörungen des Zweiten Weltkrieges erfährt man, dass diese Altstadt zu 62 % beschädigt wurde. Passt sie damit in den Rahmen einer Publikation über das „unzerstörte Erbe"? Die alten Städte im benachbarten Ruhrgebiet hatten ihre histori-

339 Blick von Süden auf die Altstadt von links nach rechts: St. Petri, St. Pauli, St. Patroklus und St. Maria zur Wiese

340 St. Patroklus von Südwest

kreisrunde Mauerring vollendet werden. Er umschloss mit 102 Hektar eine der größten Stadtsiedlungen im damaligen Deutschen Reich (Foto 337). Große Teile der Befestigung sind erhalten, ein Spaziergang auf den Wällen gibt immer neue und äußerst eindrucksvolle Perspektiven auf die Turmlandschaft. Von den einst acht Haupt- und zwei Nebentoren ist lediglich eines als Bauwerk erhalten, das 1523-26 neu errichtete Osthofentor (Foto 338). Es gehört zu den wenigen alten Stadttoren Westfalens, ist aber mit seinen charaktervollen Baudetails der Spätgotik eines der schönsten in Nordwestdeutschland. Über die Osthofenstraße mit ihren zahlreichen Fachwerkbauten gelangt man in die Stadtmitte und hat dabei den wuchtigen Patrokliturm vor Augen. Sämtliche der alten Torstraßen führen, zumeist in gewundenem Verlauf, radial in dieses Zentrum. Der unregelmäßige Stadtgrundriss gilt als Musterbeispiel für eine „gewachsene" mittelalterliche Stadt. Die Türme von Patrokli, Petri oder den übrigen Kirchenbauten geraten bei einem Rundgang um und durch die Stadt immer wieder ins Blickfeld (Foto 339). Diese Bauten künden von der Blütezeit Soests, die sich vom 12. bis in das 15. Jahrhundert erstreckte. Der von Soester Kaufleuten betriebene Fernhandel, er reichte bis nach Skandinavien und Russland, schuf die wirtschaftliche Grundlage für große Leistungen in Kunst und Architektur.

Der Kernbau von St. Patrokli reicht noch in die Gründungszeit der zweiten Hälfte des 10. Jahrhunderts zurück: eine einschiffige Saalkirche mit Westbau und Querhaus. 200 Jahre später erfolgte die Erweiterung mit Seitenschiffen und Chor sowie die Einwölbung über wuchtigen Pfeilervorlagen. Zum absoluten Meisterwerk geriet dann, in den Jahrzehnten um und nach 1200, der spätromanische Westbau (Foto 340). Er wurde im Auftrag der Stadtgemeinde errichtet, die hier ein klares Symbol ihrer Macht schuf. Sie richtete hier sogar ihre Rüstkammer ein. Der quadratische Turm wächst aus

341 Petrikirche, Nordflanke

342 Alt St. Thomae, Ansicht von Nordwest

1230/40 Emporen. 1322 wurde die schöne hochgotische Anlage des Staffelchores geweiht. In der kryptaartigen Westvorhalle ist großartige romanische Kapitellplastik zu bestaunen. Über dem kantigen Westturm erhebt sich ein eleganter Barockhelm, reizvolles Pendant zum Patrokliturm. Der direkt vor dem Petriturm platzierte Sparkassenneubau wirkt als Fremdkörper – er beeinträchtigt durch Bauformen und Farbgebung eines der schönsten Bauensembles des deutschen Mittelalters erheblich. Unweit der Patroklikirche befindet sich die gegen Ende des 12. Jahrhunderts errichtete Nikolaikapelle. Das zweischiffig angelegte Innere dieses äußerlich schlichten Kleinods besticht durch eine bemerkenswerte Architektur und Ausstattung.

Weitere Akzente in der Stadtsilhouette setzen der massige Turm von St. Pauli, derjenige von Alt St. Thomae mit seiner kurios geneigten Turmspitze (Foto 342) und das neugotische Turmpaar von St. Maria zur Wiese. Die Wiesenkirche ist eine europaweit gesehen großartige Meisterleistung hochgotischer Sakralarchitektur. Sie entstand großenteils im Verlauf des 14. Jahrhunderts und zeigt ein kurzes Schiff, das mit einem Staffelchor ausklingt (Foto 343). Im Inneren ist ein scheinbar schwebender Hallenraum zu verspüren. Haupt- und Nebenchöre erscheinen als einzige polygonale Fensterwand mit Glasmalerei, man denkt an das „Glashaus" der berühmten Sainte Chapelle in Paris. Das Äußere zeigt sich in straffer Gliederung, das Südportal mit der schönen „Westfälischen Madonna" (um 1400) ist der stadtseitige Haupteingang. Am 1421 begonnenen Westbau arbeitete man bis 1530, die Türme entstanden 1874/75 nach dem obligatorischen Vorbild des Kölner Doms. Unweit der Wiesenkirche befindet sich die kleine St. Maria zur Höhe, wieder eine hochbedeutende Hallenkirche, aber hier aus der Epoche des Übergangs von der Spätromanik zur frühen Gotik (um 1220/30). Sie ist nur zwei Joche lang und ihre Gewölbe sind genauso hoch wie die tragenden Pfeiler. Eine solche Raumform gehört zu den kunsthistorischen Eigenheiten der Region. Beide Marienkirchen haben große Teile ihrer kostbaren Ausstattung bewahrt. Betrachtet man die Soester Kirchen im Ganzen, so zeigt sich ein großartiger und ungemein vielfältiger Querschnitt durch die mittelalterliche Sakralarchitektur. Der Rang dieser Gesamtheit ist kaum zu überschätzen.

Mittelalterliche Profanbauten sind dagegen in der Stadt selten geworden. Das Rathaus geht zwar auf 1230 zurück, seine heutige Gestalt wird jedoch von einem 1713–18 errichteten, gefälligen Barockbau bestimmt (Foto 344). Ein wohlerhaltener romanischer Wohnbau ist Teil des Burghofs, ein Steinwerk mit Stufengiebel und Triforienfenstern; sein Hauptbau stammt von 1559 und zeigt noch spätgotische Formen (Foto 345). Vereinzelt sind Reste weiterer Steinwerke vorhanden. Nach der Soester

einem zweigeschossigen Unterbau mit Vorhalle heraus und schließt mit steilen Giebeln, vier Ecktürmchen und einer mächtigen Helmpyramide ab. Ein Koloss von einem Turm, typisch westfälisch und in der Wirkung noch gesteigert durch den Unterbau mit seinen Variationen des runden Bogens. Nach oben hin, in den Giebeln, bereichert sich die Formensprache der Architektur durch fein abgestufte und geschichtete Blendengliederungen. St. Patrokli und St. Petri sind unmittelbar hintereinander aufgereiht, gleichsam wie zwei Schiffe in Kiellinie, ein unvergleichliches Ensemble. Die Petrikirche (Foto 341) stammt in der Hauptsache aus dem mittleren 12. und frühen 13. Jahrhundert, das romanische Langhaus erhielt um

343 Chor der Wiesenkirche mit Häuserzeile Am Wiesenkirchhof

Fehde (1444–49) ging die Bedeutung der Stadt zurück, Krisen und Kriege der folgenden Jahrhunderte ließen es zu einer einfachen Landstadt absinken. Bei den historischen Wohnbauten überwiegt der frühneuzeitliche Fachwerkbau, wobei Giebelhäuser und traufständige Gebäude gleichermaßen vorkommen. Sie prägen noch immer große Teile der Altstadt und bilden vielfach schöne Ensembles, so am Markt und hinter dem Rathaus (Foto 346). Im 16. Jahrhundert entstanden beachtliche Fachwerkbauten mit qualitätsvollen Schnitzereien teils in spätgotischen und teils in Renaissanceformen. So zeigen einige Häuser Schwellbalken mit gediegenen Maßwerkschnitzereien, andere werden von Fächerrosetten und Grotesken geschmückt (z. B. Rosenstraße 2, zweite Hälfte 16. Jahrhundert, Foto 347). Die Bauten des 18. Jahrhunderts sind bisweilen verschiefert und erinnern an Bürgerhäuser im Bergischen Land. Charakteristisch für vornehme Häuser und Adelshöfe aus den Jahrzehnten um 1800 sind zweiläufige Freitreppen. Auffällig ist die teilweise lockere Bebauung im Stadtkern mit zahlreichen Gärten. Wüst gefallene Grundstücke wurden mit Steinmauern eingehegt, sie sind ein besonderes Kennzeichen der Altstadt. Das Schwarzweiß des Fachwerks gesellt sich zum milden Grün des Sandsteins, es sind die Farben der historischen Stadt.

EA

Seite 222:
Oben:
344 Rathaus, Fassade zum Petrikirchhof

345 Burghof, Südansicht mit romanischem Wohnbau und Haupthaus

Unten:
346 Fachwerkensemble am Südende der Wiesenstraße

347 Rosenstraße 2 (Freiligrathhaus), Südgiebel

222

348 Altstadt von Nordwest

SPEYER

Das Stadtbild der Domstadt am Rhein ist ein Glücksfall von Harmonie, dem sowohl die Verwüstungen des Zweiten Weltkriegs als auch nennenswerte Verunstaltungen seitens der Stadtplaner der Nachkriegszeit erspart blieben (Foto 348). Dabei wurde Speyer in der älteren Geschichte mehr als einmal Opfer irrationalster Gewalt: Die gründliche Einäscherung durch die Franzosen im Jahr 1689 reichte nicht – die Bevökerung musste die Stadt auch noch für zehn Jahre verlassen!

Ein geschultes Auge erkennt unschwer, dass es in Speyer nur noch spärliche Reste mittelalterlicher Bausubstanz gibt – dasselbe gilt für alle Städte, die damals auf Befehl des „Roi-Soleil", Louis XIV., in Brand gesteckt wurden: Heidelberg, Oppenheim, Baden-Baden, Offenburg, Worms, Koblenz. Auch die Französische Revolution hinterließ hier eine Spur der Verwüstung. Was wir heute von der damals so stolzen mittelalterlichen Freien und Bischofsstadt mit ihren 38 Kirchen und Kapellen und nicht weniger als 68 Stadttoren und Türmen sehen, ist ein Überbleibsel glorreicher Vergangenheit (Foto 349). Dass das Stadtbild heute trotz aller Katastrophen so stimmig und anmutig ist, grenzt an ein Wunder. Dies zeigt letztlich, dass die Heilung von Verletzungen an Stadtbildern noch bis ins frühe 19. Jahrhundert durchaus gut gelingen konnte. Die Gründerzeit, die auch in der Altstadt präsent ist, hat sich hier maßvoll

349 Die Maximilianstraße bei der Sonnenfinsternis von 20.03.2015

350 Ev. Gedächtniskirche der Protestation, Chor und Querhaus

351 Altpörtel, Stadtseite

gehalten, ohne die Maßstäblichkeit früherer Bauten zu erdrücken. Das etwas protzige Stadthaus von 1903 ist außer Stande, die gewaltige Masse des gegenüberliegenden Doms anzufechten. Und auch wenn es besser gewesen wäre, das sich mitten der Maximilianstraße erhebende Alte Kaufhaus (die „Alte Münze") von 1748 in seiner Urform zu belassen – statt es 1874 zu überformen –, war diese Intervention eher harmlos. Um das Gute des Historismus zu betonen, ist an die Gilgenvorstadt zu denken: Dort, ohne die Altstadt zu kompromittieren, stehen zwei vorzügliche Nachbarkirchen: die lutherische Gedächtniskirche (Foto 350) und die katholische Josephskirche – ein hochqualitatives, seltenes Ensemble in neugotischem bzw. freiheimatlichem Stil mit Renaissanceanklängen. Sie kompensieren gewissermaßen den Verlust früherer Sakralbauten der Altstadt. 1910 baute Gabriel von Seidl das vorzügliche Historische Museum nahe am Dom. Dieser Späthistorismus ist ja nicht mehr so übersättigt wie der Historismus vor 1900 und wirkt fraglos attraktiv.

352 Dom von Südost

imperiale Geste! Vom Dombezirk aus führen bogenförmige, sich gabelnde Straßen nach Nordwest bzw. Südwest (Johannesstraße und kleine Pfaffengasse samt Verlängerungen). Die Marktstraße war nämlich so breit, dass später eine Häuserzeile in den Straßenraum eingebaut werden konnte – ihren Kopf bildet die bereits erwähnte Alte Münze bzw. das Kaufhaus. Aus den oberen Geschossen von Altpörtel oder Kaufhaus ergibt sich eine eindrucksvolle Blickachse zum Dom.

Der keltisch besiedelte Ort, der unter Kaiser Claudius Kastell wurde, wird im Jahre 614 erstmals als „Sphira" genannt. Ein Bischof ist dort bereits um 350 bezeugt. Zwar tritt der Bischof im 10. Jahrhundert als Stadtherr auf, es bildete sich aber auch eine bürgerliche Selbstverwaltung, die 1111 ihr Freiheitsprivileg durch Kaiser Heinrich V. erhielt. Seit Ende des 13. Jahrhundert war die Stadt in zwei Hoheitsgebiete geteilt: die Domimmunität und die Freie Stadt.

Drei Herrscher fungierten als Dombauherren: Konrad II., Heinrich III. und Heinrich IV. Kein Wunder, dass der zur Kaisergrablege bestimmte Dom schon im Mittelalter Symbol des Kaisertums war (Foto 352). Er wurde um 1025 begonnen und 1061 vollendet und ist zusammen mit der (allerdings größtenteils abgerissenen) Abtei von Cluny in Burgund die größte romanische Kirche Europas (das Mittelschiff ist mit seinen 33 Metern stolze 11 Meter höher als die große Kathe-

Zurück zur Kernsubstanz Speyers: Die besondere Grundrissform ist als erstes „Stadtdenkmal" zu betrachten. Nach den Vermessungsanalysen von Klaus Humpert wäre Speyer als die älteste große Planstadt in Deutschland zu betrachten. Der Grundriss wird von einer monumentalen Straßengabel bestimmt, deren Achse der sehr breite Markt (heute Maximilianstraße) bildet. Sie führt von dem hohen, gut erhaltenen Altpörtel (Foto 351) von West nach Ost direkt in Richtung Kaiserdom. Welch eine

drale von Santiago de Compostela in Galicien).

Dass es dieses phänomenale Werk noch gibt, ist reine glückliche Fügung. Nach dem Brand von 1689 plünderten die Franzosen 1794 den Dom und gaben 1804 die Anweisung zum Abbruch, dem die Kirche knapp entging. Der heutige Dom ist in seinen Ostteilen genuines Mittelalter, im Westen wurden die meisten verloren gegangenen Joche zum Glück in der ursprünglichen Form wiederhergestellt. Vom Westbau ist kaum etwas noch

353 Bischöfliches Palais, Domplatz 2

354 Haus Maximilianstraße 86

im Originalzustand, Westriegel und -türme sind eine freie Schöpfung des mittleren 19. Jahrhunderts, sie wurden schon von Georg Dehio stark kritisiert. Immerhin hat der Dom dadurch seine Viertürmigkeit zurückbekommen. Und der Blick von Ost nach West zeigt überwältigende Romanik. Positiv für das Dominnere war die 1957–66 erfolgte Beseitigung der romantischen Wandmalereien – eine Maßnahme, die man heute aus politischer Korrektheit nicht mehr ergreifen würde. Die hervorragende Bedeutung des Doms wird einstimmig international anerkannt: Er ist seit 1981 Weltkulturerbe der UNESCO.

Dem Dom gegenüber erstreckt sich das schöne, völlig unprätentiöse Bischöfliche Palais, das nur zweigeschossig, aber 21 Fensterachsen lang ist (Foto 353).

Zerstreut im Altstadtgebiet finden sich das Stadtbild bereichernde Fachwerkhäuser, wohlbemerkt deutlich zahlreicher als etwa in Heidelberg. Sie stammen alle aus der Zeit nach dem Brand von 1689. In der Maximilianstraße 86 zeigt sich eine reich gezimmerte Fachwerkkonstruktion (Foto 354), deren Erdgeschoss in rundbogigen Öffnungen gelöst wurde, was bezeichnend für das Speyerer Kaufmannshaus war.

Von mancher Kirche hat lediglich der Turm die Zeiten überdauert, so beim Läutturm der abgegangenen St. Georgskirche mit seiner birnenförmigen Laternenhaube. Beachtlich ist die sich unweit vom Dom befindende lutherische Dreifaltigkeitskirche, vor allem wegen ihrer Emporen und der Gewölbe aus Holz.

PdlR

355 Luftbild der Nordhälfte der Altstadt mit der Kirche St. Cosmae (links) und dem Hafenquartier; rechts: Schwedenspeicher

STADE

Grundriss, die Gräben des alten Befestigungsrings und eine große Fülle von Baudenkmälern weisen Stade heute als bedeutendes norddeutsches Stadtdenkmal aus (Luftbild 355).

Im Jahr 994 überfielen die Normannen eine schon längst etablierte Siedlung, die von Handel und Schifffahrt lebte. Sie wurde in der 1014–18 von Thietmar von Merseburg verfassten Chronik, welche das Ereignis schildert, erstmals als „Stethu" erwähnt. Dort hatten die Grafen von Harsefeld auch eine Burg errichtet, sie befand sich auf dem Spiegelberg im Süden des alten Hafens. Im 11. Jahrhundert gewannen die Erzbischöfe von Bremen Einfluss auf Stade und erlangten hier 1038 das Münzrecht. Neben der gräflichen entstand nun, im Umkreis der Wilhadikirche, auch eine erzbischöfliche Stadtsiedlung. 1145 gelangte Stade in die Hände

356 Cosmaekirche, Chor und Vierungsturm von Südosten

357 Wilhadikirche, Südostansicht

Der Name dieser norddeutschen Stadt sagt alles über ihre Entstehung und ursprüngliche Existenzgrundlage: Er bedeutet so viel wie das heute altertümlich anmutende Wort „Gestade", also Ufer. Im Besonderen ist hier aber ein Ufer mit Anlegestellen für Schiffe gemeint. Der Hafen lag an der Schwinge, einem kleinen Nebenfluss der nahen Elbe, und ist noch heute im Stadtbild präsent. Im Verbund der Hanse wuchs Stade im Mittelalter zu einer großen und bedeutenden Stadt. In der frühen Neuzeit hatte die einstige Handelsmetropole am Unterlauf der Elbe mehrfach Kriege und Katastrophen zu ertragen. Trotz allem: Der mittelalterliche

358 Schwedenspeicher am alten Hafen, Ansicht von Süden

359 Alter Hafen von Südwesten

Heinrichs des Löwen und im Jahr 1236 in den Besitz der Bremer Erzbischöfe, wo sie bis zum Westfälischen Frieden 1648 verblieb. Heinrich der Löwe schloss die unterschiedlichen Siedlungsbereiche zusammen und ließ eine erste Befestigungsanlage errichten. Mit ihren Handelsfreiheiten, dem Elbzoll und der Erlangung des Münzrechts (1279), stieg die Bedeutung Stades. Im 14. Jahrhundert erreichte diese ihren Höhepunkt. Damals befanden sich in den Mauern der Stadt vier Pfarrkirchen und drei Klosteranlagen. Inzwischen war auch eine steinerne Stadtbefestigung entstanden. Aufgrund der großen Verluste an Bausubstanz im 17. und 18. Jahrhundert kann man über die Gestalt des spätmittelalterlichen Stadtbildes nur Vermutungen anstellen. Stade hatte seinerzeit vermutlich große Ähnlichkeit mit Lüneburg, der alte Hafen mit dem (rekonstruierten) Kran verdeutlicht dies noch heute.

Die Altstadt von Stade ist signifikant aus den jüngeren Stadtquartieren herausgehoben. Sie ist von Grünanlagen und einem Graben umgeben, dessen Verlauf die einstige Bastionärbefestigung aus dem 18. Jahrhundert nachzeichnet. Besonders gut sind die Umrisse der pfeilförmigen Bastionen im Norden zu erkennen. Im insgesamt abgerundet-rechteckigen Stadtgrundriss zeigen sich innerhalb der Osthälfte die ältesten Siedlungskerne und das Hafenquartier. Die unregelmäßige Straßenführung im Bereich der einstigen Burg und im Umfeld der Kirchen St. Wilhadi und St. Cosmae und Damiani trägt sehr zum Reiz des Ortsbildes bei. In der Westhälfte und im Süden der Innenstadt lassen sich regelmäßigere Straßenführungen erkennen, sie gehen vermutlich auf einen planmäßigen Ausbau Stades im 12. und 13. Jahrhundert zurück.

Von den mittelalterlichen Großbauten haben lediglich St. Wilhadi und St. Cosmae und Damiani (Cosmaekirche) überdauert. Beide sind eng in das Gewebe der Altstadt eingebunden, die Wilhadikirche ist von einem stillen Kirchhof mit Bäumen umgeben. Die Cosmaekirche (Foto 356) ist

360 „Bürgermeister-Hintze-Haus", Fassade

361 Hökerhaus an der Hökerstraße 29

näher an das Getriebe des Stadtzentrums herangerückt und befindet sich in unmittelbarer Nähe des Rathauses. Sie zieht mit ihrem mächtigen Vierungsturm die Blicke auf sich. Das Bauwerk weist eine komplizierte Baugeschichte auf, die in das 13. Jahrhundert zurückreicht. Im 15. Jahrhundert wurde im Osten ein neuer, dreischiffiger Chor aufgeführt. Der mächtige, achteckige Vierungsturm aus der Zeit um 1500 ist die Besonderheit der Pfarrkirche. Sein 1682 entstandener, trefflich proportionierter Laternenhelm des genialen Zimmermeisters Andreas Henne dominiert das Stadtbild.
Ein Barockhelm des Meisters Henne zierte auch den Westturm der Wilhadikirche (Foto 357), wurde aber 1724 durch Blitzschlag zerstört; der wuchtig-gedrungene Turm ist heute von einem einfachen Pyramidendach abgedeckt. St. Wilhadi trägt den Namen des ersten Bischofs von Bremen und geht auf das 11. Jahrhundert zurück. Der im späten 13. Jahrhundert errichtete Turm gehörte zu einer Basilika. Sie wurde ab 1320 in zwei Baukampagnen in etwa 80-jähriger Bauzeit durch eine dreischiffige Hallenkirche mit entsprechendem Chorschluss mit drei Polygonen ersetzt. Die beiden Bauabschnitte sind sehr schön anhand der Pfeilerformen ablesbar. Der Wohlklang des Hallenraums wird von einer gediegenen frühneuzeitlichen Ausstattung bereichert, so von Hauptaltar und Kanzel (1660) und der prachtvollen Barockorgel aus den Jahren 1731–35.

362 Rathaus, Westfassade an der Hökerstraße

Die Verluste an mittelalterlichen Gebäuden gehen auf Unglücksfälle, Kriegshandlungen und Abbrüche in der frühen Neuzeit zurück. Schon das 15. Jahrhundert sah einen langsamen Niedergang, da Veränderungen des Elbverlaufs und der Aufschwung Hamburgs einen Rückgang des Handelsverkehrs bedeuteten. Obwohl Stade im Dreißigjährigen Krieg zwar mehrfach, so 1628 durch Tilly und 1636 von den Schweden, belagert und erobert wurde, blieb es von größeren Verwüstungen verschont. Mit dem Westfälischen Frieden von 1648 kamen Stadt und Umgebung an Schweden. Das mittelalterliche Stadtbild ging großenteils im Stadtbrand vom 25. Mai 1659 zugrunde. Damals brannten an die 700 Bürgerhäuser ab. Die Katastrophe verschonte lediglich einige Straßenzüge in der nördlichen Altstadt. Der folgende Wiederaufbau ließ den mittelalterlichen Grundriss jedoch weitgehend unangetastet. Auf den alten Parzellen bauten die Besitzer ihre Häuser neu, und dies in beachtlicher Qualität. Weitere Zerstörungen brachten die Belagerungen im Reichskrieg gegen Schweden (1675–80) und durch die Dänen im Jahr 1712. Ihnen fielen mehrere Sakralbauten zum Opfer. Seit 1715 Teil des Kurfürstentums Hannover, führte Stade nun das Dasein einer kleinen Provinzstadt.

Zeugnisse der schwedischen Herrschaft sind die einstige Bastionärbefestigung, ein gewaltiger Speicherbau am Hafen und das 1697–99 errichtete Zeughaus, welches anstelle des einstigen Georgsklosters entstand. Der unter König Karl XII. von Schweden 1692–1705 erbaute „Schwedenspeicher" (Foto 358) ist ein vorzügliches Beispiel für einen barocken Zweckbau, er zeigt sich ganz in nordischer Architekturtradition als Backsteingebäude mit hohem Dachwerk. Das Bauwerk markiert die ehemalige Hafeneinfahrt und dominiert den einzigartigen Stadtraum am bogenförmig angelegten Hafenbecken (Foto 359). Betritt man das ehemalige Hafenquartier von Süden, stößt man auf den barocken Fachwerkbau der Stadtwaage mit dem 1977 rekonstruierten Kran. Von dort nun entfaltet sich das wundervolle Panorama auf die s-förmig geschwungene Häuserzeile an der gegenüberliegenden Hafenseite (Am Wasser West). Hier wiederum zieht ein reich gestaltetes Bürgerhaus die Blicke auf sich: das 1621 errichtete „Bürgermeister-Hintze-Haus" (1932/33 abgetragen und rekonstruiert, Foto 360). Es fällt als Backsteinbau mit seinen Gliederungen und Verzierungen in Werkstein aus der Fachwerk-Reihe und erinnert stark an die Renaissancearchitektur in Bremen.

Die Fachwerkarchitektur dagegen ist gut mit derjenigen Alt-Hamburgs zu vergleichen (es ist kaum bekannt: Hamburg war einst Hochburg des Fachwerkbaus), auch wenn der Maßstab der zumeist nach der Brandkatastrophe von 1659 errichteten Häuser kleinteiliger ist. Die ältesten Häuser, die den Stadtbrand überlebt haben, zeigen Schmuckformen des niedersächsischen Fachwerkbaus. Die überwiegende Mehrzahl der Gebäude stammt aus dem 17. und 18. Jahrhundert und ist ganz überwiegend giebelständig. Klare und regelmäßige Fachwerkgefüge mit Backsteinausfachungen bestimmen den Charakter dieser Häuser. Weiß gestrichenes Balkenwerk mit Backsteinfüllungen ist typisch für das Fachwerk der küstennahen Städte. Die Hökerstraße führt vom einstigen Hafen zum Rathaus am Hökerhaus vorbei. Es sticht durch das weiß gefasste Holzgefüge hervor – typisch für Alt-Hamburg und das ganze „Alte Land" (Foto 361). Der erstmals 1279 erwähnte Kommunalbau fiel dem Brand von 1659 zum Opfer und wurde ab 1667 über den mittelalterlichen Kellern neu errichtet (Foto 362). Damit entstand ein Zweiflügelbau, dessen wuchtige und breit gelagerte Hauptfront noch einmal die Tradition des Backsteinbaus zelebriert. Durch ein schönes, frühbarockes Sandsteinportal gelangt man in das Innere mit seiner wohlerhaltenen Ausstattung.

EA

363 Markt mit Rathaus, Martinikirche und Schloss

STOLBERG im Harz

364 Luftaufnahme von Süden

Stolberg ist, gemessen an ihrer Einwohnerzahl, die mit Abstand kleinste der Städte, welche in dieser Publikation vorgestellt werden. Hier leben nicht einmal 1300 Menschen, aber fast alle Stolberger wohnen in historischen Fachwerkbauten. Ein Blick über den Markt erscheint wie eine Schau in die Geschichte (Foto 363): Über allem thront das Schloss. Stolberg bietet noch heute ein Abbild der ständischen Ordnung längst vergangener Zeiten. Die Lage dieses Ortes ließ den fast einmaligen Glücksfall zu, dass die historischen Quartiere in der jüngeren Vergangenheit nicht erweitert werden konnten und somit eine Zersiedlung an den Stadträndern unterblieb. Die Quartiere bestehen nicht aus geschlossenen Baublöcken, sondern aus langen Straßenzügen, die in den Verlauf von insgesamt vier Tälern eingebettet sind (Luftbild 364): Vom Ortskern ausgehend erstreckt sich nach Nordwesten hin das Ludetal, nach Norden das Kalte Tal (Große Wilde), nach Osten das Tal der Kleinen Wilde und schließlich, in südliche Richtung, das Thyratal. Diese Topografie führte zur Ausbildung eines entsprechend angelegten Stadtgrundrisses. Martin Luther soll diesen 1525 mit der Gestalt eines fliegenden Vogels mit weit ausschwingenden Flügeln verglichen haben.

Zwischen Ludetal und Kaltem Tal schiebt sich ein Bergsporn vor: der Schlossberg. Hier entstand, möglicherweise bereits im 10. Jahrhundert, eine Höhenburg. Sie diente dem Schutz eines Königshofes im nahegelegenen Rottleberode. Seit dem frühen 13. Jahrhundert sind auf der Burg die Grafen von Stolberg nachweisbar. Sie regierten von hier aus die kleine Grafschaft bis in das 19. Jahrhundert und bewohnten das Schloss bis zu ihrer Enteignung 1945. Die Grafenresidenz erhielt ihre prägende Gestalt durch den Umbau der Burg zum Renaissanceschloss 1539–47 (Foto 365). Weitere Neugestaltungen erfolgten in den Jahren um 1700. Nun entstanden der barocke Pavillon, die Turmhauben und eine gediegene Innenausstattung mit prächtigen Stuckierungen sowie das Treppenhaus. Bemerkenswert ist die reizvolle Schlosskapelle mit ihrem Netzgewölbe, ihr sterngewölbter

Chorraum befindet sich in dem aus mittelalterlicher Bauzeit stammenden Rundturm. Beachtlich sind auch die nach Entwürfen Schinkels gefertigten Raumausstattungen. Erfreulicherweise konnte das Schloss 2002 nach langem Leerstand von der Deutschen Stiftung Denkmalschutz übernommen werden. Seitdem ist eine behutsame Instandsetzung im Gange.

Das Schloss beherrscht als bedeutendstes Einzeldenkmal Stolbergs auch das Stadtbild, aber die ganze Stadt ist ein Denkmal, ein Gesamtkunstwerk aus Baukunst und Landschaft. Grundlagen für die Entstehung der Siedlung waren der Bergbau (vorwiegend Kupfer- und Silbervorkommen) sowie ein wichtiger Handelsweg, der Braunschweig quer über den Harz mit Erfurt verband. Der Bergbau in der Umgebung Stolbergs geht vermutlich schon auf das 9. Jahrhundert zurück. Dieses Gewerbe gab dem Ort seinen Namen und war schließlich Haupteinnahmequelle der Stolberger Grafen und auch vieler Stadtbewohner. Seit dem späten 13. Jahrhundert besitzt Stolberg Stadtrecht. Die Stadtbefestigung konnte sich auf Stadttore an den Endpunkten der Talstraßen beschränken. Erhalten blieb das Rittertor am Ausgang der Rittergasse im Ludetal. Der Saigerturm am Markt verweist auf eine einstige Befestigung auch südlich des Marktplatzes.

365 Blick durch die Niedergasse zum Schloss

366 Häuserzeile an der Markt-Ostseite

367 Haus Rittergasse 14 (Museum), Westansicht

368 Rittergasse 44

Dieser Markt ist Dreh- und Angelpunkt des Straßengefüges. Der Platz erhält seine Form durch eine Aufweitung der nach Nordosten verlaufenden Straße Am Markt, die mit der zweifach abknickenden Front des Rathauses, die zur Rittergasse hinführt, ihren Abschluss findet. Ein Standort in der Südwestecke des Marktes bietet ein einzigartiges Panorama. Das fast monumental aufragende Rathaus fesselt den Blick und leitet ihn dann über den schmalen Treppenweg zur höher gelegenen Martinikirche. Dann ziehen die geschwungenen Straßenverläufe von Rittergasse und

Am Markt die Blicke auf sich. So weit man hier schaut – nur Fachwerkbauten. An der Markt-Ostseite ist ein besonders prächtiges Ensemble mit Bauten des 15. und 16. Jahrhunderts zu bestaunen (Foto 366).

Das kräftige, weit vorkragende Fachwerkobergeschoss des Rathauses (siehe Foto 363) mit seinem ungewöhnlich hohen Steildach stammt von 1482 und hat seinen spätgotischen Charakter vollständig bewahrt. Die steinernen Untergeschosse sind dagegen um 1600 und später verändert worden. Übrigens waren die

Geschossebenen des Rathauses ursprünglich nur über die Außentreppe miteinander verbunden. Die Treppe mündet vor Turm und Portal der Martinikirche. Der Unterbau des Turms enthält noch romanische Bausubstanz. Im Übrigen ist die Pfarrkirche ein spätgotischer Sakralbau (Chorweihe 1490) mit einer vielfältigen frühneuzeitlichen Ausstattung. Hinter St. Martini windet sich der Aufstieg zum Schloss an der 1482 geweihten Marienkapelle entlang. Schon hier beeindruckt der Blick über die vollständig unversehrte Dachlandschaft Stolbergs und seine unverbaute Umgebung. In den Straßen und Gassen kann man eine wahre Parade der niedersächsischen Fachwerkarchitektur abnehmen. Insgesamt sind über 350 Fachwerkbauten erhalten. Dieser Denkmalbestand reicht vom mittleren 15. Jahrhundert bis in die Epoche des Historismus. Jede Zeitschicht ist durch eine wahre Fülle von Häusern ablesbar. Selbst aus dem Spätmittelalter sind allein 18 Gebäude erhalten. Sie fesseln den Betrachter durch ihr robustes Gefüge und ihre aufgrund der kräftigen Auskragungen starke Plastizität. Ein schönes Beispiel ist das als Museum hergerichtete Haus Rittergasse 14 von um 1450 (Foto 367). Schmuckformen sind hier noch selten, reifen dann aber, im 16. Jahrhundert, zu höchster Qualität und Vielfalt (Beispiel Rittergasse 44 von 1563, Foto 368). Mit dem mächtigen Bau der Alten Münze (Niedergasse 19, Museum) besitzt Stolberg eines der bedeutendsten Kleinode der Fachwerkkunst in der Harzregion (Foto 370). Markenzeichen dieses 1535 errichteten Hauses sind sein hoch aufstrebender Erker und die Fächerrosetten. Diese Schmuckform prägt das Gesicht der Fachwerkarchitektur der Renaissance in ganz Norddeutschland. Die Alte Münze ist eines der ältesten Gebäude, an dem solche Rosetten vorkommen. Sie zeigen, wie man in der niederdeutschen Holzbaukunst Anregungen der italienischen Renaissance verarbeitete. In den Bauten des Frühbarock finden sich faszinierende Kombinationen von Schnitzereien und reichen Verstrebungen. Schönstes Beispiel für diese Epoche ist das Haus Töpfergasse 1 von 1672 (Foto 369). Im 18. Jahrhundert wurden die Bauten schlichter und flächiger, sie wirken durch ihre guten Proportionen.

Stundenlang kann man durch Stolberg spazieren, um immer neue Details und Perspektiven zu entdecken. Schaut man von höher gelegenen Standorten auf die Stadt: Überall entfaltet sich ein faszinierendes Bild.

EA

369 Haus Töpfergasse 1

370 Alte Münze, Ansicht von Südwesten

STRALSUND

371 Luftbild von Süden mit St. Marien (vorn), St. Jakobi (Mitte rechts) und St. Nikolai sowie Rathaus (oben)

372 Stadtansicht von Nordost mit (von links nach rechts) St. Jakobi, St. Marien und St. Nikolai

Stralsund – schon der Name dieser Stadt hat einen besonderen Klang. Sie ist eine der Hansestädte, die sich wie eine Perlenkette an der Ostseeküste entlang aufreihen: Lübeck, Wismar, Rostock, Stralsund, Greifswald, dann die heute polnischen Städte, allen voran Danzig, und schließlich Riga und Tallinn im weit entfernten Baltikum. Alle haben Gemeinsamkeiten, aber jede ihr individuelles Gesicht. Die Hansestädte zeugen von einer ersten nordeuropäischen Wirtschafts-Union, die von der Nordsee über Skandinavien und Norddeutschland bis an die Tore Russlands reichte. Mit dem Aufblühen der Wirtschaft kam die Kultur, besonders die Baukultur: die mittelalterlichen Hansestädte gehören für immer zu den großen städtebaulichen Leistungen der Architekturgeschichte. Stralsund bietet allerdings kein unzerstörtes Erbe. Am 6. Oktober 1944 legten amerikanische Bomber Teile der Stadt in Schutt, dabei wurden über 800 Menschen getötet und eine Vielzahl historischer Bauten getroffen. Der Stadtkörper in seiner Gesamtheit blieb jedoch bewahrt, keine der großen Kirchen ging verloren wie in Rostock und Wismar. Seit 2002 sind die Altstädte von Stralsund und Wismar gemeinsames UNESCO-Weltkulturerbe.

Die Lage der Stadt am Strelasund, der die Insel Rügen vom Festland trennt und ihr den Namen gab, war für eine Besiedlung geradezu prädestiniert. Die Altstadt liegt auf einem Höhenrücken direkt am Ufer

373 St. Nikolai von Südwest

374 Rathaus, Nordfassade

dieses Meeresarms, ist durch große Teiche (ursprünglich Sumpfgebiet) vom Binnenland abgeschirmt und nur über Landbrücken zu erreichen. Hier existierte bereits eine slawische Siedlung, bevor Fürst Witzlaw I. von Rügen 1234 die Stadt Stralow gründete und mit Lübischem Stadtrecht ausstattete. 1240 wurde der Ort erstmals als „Stralesund" bezeichnet. Der Zuzug neuer Bewohner und das Wachstum des Handels müssen sehr sprunghaft gewesen sein, denn 1249 griff eine Flotte Lübecks die junge Stadt an und verwüstete sie. Es gelang nicht, die Konkurrenz zu beseitigen. Schon 1256 war von einer Neustadt die Rede, und in den folgenden Jahrzehnten vollendete sich die Aufsiedlung innerhalb der im Bau befindlichen Stadtmauern. Die Befestigung beschirmte

375 St. Marien von Südost

das von der Topografie vorgegebene mittelalterliche Stadtgebiet und wies elf Tore auf, davon führten sechs Wassertore an der Seeseite zum Hafen. Der Stadtgrundriss gliedert sich in drei Bereiche: die Altstadt rund um den Alten Markt, die südlich davon angelegte Neustadt und das Quartier südwestlich des Neuen Markts (Foto 371). Letzteres bildet eine Ausbuchtung des annähernd dreieckigen Stadtkerns und geht vermutlich auf einen landesherrlichen Hof zurück. Rückgrat der Altstadt ist eine in Nordsüdrichtung verlaufende Straße, die auf dem Alten Markt mündet. Von ihr zweigen vier zum Hafen führende Straßenzüge ab, darin integriert sind der Markt und der Kirchhof von St. Nikolai. Der Markt und die parallel geführten Straßen markieren das Gründerviertel der Kaufmannsstadt und erinnern an die ähnlich geartete Situation in Lübeck. In der Neustadt sind es drei lange Parallelstraßen, die das Neumarktviertel mit dem Uferbereich verbinden. In der westlichen Kernstadt finden sich das 1251 gegründete Dominikanerkloster und der Kampische Klosterhof. Spätestens mit der Ersterwähnung der genau auf der Grenze zwischen Alt- und Neustadt gelegenen Jakobikirche im Jahr 1303 endete der eigenständige Status der Neustadt.

Die große Zeit Stralsunds war das 14. und 15. Jahrhundert, als man im Bund mit den anderen Hansestädten sogar Herrschern wie dem dänischen König Waldemar IV. die Stirn bieten konnte. Handel und Wandel sorgten für so hohe Einkünfte, dass allein in der Stadt am

376 Badenstraße, Kaufmannshäuser an der nördlichen Straßenseite

377 Markt, Wulflamhaus

Strelasund drei Großkirchen, ein einzigartiges Rathaus, mehrere Klöster und weitere geistliche Einrichtungen wie Spitäler entstehen konnten. Dazu kamen Hunderte von stolz aufragenden Kaufmannshäusern. Diesen Gebäuden war ihr Baumaterial gemeinsam: der Backstein. Aus dieser kleinsten Einheit schufen die Baumeister und Bauleute große, auf jede Funktion und Nutzung zugeschnittene Architektur. Trotz der individuellen Formgebung eines jeden Bauwerks kehren gewisse Leitmotive immer wieder. Pfeiler- und Blendengliederungen, Stufengiebel, Maßwerk und Zierfriese sind die konstituierenden Elemente der Backsteingotik. Formsteine und glasierte Ziegel bereichern das Bild dieser prinzipiell strengen, aber ungemein vielfältigen Baukunst. Das ganze Stadtbild erhielt einen einheitlichen Duktus und geriet zum Gesamtkunstwerk. Den ersten Eindruck davon verströmt die grandiose Silhouette mit ihrem unverbaubaren Anblick von der Wasserseite her (Foto 372). Die wuchtigen Kirchtürme haben ihre ursprünglichen Spitzhelme verloren. Derjenige von St. Marien erreichte eine Höhe von 151 Metern, eine Landmarke auch für die Seefahrer.

Eine Sonderleistung mittelalterlicher Stadtbaukunst ist die auch im Grundriss eng aufeinander abgestimmte Baugruppe von St. Nikolai und Rathaus am Alten Markt. Die ersten Nachrichten zur Nikolaikirche (Foto 373) stammen zwar von 1276, doch ging es hier bereits um den Umbau einer gerade erst vollendeten Hallenkirche. Bis 1350 entstand, nach dem Vorbild von St. Marien in Lübeck, eine gewaltige Backsteinbasilika. An der monumentalen Doppelturmfront arbeitete man bis weit in das 15. Jahrhundert. Das Innere der Ratspfarrkirche konnte seine ursprüngliche, einzigartige Farbgestaltung und Ausstattung bewahren. Mittelalterliche Religiosität und hanseatische Eliten ließen eine Fülle von Altären, Gestühlen, Grabdenkmälern, Bildwerken und Malereien entstehen. Hier zelebrierten die Personen, welche die Geschicke der Stadt lenkten, den Gottesdienst und auch sich selbst.

Quer vor dem Westbau von St. Nikolai steht das Rathaus (Foto 374). Es besteht aus zwei schmalen, lang gestreckten Gebäudeteilen, die einen passageartigen Gang ausbilden. Tatsächlich wurden die gewölbten Erdgeschosse des anfänglich „kophus" genannten Bauwerks aus dem 13. Jahrhundert zu Verkaufszwecken genutzt. Ein Quergang führt von der Ossenreyerstraße aus genau auf das Westportal der Nikolaikirche. Zum Markt hin schließt sich der Gebäudekomplex zusammen und präsentiert eine Schaufront von unerhörter Wirkung. Die in der ersten Hälfte des 14. Jahrhunderts errichtete, allerdings ab 1881 stark restaurierte, Fassade zeigt sich mit ihren Türmen und Giebeln wie ein Abbild der mittelalterlichen Stadt. Das Zusammenspiel von Rathaus und Pfarrkirche gehört zu den eindringlichsten Stadtbildern der Backsteingotik.

Mit St. Marien zwischen Neuem Markt und Frankenteich erreichte die Baukunst in Stralsund ihren Gipfel (Foto 375). In hundertjähriger Bauzeit entstand ab 1382 eine kreuzförmige Basilika mit einem eintürmigen, aber kolossalen Westbau. Über einem massiven, mit seinen Eckturmchen an den Wehrbau erinnernden Kubus erhebt sich der achteckige Turm. Er wird seit 1708 von einem geschweiften Laternenhelm bekrönt. Seitlich wird das Turmwerk von schiffshohen Anbauten flankiert, die wie ein Westquerhaus wirken. Die Strebepfeiler von Langhaus und Chorpolygon sind nach innen gezogen, damit erhält das Bauwerk ein kantiges, klares Erscheinungsbild. Am Chorumgang entfaltet das Bauprinzip innenseitiger Strebepfeiler eine für mittelalterliche Architektur völlig ungewohnte Wirkung. Jede der ungegliederten Polygonseiten zeigt eigentümliche Bogenfenster, die von je zwei halben Fenstern gleicher Art flankiert werden: Man denkt hier an die Silhouette eines Flügelaltars. Oder an die Backsteinarchitektur der 1920er-Jahre, vielleicht sogar an einen expressionistischen Industriebau. Betritt man den von riesigen Fenstern belichteten Westbau, wird der Blick nach oben auf kunstvolle Gewölbefigurationen gezogen. Das Mittelschiff der Basilika erreicht eine Höhe von gut 32 Metern und bietet ein gewaltiges Raumerlebnis. Die neugotischen Applikationen Schinkels im Chor wirken der kantigen Klarheit backsteingotischer Architektur allerdings entgegen.

378 Mönchstraße, Nordseite mit Bürgerhäusern

379 Fährstraße von West nach Ost

im Jahr 1678. Die Fährstraße zeigt eine klassizistische Unterbrechung der Giebelreihe (Foto 379).

Mit dem Wiener Kongress fiel Stralsund mit Vorpommern 1815 schließlich an Preußen. Im Verlauf der folgenden Jahrzehnte setzte eine verhaltene Industrialisierung ein. Die Lage der Innenstadt half, das Stadtbild zu bewahren. So kann der Besucher auch heute das Wesen einer bedeutenden Hansestadt in Stralsund studieren. Die Spanne der baulichen Zeugnisse reicht von den Wohnbauten einfacher Leute (Foto 380) über Kaufmannshäuser, Speichergebäude und Stadttore bis zu den öffentlichen Großbauten des Rates und der Kirchen. Nicht zu vergessen das faszinierende Ensemble des Heilgeisthospitals (Foto 381) und das Franziskanerkloster. Mit dem Bau des Ozeaneums hat sich Stralsund für einen wichtigen Akzent zeitgenössischer Architektur entschieden.

EA

380 Fachwerkhäuser am Heilgeisteshospital

381 Heilgeistesspital, Kirchgang mit Galerien

In der Stralsunder Innenstadt fallen sehr wohl Bombenschäden und Abbrüche ins Auge. Inzwischen sind die jahrzehntelang das Stadtbild beeinträchtigenden Brachen weitgehend durch Neubauten unterschiedlicher Qualität geschlossen. Der größte Teil der Altstadt-Bebauung stammt jedoch aus vorindustriellen Epochen. Ganze Reihen stattlicher Giebelhäuser säumen noch manche Straßen (Foto 376). Einige werden von ihrer gotischen Architektur geprägt, andere lassen diese trotz neuzeitlicher Veränderungen noch durchscheinen. Die meisten in den Formen der Renaissance oder des Barock erscheinenden Häuser sind im Kern mittelalterlich. Das bekannteste Backsteingiebelhaus ist das Wulflamhaus von 1358 am Markt (Foto 377). Sein Nachbarhaus zeigt einen barock umgestalteten Giebel mit gotischem Ursprung. Als die neuzeitlichen Hausfronten entstanden (Foto 378), war die Blütezeit der Hanse und auch Stralsunds längst vergangen. Nachdem die Stadt im Dreißigjährigen Krieg an Schweden gefallen war, kam es in den militärischen Auseinandersetzungen des 17. und 18. Jahrhunderts mehrfach zu Belagerungen. Besonders schlimm war die preußische Beschießung der damals schwedischen Festungsstadt

382 Luftbild von Süden mit Markt (links), Marienkirche, Schloss Hartenfels und Elbe

TORGAU

383 Schloss Hartenfels, Südansicht mit dem Hausmannsturm

384 Schloss, Johann-Friedrich-Bau mit Großem Wendelstein

385 Markt mit Rathaus und Bürgerhäusern an der nördlichen Platzfront

Die im Norden Sachsens gelegene Kreisstadt Torgau verdankt ihre Bekanntheit in erster Linie einer Episode aus der Endphase des Zweiten Weltkrieges. Hier begegneten sich am 25. April 1945 erstmals offiziell sowjetische und amerikanische Truppen, damit ging Torgau in die jüngere Geschichte ein. Die Stadt selbst blieb indes unzerstört und bewahrt ein überaus wertvolles Stadtbild aus dem 16. Jahrhundert. Daher steht Torgau heute auch für die Renaissance.

Eine am Westufer der Elbe gelegene sorbische Fischersiedlung ist Keimzelle der Stadt. In der slawischen Sprache der Sorben war „torgov" eine Bezeichnung für „Markt". Die hochwasserfreie Lage eines spornartig an die Elbe heranreichenden Felsplateaus war idealer Standort einer Burganlage. Diese geht vermutlich auf das 10. Jahrhundert zurück, als im Osten des frühen Deutschen Reiches zahlreiche Grenzburgen entstanden. In einer Urkunde Ottos II. wurde der Ort als „ubi Torgue stat" 973 erstmals erwähnt. Die westlich der Burg entstandene Burgmannensiedlung ist noch heute anhand der unregelmäßigen Straßenfluchten erkennbar. Am Nordrand dieses „Suburbiums", der Burgvorstadt, wurde um 1100 ein Vorgängerbau der Marienkirche errichtet. Die Burg war ein Lehen der Markgrafen von Meißen.

In den Jahrzehnten um 1200 entstand schließlich eine planmäßige Stadtanlage mit einem zentral gelegenen, rechteckigen Marktplatz und regelmäßigem Straßennetz (Foto 382). Sie zeigt das typische Bild einer ostdeutschen Gründungsstadt. Die Kreuzung von Fernhandelswegen, der Elbübergang und eine Burganlage, die den Übergang sicherte und überwachte, begünstigten die Stadtgründung. In den Urkunden wird sie allerdings erst 1267 als „civitas" erwähnt. Damals existierten bereits die Marktkirche St. Nikolai und das seit 1243 nachweisbare Franziskanerkloster. Die Einwohner Torgaus lebten vom Handel, von der Tuchherstellung und besonders auch vom Brauwesen – das Torgauer Bier war überregional bekannt und wurde weithin exportiert.

1423 fiel Torgau an die Wettiner, ein Fürstengeschlecht, das bis 1918 über Sachsen und große Teile Thüringens regieren sollte. In der zweiten Hälfte des 15. Jahrhunderts begann der Ausbau der Burg zum Schloss, gleichzeitig erfolgten der Ausbau der Torgauer Stadtbefestigung und der spätgotische Neubau der Marienkirche. Nach der Teilung der wettinischen Länder (1485) wurde Torgau neben Wittenberg zur Residenz der ernestinischen Linie erhoben. Als die Kurfürsten Johann der Beständige und Johann Friedrich der Großmütige das Schloss Hartenfels (Foto 383) zur Hauptresidenz wählten, begann die große Blütezeit Torgaus im 16. Jahrhundert. Unter Johann Friedrich entstanden die großartigen Architekturen des nach ihm benannten Schlossflügels mit dem berühmten Wendelstein und die hochbedeutende Schlosskapelle. Ihre Weihe durch Luther im Jahr 1544 bezeugt die sächsischen Kurfürsten als führende Förderer der Reformation. Mit dem Schloss besitzt Torgau ein erstklassiges Baudenkmal, das von den Formen der Spätgotik und Renaissance gleichermaßen geprägt ist. Betritt man den Schlosshof, überwältigt der Anblick des Johann-Friedrich-Baus mit dem grandiosen Wendelstein (Foto 384). Dieses auch konstruktiv einzigartige Treppengehäuse ist in den Details ganz Renaissance, sein schlankes Aufstreben jedoch immer noch gotisch. Weitere Preziosen sind der Schöne Erker (Foto 386) und die berühmte Schlosskapelle. Die Versachlichung der Dachlandschaften über den Schlossflügeln mit dem Verlust der meisten Zwerchhäuser im 19. Jahrhundert ist allerdings höchst bedauerlich. Besonders für den einzigartigen Johann-Friedrich-Bau, dem damit eine seiner Hauptzierden fehlt.

386 Schloss, der „Schöne Erker" am Ostflügel von Schloss Hartenfels

387 Marienkirche, Südostansicht
388 Doppelturm der einstigen Nikolaikirche

In der Stadt entfaltete sich eine rege Bautätigkeit. Schon nach dem Stadtbrand von 1482 hatten die Bürger ihre Wohnhäuser bevorzugt in Stein neu errichtet. Nun entstand das einheitliche Stadtbild, das Residenz und Bürgerstadt zusammenschließt. Es blieb erhalten, weil Torgau nach der Verlegung der Residenz (1554) und den Drangsalen des Dreißigjährigen sowie des Siebenjährigen Krieges an Bedeutung verlor. Der Ort wurde von den sächsischen und ab 1815 von den preußischen Regenten in erster Linie als Garnisonsstadt genutzt. Die Preußen bauten Torgau zur Festung aus und bauten ab 1818 auch das Schloss als Kaserne aus, welches dafür vieler seiner baulichen Zierden beraubt wurde. Der Festungscharakter verhinderte eine schwungvolle Industrialisierung und trug letztlich wiederum zur Erhaltung des Stadtbildes bei. Nachdem Torgau auch den Zweiten Weltkrieg und die Zeit der DDR glimpflich überstand, kann es heute als historisches Stadtbaukunstwerk gelten. Der Grundstein für die erfolgreiche Sanierung wurde bereits vor 1989 gelegt, so mit der vorbildlichen Wiederherstellung des Rathauses 1971–1976.

Mag Torgau als Stadt der Renaissance angesehen werden – der Grundriss ist jedoch mittelalterlich. In den planvoll angelegten Straßenzügen der Bürgerstadt zeigen sich nirgends völlig gerade Linien. In sanften Schwüngen und Steigungen führen die Hauptstraßen zum Markt. Dort münden sie fast unmerklich, sodass die Raumkanten des Marktplatzes geschlossen wirken. Besonders reizvoll sind der Versprung an der Einmündung der Schlossstraße und die Anlage des Fleischmarktes, ein Nebenplatz des Marktes. Die Bebauung mit Bürgerhäusern ist überwiegend traufständig, bisweilen bereichert ein älteres Giebelhaus das Bild. Die Bauten des 16. Jahrhunderts zeigen die für Sachsen typische Hausform: Putzfassaden mit meist paarigen Rechteckfenstern und Rundbogenportalen mit Sitznischen. Die Portale sind vielfach reich dekoriert und bilden meist den Hauptakzent des Hauses. Einst besaßen die meisten Häuser auch Zwerchhäuser.

Eine geschlossene Reihe von Häusern mit solchen Dachaufbauten zeigt noch die Markt-Nordseite. Sie bildet, mit dem schräg gegenüberliegenden Rathaus, ein einzigartiges Ensemble von bürgerlichen Renaissancebauten (Foto 385). Das stattliche, 1563–1578 errichtete Rathaus ist ein schlichter Rechteckbau von 56 Metern Länge, seine Fassaden sind mit aufgemalter Quaderimitation versehen. Sein Hauptschmuck ist, neben der Dachlandschaft mit ihren Zwerchgiebeln, ein Runderker mit reichem Reliefschmuck. Ganz im Sinne echter Stadtbaukunst ist er in die Sichtlinien mehrerer Straßenzüge hineinkomponiert. Es ist der Restaurierung in den 1970er-Jahren zu verdanken, dass die historische Vergewaltigung des Rathauses mit ihrer unpassenden Gliederung der Neorenaissance beseitigt wurde.

389 Provianthaus, Hoffassaden

Die Marienkirche besitzt einen sächsischen Westriegel mit achteckigen Türmen, das einzige Bauwerk der Romanik in Torgau. Der hohe Südturm stammt freilich aus der Barockzeit. Als Kirchenschiff präsentiert sich eine um 1490 vollendete spätgotische Hallenkirche (Foto 387). Die lichte Halle schließt mit drei Chorpolygonen ab, wobei sich der Hauptchor mit seinem schönen Netzgewölbe entschieden nach Osten herausschiebt. Hinter dem Rathaus befindet sich die profanierte und nur fragmentarisch erhaltene Nikolaikirche. Eine Besonderheit sind hier die Abschlüsse der achteckigen Doppeltürme mit entsprechend geknickten Renaissancegiebeln (Foto 388). Von den Bauwerken der jüngeren Epochen überstrahlt eines die übrigen deutlich – das ehemalige Provianthaus, ein großartiger Zweckbau der Barockzeit (Foto 389). Er wurde zur Zeit Augusts des Starken von Dresdner Baumeistern errichtet und umschließt mit zwei Flügeln einen geräumigen Hof. Massengliederung, Fassaden und hohe Dächer mit langen Hechtgauben bestechen durch ausgewogene Proportionen. Auch sonst fügen sich die wenigen Bauten aus Barock und Klassizismus günstig in den Stadtkörper ein. Unglaublich wohltuend zeigt sich die gesamte Altstadt Torgaus heute ohne Bausünden, obendrein ist die Silhouette am Elbufer völlig unverbaut.

EA

390 Altstadt von Süden

TÜBINGEN

Tübingen verkörpert die „klassische", gut erhaltene altdeutsche Stadt. Hier konnte sich ein dichtes Geflecht von Gassen und Häuserblocks voller altehrwürdiger Architekturen erhalten, ein lebendiges Gewirr von Fachwerkhäusern, die giebelständig sind und meist in Südnord-Orientierung gebaut wurden – Rathaus eingeschlossen. Zu ihnen gesellen sich in Westostrichtung die größeren Baukörper der Kirchen und Klöster, der Universität (Alte Burse) und auch die Längsachse des über der Stadt thronenden Schlosses Hohentübingen.

Auf dem Luftbild (Foto 390) erkennt man die Stiftskirche mittig am rechten Fotorand (größtes Dach der Stadt und kleiner Westturm vor ihm), die Alte Bursa (mittig am unteren Altstadtrand mit den vielen Dachgauben), das Evangelische Stift (früher Augustinerkloster, Mitte des linken Fotorands), darüber das Rathaus mit dem auf dem Foto überwiegend schattigen Marktplatz, oben rechts der rechteckige Innenhof des Katholischen Wilhelmstifts, das alte Collegium Illustre, die erste Adelsakademie Deutschlands.

Im Unterschied zum durchaus vergleichbaren Marburg hat Tübingen die Umgebung der Kernstadt vor Verunstaltungen geschont: Das Vorfeld der

391 Rathaus, Markt- oder Ostfassade

Neckarfront ist sogar freigehalten, sie wurde im 19. Jahrhundert mit Platanen bepflanzt. Es ergibt sich hier ein herrliches städtebauliches Panorama. Am Flussufer erkennt man noch einen niedrigen Zwinger-Halbrundturm mit Spitzdach, dem ein Haus angebaut ist: ein Rest der im frühen 19. Jahrhundert abgebrochenen Stadtmauer – der Hölderlinturm. 36 Jahre lebte der Dichter in seiner Turmwohnung, bis zu seinem Tod in geistiger Umnachtung 1843. Übrigens kann man in Tübingen auf die Spur der Dichter und Kunsthistoriker gehen: Hermann Hesse trat am Holzmarkt seine Lehre als Buchhändler an; Georg Dehio, der berühmte „Vater der Inventarisierung deutscher Kunstdenkmäler", übersiedelte 1918 von Straßburg nach Tübingen – er blieb hier bis zu seinem Tod im Jahre 1932.

Das 1231 bereits als „Civitas" erwähnte Tübingen gelangte 1342 durch Kauf an die württembergischen Grafen. Der in Urach residierende Graf

392 Markt, Häuser
Marktgasse 5, Am Markt 2–13

393 Herzoglicher Fruchtkasten,
Schmiedtorstraße 4

394 Bebenhäuser Pfleghof (Ecke
Schulberg/Pfleghofstraße)

Eberhart im Barte gründete 1477 die Universität, die Tübingen einen Namen unter den Städten Mitteleuropas gab. Bald wurde die Universität – bis heute die wichtigste Einrichtung der Stadt – zum Humanistenzentrum und Stützpunkt der Reformation.

Herz der Stadt ist das Rathaus von 1435 (Foto 391), das 1508 aufgestockt und 1598 mit einem Zwerchgiebel (samt astronomischer Uhr von 1511) und der „Huldigungskanzel" bereichert wurde. Die verputzte Fassade wurde 1867 mit prächtigen figürlichen und dekorativen Malereien überdeckt, die in Sgraffito-Technik ausgeführt wurden. Sie folgen süddeutsch-schweizerischen Vorbildern des 16. Jahrhunderts. Das ganze erste Obergeschoss des Rathauses wird von der „Lederbühne", einer zweischiffigen Fachwerk-Pfeilerhalle, beansprucht – heute Sitzungssaal des Gemeinderates.

Am Markt zeigen sich die Giebelfassaden im Wechsel mit Sicht- und Putzfachwerk (Foto 392). Erst die Bauordnungen von 1568 und 1655 schrieben steinerne Erdgeschosse und Trenngänge zwischen den Häusern vor. Giebelständige Fachwerkhäuser sind jedoch immer autonome, frei stehende Skelettbauten, die zwar dicht nebeneinandergereiht sind, sich jedoch nicht berühren – anders als die gemeinsamen Seitenwände (Kommunwände) in den traufständigen Städten.

Außer dem Rathaus gibt es in Tübingen mehrere der für den deutschen Südwesten typischen Fachwerkbauten des Spätmittelalters mit ihren kräftigen Balkengefügen. Früher nannte man sie „alemannisch" (so noch im Dehio von 1997), was heute als politisch nicht korrekt gilt. Ein Beispiel dafür ist der herzogliche Fruchtkasten von 1491 (heute Bürgeramt, Schmiedtorstraße 4, Foto 393). Im Erdgeschoss zeigt die Verzimmerung die Form des „Schwäbischen Männles", ein Ständer wird jeweils kombiniert mit sich überkreuzenden Streben und Gegenstreben – alles angeblattet. Noch älter ist das 1453 datierende „Kornhaus", das heutige Stadtmuseum – allerdings weniger wuchtig als der Fruchtkasten.

395 Bebenhausen, Klosterkirche – Vierungsturm

396 Stiftskirche St. Georg, Detail: Der Geräderte

397 Schloss Hohentübingen von Südwesten

398 Schloss Hohentübingen, Innenhof

Ein weiterer sehenswerter Bau aus der Spätgotik, diesmal teilweise massiv gebaut, ist der Bebenhäuser Pfleghof (Foto 394). Er wurde als Verwaltungssitz, Kelter und Kornspeicher des wenige Kilometer nördlich von Tübingen gelegenen (heute zur Stadt gehörenden) Klosters Bebenhausen errichtet. Die als Schauseite zum Holzmarkt gestaltete Massivecke zeigt die 1501 gebaute Kapelle mit einer Maria mit dem Kind und einem Fenster unter geschweiftem Kielbogen-Baldachin. Die spitzbogigen Fenster verraten den Sakralbau. Die Dreiflügelanlage zeigt einen schönen Innenhof, der in Fachwerk gezimmert wurde.

Eine Besichtigung des landschaftlich schön gelegenen Klosters Bebenhausen ist ein Muss für alle Besucher Tübingens (Foto 395). Selbst europaweit gesehen glänzt Bebenhausen als ehemaliges Zisterzienserkloster wie eine Sonne unter Sternen. Die auf die Romanik zurückgehende Anlage fasziniert mit Bautrakten und Räumen aus verschiedenen Zeiten. Vieles ist spätgotisch. Einen Höhepunkt bildet der Vierungsturm von 1407–09, das Werk des Laienbruders Georg von Salem: Die filigrane Konstruktion bildet ein von Strebepfeilern gestütztes Achteck, das in einen durchbrochenen Maßwerkhelm übergeht – ausnahmsweise ohne Kriechblumen. Der Turm gehört zu den feinsten Beispielen der Gotik schlechthin – wegen seiner Originalität in einem Zug etwa mit der „Recevresse" in Avioth zu nennen.

Die Architektur der Hauptkirche Tübingens, der Stiftskirche Sankt Georg, ist schlicht (siehe Luftbild). Im Wesentlichen datiert sie aus dem 15. Jahrhundert, die Halle wurde erst 1867 gewölbt. Der Chor wurde kurioserweise bis 1547 als Aula der Universität genutzt, danach als Grablege der württembergischen Herzöge. Erwähnenswert sind vom Außenbau die völlig untypischen figürlichen Couronnements (Bogenfelder) der Fenster. Statt einfachem Maßwerk hat man hier richtige Skulpturen geschaffen. So grauenvoll wie bekannt ist die Darstellung eines Geräderten in einem Okulus (Foto 396).

Zuletzt sei auf das Schloss Hohentübingen hingewiesen, Nachfolgebau einer alten Burg, die 1078 im Besitz der Grafen von Tübingen war (Foto 397). Sie wurde ab 1507 zur Landesfestung Herzog Ulrichs ausgebaut und war bis 1550 weitgehend vollendet. In beherrschender Lage über die Stadt zeigt sich das Schloss als geschlossene Vierflügelanlage um einen großen Innenhof (Foto 398). Alle Trakte tragen Fachwerkobergeschosse. Bemerkenswert ist unter anderem die offene vorkragende Hofgalerie mit einem gotisierenden Holzgefüge, die um 1520 datiert. Sie stützt sich auf elegant gebogene Bügen.

PdlR

399 Luftbild von Südosten: in der Bildmitte der Markt, rechts: Schloss und Ilmpark, oben links: das Nationaltheater

WEIMAR

400 Schloss, Südansicht mit Torbau

Weimar ist heute eine Mittelstadt mit annähernd 65 000 Einwohnern. Aber nur wenige Orte dieser Größe sind weltweit so bekannt wie die ehemalige Residenzstadt im Herzen Thüringens. Weimar war und ist eine Kulturhauptstadt, im Jahr 1999 sogar Kulturhauptstadt Europas. Seit dem 16. Jahrhundert lebte und wirkte hier eine Fülle bedeutender Persönlichkeiten. Ihren Zenit erreichte die kulturelle Blüte in den Jahrzehnten um 1800, sie gab einer ganzen Epoche ihre Bezeichnung: Weimarer Klassik. Die aus jener Zeit erhaltenen Kulturstätten gehören seit 1998 zum Weltkulturerbe der UNESCO. 1919 tagte hier im Nationaltheater die Nationalversammlung der ersten deutschen Republik. Sie erhielt damit ihren inoffiziellen Namen „Weimarer Republik". Während des Dritten Reiches wurden nicht nur Teile der Stadt mit einem unvollendeten „Gauforum" entstellt, sondern in unmittelbarer Nähe eine der schlimmsten Terrorfabriken des Regimes installiert: das Konzentrationslager Buchenwald. Schließlich wurde 1945 auch Weimar von Bombenangriffen heimgesucht, das Gesamtbild einer kleinen Residenz blieb jedoch bewahrt.

Die Gegend um Weimar war schon in ur- und frühgeschichtlicher Zeit dicht besiedelt, wie zahlreiche Fundstätten beweisen. Die spätere Stadt (Luftbild 399) hat ihre Wurzeln in einer Grafenburg an dem erstmals 975 als „Wimares" erwähnten Ort. Der Ortsname bedeutet mit seinen germanischen Wortstämmen „wiha" und „mari": „Heiliger Sumpf". Im 11. Jahrhundert gelangte die Burg an das mächtige Adelsgeschlecht der Askanier, die hier als Grafen von Orlamünde-Weimar regierten. Um 1250 erhob Graf Hermann III. von Orlamünde die im Westen der Burg gelegene Siedlung (Suburbium) zur Stadt. Ihre älteste Anlage ist anhand des konzentrischen Straßenverlaufs (v. a. Marktstraße und Schlossgasse) um die Stadtkirche St. Peter und Paul und den Herderplatz noch erkennbar. Sie war lediglich mit einem Wall-Graben-System befestigt. Die Errichtung einer Stadtmauer mit vier Toren erfolgte im Spätmittelalter und erweiterte den Stadtgrundriss. Nun entstand auch der fast

401 Blick von Südwesten auf den Markt, neben dem Stadthaus das Cranachhaus

402 „Grünes Schloss" mit Anna-Amalia-Bibliothek

403 Herderkirche, Luftaufnahme, dahinter das Gymnasium

404 Goethehaus am Frauenplan

quadratische Markt. Ein verbrieftes Stadtrecht wurde erst 1410 verliehen.

Inzwischen war Weimar 1372 in den Besitz der Wettiner gelangt, die hier bis 1918 regieren sollten. Das in Obersachsen und Thüringen gelegene Territorium der Wettiner wurde im Laufe der Jahrhunderte vielfach aufgeteilt. 1485 fiel Weimar an die Ernestiner, die in der hiesigen Burg eine Nebenresidenz einrichteten. Ab 1535 wurde die alte Festung von den Baumeistern Konrad Krebs und Nikolaus Gromann zum Renaissanceschloss umgebaut. Davon kündet heute noch der Torbau mit dem mittelalterlichen Schlossturm (Foto 400). Der Rundturm wurde 1729–32 mit einem barocken Aufsatz erhöht und dominiert die Silhouette der Schlossanlage. Nach 1547 wurde Weimar zur Hauptresidenz Herzog Johann Friedrichs von Sachsen. In seinem Gefolge fand auch Lucas Cranach d. Ä. seinen Weg in die Residenz und starb hier 1553. Sein 1547/49 errichtetes Sterbehaus am Markt (Nikolaus Gromann, Foto 401) weist auf die damalige Bautätigkeit in der mit ca. 3200 Einwohnern immer noch kleinen Residenzstadt hin. Das bisher von Fachwerkhäusern geprägte Stadtbild wurde nun mit repräsentativen Steinbauten bereichert.

Das Schloss erfuhr bis kurz vor dem Ersten Weltkrieg vielfache Um- und Neubauten. Nach dem Brand von 1618 war der Wiederaufbau als regelmäßige Vierflügelanlage italienischer Manier geplant. Der Dreißigjährige Krieg und die weiteren Teilungen der sächsisch-thüringischen Fürstentümer ließen jedoch diese und auch weitere Bauvorhaben unvollendet. Prägend für die heutige Erscheinung des Schlosses sind die um 1800 unter Herzog Karl August erfolgten Umbauten. An diesen waren nicht nur berühmte Baumeister wie Nikolaus Friedrich Thouret und Heinrich Gentz beteiligt, die Schlossbaukommission wurde von Johann Wolfgang von Goethe geleitet. Damals entstand eine Dreiflügelanlage mit einer qualitativ hochwertigen und bis heute erhaltenen Ausstattung. Bis zum (bedauerlichen) Bau des Südflügels (1913/14) öffnete sich der Schlosshof zu einem Landschaftspark, der ebenfalls unter Mitwirkung Goethes im Tal der Ilm angelegt worden war. Hier richtete sich der „Dichterfürst", der seit 1776 als Legationsrat im Dienst des Herzogs Karl August stand, sein berühmtes Gartenhaus ein.

Während der vormundschaftlichen Regierung durch Anna Amalia (1759–75) und der Herrschaft Karl Augusts (1775–1828) entfaltete sich Weimar mit seinen nun ca. 6000 Einwohnern zum Anziehungspunkt für Intellektuelle und damit zu einer Art „Hauptstadt der Geisteswissenschaften". Neben Goethe lebten und arbeiteten hier Christoph Martin Wieland, Johann Gottfried Herder und Friedrich Schiller, außerdem weilten hier u. a. Bettina von Arnim, Wilhelm von Humboldt, Christoph Wilhelm Hufeland, Johann Peter Eckermann, Franz Liszt und Richard Wagner. Die geistige Blüte trug auch Früchte für das äußere Bild der Residenz. Im über dem Ilmpark gelegenen Rokokobau des „Grünen Schlosses" ließ Anna Amalia schon 1761–66 die nach ihr benannte Bibliothek einrichten (Foto 402). Sie bildet mit dem 1774 vollendeten Fürstenhaus und dem palaisartigen Rößlerschen Haus ein Platzensemble, das sich nach Norden hin zu Park und Schloss öffnet und dem Residenzkomplex zugeordnet ist. Die gesamte Ostflanke der Altstadt wird von Residenzbauten bestimmt, so von den klassizistischen Gebäuden des Marstalls, der Wache und des Reithauses. Sie verzahnen die Kernstadt mit dem Ilmpark.

Als reizvollster Platz der Altstadt kann der Herderplatz gelten, der von der spätgotischen Pfarrkirche St. Peter und Paul mit ihrem riesigen Steildach (Foto 403) und dem mächtigen Baukörper des Alten Gymnasiums (1712) beherrscht wird. An den Schmalseiten beeindrucken die Renaissancegiebel des „Sächsischen Hofes" und vor allem derjenige des Deutschritterhauses von 1566 – hier befand sich vermutlich das älteste Rathaus. Das heutige Rathaus steht im bürgerlichen Zentrum der Stadt, dem Markt. Das im Prinzip klassizistische, neugotisch dekorierte Rathaus von 1841 ersetzte den im 16. Jahrhundert errichteten Vorgänger. Dieser sprang als Giebelhaus weit in den Platz vor und zeigte einen Giebel, der dem des gegenüberliegenden Stadthauses (ab 1526) mit seinen Maßwerkmotiven ähnlich war. Stadthaus und Markt-Nordseite sind Rekonstruktionen, die noch zu DDR-Zeiten initiiert wurden. Seit dem Wieder-

405 Bauhaus-Universität, Hauptgebäude

aufbau der Nordseite (1989–94) präsentiert sich der Markt wieder als geschlossener Stadtraum mit zahlreichen Renaissancefassaden. An der Nordseite steht die rekonstruierte Hofapotheke (1567) mit ihrem reizvollen Erker. Er besteht aus den nach 1945 geborgenen Originalteilen.

In der Altstadt gibt es noch eine Fülle alter Bürgerbauten aus Renaissance, Barock und Klassizismus zu entdecken. Ein Kleinod der thüringischen Fachwerkarchitektur ist die Geleitschänke von 1546 mit ihrem kräftigen, noch gotischen Balkenwerk. Zahleiche Häuser tragen Gedenktafeln mit Hinweisen auf bedeutende Persönlichkeiten. Hier sind das Schillerhaus und das berühmte Goethehaus am Frauenplan (Foto 404) als hochrangige Zeugen der Kulturgeschichte selbstverständlich an erster Stelle zu nennen. Ihnen zur Seite tritt das Wittumspalais. In diesem Spätbarockpalais lebte Anna Amalia von 1774 bis zu ihrem Tod im Jahr 1807.

Die Stadterweiterungen der ersten Hälfte des 19. Jahrhunderts sind von den klassizistischen Bauten des Architekten Clemens Wenzeslaus Coudray geprägt. Zu seinen Werken gehört auch die 1823–28 errichtete Fürstengruft. Hier liegen neben Angehörigen des Weimarer Fürstenhauses auch Johann Wolfgang von Goethe und Friedrich von Schiller begraben.

Weimar kann sich gleich zweier Welterbetitel der UNESCO erfreuen: neben den Stätten der Weimarer Klassik auch die Bauten des Bauhauses (seit 1996). Die berühmte Schule für Architektur und Gestaltung wurde 1919 in Weimar gegründet. Hauptgebäude der heutigen Bauhaus-Universität ist die bereits 1906–09 nach Entwurf von Henry van de Velde errichtete Kunstgewerbeschule (Foto 405) – einer der „Gründerbauten" der Moderne des 20. Jahrhunderts.

EA

406 Feldherrenviertel mit Ringkirche

WIESBADEN

407 Marktplatz mit Rathaus-Rückfassade (links) und Marktkirche

Die große Ausnahme unter den deutschen Städten bildet Wiesbaden: ein sehr alter Ort mit ursprünglich mehreren römischen Kastellbädern (die heißen Quellen waren die Grundlage der Siedlungen), zugleich aber fast ohne eigentliche Altstadt, weder Mittelalter noch Barock – stattdessen Klassizismus und eine überwiegend historistische Bebauung, die allerdings im Herzen der Stadt nach den Zerstörungen im Zweiten Weltkrieg kein Flächendenkmal darstellt (Foto 406).

Dass Wiesbaden in dieses Buch überhaupt Aufnahme fand, war nur dank der großflächig intakt gebliebenen Wohnviertel, insbesondere der gründerzeitlichen, die seit dem Untergang Berlins 1944–45 zum „bedeutendsten Stadtdenkmal des Historismus in Deutschland" (Gottfried Kiesow) geworden sind.

Wer also ältere Architektur in Wiesbaden sucht, wird entsprechend enttäuscht sein. Wer allerdings die Formensprachen des 19. Jahrhunderts schätzt – wie sie auch überall in der westlichen Welt, von Lissabon bis Prag, von Buenos Aires bis Montreal, geübt wurden –, wird sich hier wohlfühlen.

Ein unregelmäßiger Grundriss findet sich nur im Bereich der Reste einer „Altstadt" (so Graben-/Goldgasse), wobei Ecken wie Weber-/Langgasse nur noch misslungene Lösungen der Nachkriegszeit zeigen. Der Wunsch des 19. Jahrhunderts, überall ein regelmäßiges Straßennetz zu schaffen, wurde in mehreren Phasen erfüllt.

Das Stadtherz zeigt das Ensemble von Rathaus, Marktkirche und Schloss (Foto 407). Das Rathaus von 1883–87 war ein pompöser, mehr schlecht als

408 Neues Kurhaus, Fassade

409 Brunnenkolonnade

recht proportionierter Bau, dessen Neorenaissance-Hauptfassade zum Schloss 1945 schwer beschädigt und teilweise modern wiederhergestellt wurde – immerhin nahm diese Veränderung dem Bau viel von seinem übertriebenen Pathos. Die Rückfassade ist besser erhalten und war schon immer weniger pathetisch – auf dem Foto erkennt man links der Rückfassade einen Trakt der 1950er-Jahre. Die Marktkirche von 1852–62 ist ein eigensinniger klassizistischer Baukörper, im Gewand einer wortwörtlich überspitzten, vieltürmigen Neogotik, handwerklich makellos in Backstein und Ton ausgeführt. Das ehemalige Herzogliche Residenzschloss, heute Landtag (auf dem Foto nicht sichtbar), entstand 1837–41. Seine weiß gestrichenen Putzfassaden wirken wie gekappt – es handelt sich dabei nicht etwa um ein im Krieg verlorengegangenes Dach, sondern um den unschlüssigen, ursprünglich so vorhandenen Fassadenabschluss.

In der Nähe des beschriebenen Ensembles entfaltet sich der Kurort Wiesbaden: Kurhaus, Brunnenkolonnade (Fotos 408 und 409), Theaterkolonnade, alles um eine rechteckige Wiese mit großen Bassins und Fontänen. Das Kurhaus entstand 1904–07 als Ersatz eines Vorgängers von 1808 und zeigt sich spät-neuklassizistisch. Die Wandelhalle unter der Rundkuppel beeindruckt durch ihre Monumentalität. Die Brunnenkolonnade entstand 1826/27 zur Unterbringung von exklusiven Läden. Die Theaterkolonnade gegenüber ist kaum jünger. Hinter dem Kurhaus befindet sich der schöne Kurpark.

Kurz nach 1800 fing der Aufstieg Wiesbadens zum internationalen Luxus- und Modebad an, zum Treffpunkt der Hautevolee. Der noch um jene Zeit etwa 2500 Seelen zählende Ort hatte um 1900 bereits 100 000 Einwohner – ein unglaubliches Wachstum, begleitet von fieberhafter Bautätigkeit. Eine gut erhaltene Fein-Adresse der Badekultur ist das Kaiser-Friedrich-Bad von 1910–13.

Von der frühen Periode klassizistischer Architektur zeugt unter anderem der Luisenplatz. Das rechte Eckhaus an der Rheinstraße von 1835 ist zeittypisch (Foto 410), nicht zuletzt die gusseisernen Balkone sprechen dafür – zur selben Zeit hat man beispielsweise in Brasilien dasselbe gemacht.

Noch internationaler war der historische Bau von Kaufhäusern, wie das 1906 an der Kreuzung Friedrichstraße/Kirchgasse für die Firma Baum gebaute (Foto 411). Hier wird Wiesbaden zu einem Nicht-Ort. Man hätte dieselbe Aufnahme an mehreren Straßenkreuzungen von Rosario, Argentinien, machen können. Damit die Dimension dieses Problems klar wird, sei daran zurückgedacht, dass deutsche, französische, italienische oder spanische Gotik, Renaissance oder Barock trotz aller Einflüsse nicht zu verwechseln sind – so stark waren vor 1800 die Lokaltraditionen ausgeprägt – etwas durchaus Positives, will man nicht weltweit immer das Gleiche vorfinden. Vor allem wollte niemand vor 1800 „national" bauen,

410 Ecke Luisenplatz 1/Rheinstraße
411 Kaufhaus Friedrichstraße/Kirchgasse

412 Ringkirche von Westen

Länder und Regionen waren einfach unterschiedlich, ohne ideologische Last. Vielleicht ist in diesem Zusammenhang die Erinnerung daran nützlich, dass es im 17. oder 18. Jahrhundert nicht einmal den Jesuiten als Gründern der ersten „globalen Welt" gelang, überall gleichmäßig zu bauen.

Innerhalb der extremen Palette an Stilvarianten, die das insgesamt gesehen völlig eklektizistische Wiesbaden anzubieten hat, findet man selbstverständlich auch lokale bzw. „nationale" Varianten. Die „Ringkirche" von 1892–94 ist ein gutes Beispiel dafür (Foto 412). In neoromanisch-neogotischer Formensprache errichtet, zeigt sie einen neuartigen Grundriss, behält aber den „rheinischen" Dialekt und vielerlei deutscher Motivik, so die zusammengeschweißten Türme (im Mittelalter für Nord- und Süddeutschland mehrfach belegt). Das Meer von gründerzeitlichen Häusern um die Ringkirche ist, zusammen mit allen gut erhaltenen Wohnvierteln Wiesbadens, ein beeindruckendes flächendeckendes Denkmal der Zeit, die Kiesow als das „verkannte Jahrhundert" bezeichnete.

So sehr eine Kritik an den Launen des Historismus legitim ist – was heute allerdings nicht politisch korrekt bzw. nicht mehr zeitgemäß erscheint –, so sind die technischen Fortschritte, der neue Komfort und die neue Räumlichkeit eindeutige Eroberungen des 19. Jahrhundert Selbst ästhetisch gesehen waren die Stilmischungen ebenfalls ein Novum, sodass es weitgehend grundlos ist, vermeintliche „Stilkopien" zu monieren.

Und nicht zu vergessen: „Das 19. Jahrhundert mit seiner Lust an allem Antiquarischen bildete die Kunstgeschichte heraus"! (Benno Schubinger).

PdlR

413 Luftaufnahme von Südosten. Die Platzfolge Holzmarkt – Reichsstraße – Kornmarkt verläuft diagonal. Bildmitte: Hauptkirche, unten: St. Trinitatis, oben: Schlossplatz

WOLFENBÜTTEL

414 Schloss, Hauptfassade

Als die mittelalterliche Großstadt Braunschweig mächtig und reich geworden war, verlegten die dort herrschenden Welfenherzöge ihre Residenz sukzessive in das benachbarte Wolfenbüttel. Im Jahr 1432 war der Prozess abgeschlossen, die dortige Wasserburg war nun für die folgenden drei Jahrhunderte Hauptsitz des Fürstentums Braunschweig-Wolfenbüttel. Die benachbarte Siedlung war damals allerdings noch keine Stadt. Diese entstand unter fürstlicher Regie erst im späten 16. Jahrhundert, und nun planmäßig. So haben wir mit Wolfenbüttel eine der seltenen in Deutschland entstandenen Planstädte der frühen Neuzeit vor uns (Luftbild 413). Ihr Stadtgrundriss ist einschließlich eines Großteils der Bebauung aus der Renaissance- und Barockzeit erhalten. Der Charakter einer einst kleinen, aber kultivierten Residenz ist hier noch deutlich spürbar.

Der heutige Stadtname wurde erstmals 1118 erwähnt, allerdings als Personenname: Widekindus de Wulferesbutle. Die Burg taucht seit 1192 in der Geschichtsschreibung auf, damals wurde sie vom späteren Pfalzgrafen Heinrich (Sohn Heinrichs des Löwen) belagert und verwüstet. Nach 1255 gelangte die am Flüsschen Oker gelegene Niederungsburg in welfischen Besitz. Über ihre mittelalterliche Baugeschichte ist nur wenig bekannt. Sie bestand aus einer Kernburg, der eine weiträumige Vorburg zugeordnet war. Der nordöstliche Eckturm dieser Vorburg, der Hausmannsturm, zeigt noch einen mittelalterlichen Kern, genauso wie Teile der im späteren Schloss (Foto 414) aufgegangenen Ringmauern und der mächtige Gebäudeflügel im Südwesten des Schlosshofes. Im frühen 16. Jahrhundert bot die Burg mit ihren zahlreichen Turmspitzen und in Fachwerk errichteten Gebäudeteilen einen prächtigen Anblick, wie ein 1542 von Cranach geschaffener Holzschnitt mit einer Darstellung der Belagerung im Schmalkaldischen Krieg beweist. Nun ließen die Herzöge Heinrich d. J., Julius und Heinrich Julius ein Renaissanceschloss entstehen, dessen Gestalt bei Merian überliefert ist. Krönender Abschluss dieser Bautätigkeit ist der wundervolle Aufsatz des Hausmannsturms von 1614. Das Meisterwerk der gewaltigen Schlosskapelle, schon in den 1550er-Jahren errichtet, fiel leider 1795 dem Abbruch anheim. Unter dem kunstsinnigen Herzog Anton Ulrich begann 1690 die barocke Überformung der Residenz. Die verschiedenen Gebäudeteile wurden von einer vereinheitlichenden Fachwerkfassade umhüllt, als letzter Schritt dieser Maßnahme entstanden 1714–16 das Prachtportal und die Schlossbrücke mit ihren Statuen. Die Fachwerkfassade erhielt eine Gliederung durch Pilaster und Gesimse und soll den Eindruck eines barocken Massivbaus erwecken – eine seinerzeit nicht nur im Fürstentum Braunschweig-Wolfenbüttel gängige Praxis. Der schöne hölzerne Arkadenhof aus der Renaissancezeit (Foto 415) wurde verändert

415 Schlosshof

416 Zeughaus, Ansicht von Südwesten

platzes nicht der hochrangigen Bebauung. Er zerfällt in zusammenhanglose Flächen. Weniger Grün wäre hier mehr.

Die eigentliche Altstadt Wolfenbüttels liegt im Osten der ehemaligen Schlossfestung. Sie ist aus der Neustadt „Zu unserer lieben Frauen" hervorgegangen, die dortige Marienkapelle wurde 1301 erstmals genannt. Herzog Julius gründete an ihrer Stelle 1570 die Heinrichstadt, die schon wenige Jahre später im Osten mit der Neuen Heinrichstadt erweitert wurde. Die Bemühungen des Herzogs, die Residenz in Konkurrenz zu Braunschweig als Handelsmetropole auszubauen, konnten nicht realisiert werden. Auf dem Reißbrett entstanden umfassende, aber nie ausgeführte Idealstadtplanungen. Auch die Heinrichstadt erhielt eine mächtige Bastionärbefestigung, die sich heute in schönen Grünanlagen widerspiegelt. In der frühen Neuzeit war Wolfenbüttel eine der größten norddeutschen Festungen, sie breitete sich wie ein Sperrriegel im seichten Okertal aus. Übrigens wurden die verschiedenen Stadtquartiere der Residenz, zu denen auch die im Osten der Neuen Heinrichstadt gelegene Juliusstadt und die 1652 gegründete Auguststadt im Westen der Schlossfestung gehörten, erst 1747 zur einheitlichen Stadtgemeinde zusammengeschlossen.

417 Hauptkirche Beatae Mariae Virginis, Südfassade

418 Hofbeamtenhäuser an der Reichsstraße

und aufgestockt. Die barocken Innenräume gehören zu den besten ihrer Art in Nordwestdeutschland.

Das Schloss bildet den Mittelpunkt der einstigen Dammfestung, die im späten 16. Jahrhundert von mächtigen Steinbastionen umgeben wurde, wovon Reste erhalten sind. Um den weiten Schlossplatz sind einige der wichtigsten Residenzbauten errichtet: das dem genialen Renaissancearchitekten Paul Francke zugeschriebene Zeughaus (ab 1613, Foto 416), das riesige Fachwerk-Proviantmagazin (1659–62), das Kleine Schloss und gediegene Hofbeamtenhäuser des Barock. Die einzigartige Bibliotheksrotunde von Hermann Korb (1706–11), ein Bauwerk von europäischer Bedeutung, ist leider 1887 beseitigt worden. Die berühmte Herzog-August-Bibliothek residiert heute in einem Neorenaissancebau und im dafür ausgebauten Zeughaus. Leider entspricht die Platzgestaltung des Schloss-

419 Stadtmarkt von Süden, in der Bildmitte das Rathaus

Der weitgehend regelmäßige Stadtgrundriss der einstigen Heinrichstadt ist von einer ungewöhnlich großzügigen, in Ostwestrichtung ausgerichteten Platzfolge dominiert. Sie wird von einer Nord-Süd-Straßenachse gequert, welche über das einstige Herzogtor die Verbindung nach Braunschweig herstellt. Im Verlauf der Platzfolge finden sich die beiden wichtigsten Sakralbauten Wolfenbüttels. Die barocke Trinitatiskirche, ein weiteres Werk Korbs, schließt sie am Holzmarkt im Osten prospektartig ab. Das 1719 geweihte Bauwerk erhebt sich über den Resten eines ursprünglichen Stadttors. Dieses Kaisertor war bis 1650 der wichtigste Zugang in die Heinrichstadt. Ein absolutes Meisterwerk ist die Hauptkirche Beatae Mariae Virginis (Foto 417). Vom genialen Paul Francke entworfen und 1608 begonnen, stellt sie eines der wenigen und besten Zeugnisse des lutherischen Großkirchenbaus im Jahrhundert nach der Reformation dar. In Grund- und Aufriss scheint noch die Gotik durch: eine dreischiffige Halle mit Querarmen und polygonal schließendem Chor, das Innere mit Kreuzrippen gewölbt. Strebepfeiler, spitzbogig schließende Fenster und Jochgiebel bestimmen den Außenbau. Das Ganze ist in der Formensprache der nordischen Spätrenaissance dekoriert, wobei klassische Säulenordnungen an den Portalen und am eindrucksvollen Giebelkranz mit reichsten Dekorationen von Beschlagwerk- und Ohrmuschelornamenten angereichert sind. Hinzu kommt eine Vielzahl figürlicher Plastiken. Als die Arbeit an der Kirche 1660 vorläufig beendet wurde, fehlte noch der Turmaufsatz. Leider kam Franckes grandios konzipierter Abschluss nicht zur Ausführung, seit 1750/51 erhebt sich über dem unvollendeten Turm ein Laternenhelm. Gegenüber der Hauptkirche ziert eine geschlossene Reihe stattlicher, zumeist um 1600 entstandener Fachwerkhäuser die Nordseite von Kornmarkt und Reichsstraße (Foto 418). Sie repräsentieren einen für die Residenzstadt charakteristischen Bautyp: das Hofbeamtenhaus. Es handelt

420 Holzmarkt, Bürgerhäuser

421 Fachwerkhaus mit steinernem Laubengang am Krambuden

epochaler Verlust. Aber in der Innenstadt von Wolfenbüttel hat das Fachwerk noch immer die Oberhand. Besonders schön zeigt sich dies am Stadtmarkt, dem weiträumig und fast ausschließlich von Fachwerkgebäuden umsäumten Platz (Foto 419). Hier zieht vor allem das übereck errichtete Rathaus (1599–1608) die Blicke auf sich, dessen Restaurierung von 1989 bis 1992 großartige Befunde zur Farbgestaltung von Renaissancefachwerkbauten erbrachte. Überall in den Altstadtstraßen sind weitere Hofbeamtenhäuser, aber auch die Fachwerkbauten einstiger Handwerker und Händler zu finden – insgesamt über 500 (Foto 420). Besonders reizvoll ist die Bebauung am Krambuden. Dort befindet sich eine Häuserzeile mit durchgehendem Laubengang (Foto 421). Nachdem Herzog Carl I. die Residenz 1753/54 nach Braunschweig zurückverlegt hatte, blieb das Stadtbild vielfach unverändert. Der riesige mittelalterliche Stadtkern Braunschweigs, ein unersetzliches Weltkulturerbe, fiel dagegen 1944 dem Zerstörungswahn zum Opfer.

EA

sich um breite Traufenhäuser mit jeweils zwei übergiebelten Ausluchten oder Erkern, welche die Fassadenenden betonen. Damit erhielten die Häuser einen aristokratischen Habitus. Erker und Giebel schließen die Häuserzeilen zu eindrucksvoller Ensemblewirkung zusammen. Die barocken Hofbeamtenhäuser aus dem 18. Jahrhundert geben sich in schlicht-eleganten Proportionen. Ihre Fachwerkfassaden sind nach dem Vorbild des zeitgenössischen Massivbaus gestaltet. Einen Riesengewinn könnte die Wiedererschaffung der einstigen Gracht an der Reichsstraße bringen: Möglichkeiten zu einer fühlbaren Aufwertung des kostbaren Stadtbildes.

Fachwerk war bis in das 19. Jahrhundert die vorherrschende Bauweise im Fürstentum Braunschweig-Wolfenbüttel. Selbst landesherrliche Bauvorhaben wurden in Fachwerk ausgeführt, so die Bibliotheksrotunde, der barocke Schlossumbau und das seinerzeit viel beachtete Lustschloss im nahegelegenen Salzdahlum. Sein Abbruch in den Jahren 1811–13 ist ein

SCHLUSSBEMERKUNG

Wie im Vorwort erwähnt wäre der Wunsch der Autoren, dass der vorliegende Band nur der erste von mehreren ist, die einen fundierten Einblick in das erhaltene gebaute Erbe des heutigen Deutschlands gewähren könnten. Die im Zweiten Weltkrieg unzerstörten Orte sind heute meist klein – aber in früheren Jahrhunderten oft blühende und in ihrer Größe und Bedeutung für historische Verhältnisse nicht zu unterschätzen. Diese Orte sind sehr zahlreich, die geschichtlich gesehen mittelgroßen gehen in die Hunderte, die kleinen in die Tausende.

Es gibt in Deutschland gut erhaltene und schöne kleine Orte, die beachtliche, wichtige Denkmäler beherbergen – als Beispiele unter unzähligen seien hier erwähnt: Meisenheim am Glan (heute ca. 2300 Einwohner) mit seiner Schlosskirche oder Arolsen (zzt. ca. 15 000 Einwohner) mit seinem ausgedehnten, beeindruckenden Schloss. Und es gibt natürlich ländliche Orte, die sich sehr spät als kleine Gemeinde etwa aus einem Kloster entwickelt haben, wie das Weltkulturerbe Maulbronn oder Bad Doberan. Die Kunst ist nicht groß, weil die Orte groß sind.

Was in Deutschland seit dem Krieg bitter fehlt, ist die Gruppe der Großstädte, die eine flächenmäßige alte Bebauung aufweisen mit all dem durch nichts zu ersetzenden Charme einer langen Geschichte. Bei Städten wie Stuttgart, Frankfurt, Köln oder Dortmund ist ironischerweise der Traum wahr geworden, der im 20. Jahrhundert von Le Corbusier für Paris geträumt wurde: Abriss alles Alten bei Bewahrung solitärer „Denkmäler", Inseln inmitten einer modern gestalteten Welt.

Andererseits ist dieser Sachverhalt nicht einfach so, dass im Krieg stark zerstörte Städte per se heute weniger interessant oder gar weniger „schön" als unzerstörte wären. Was ihnen natürlich fehlt, ist die Dichte der Flächendenkmäler.

Zum Thema Zerstörung: Diese fiel im Zweiten Weltkrieg recht unterschiedlich aus. Es gibt Städte, in denen wie in Rothenburg ob der Tauber ein Drittel der historischen Bebauung verlustig ging – dabei jedoch nichts Wesentliches. Dort ist dies außerdem durch die Art des Wiederaufbaus weitgehend geheilt. Als mittelalterliches Denkmal beeindruckt Rothenburg heute noch gewiss mehr als etwa das kriegsverschonte Nördlingen. Und dies basiert sicher nicht auf einer „Fälschung", sondern sachlich auf der noch intakten Substanz Rothenburgs und seiner herrlichen topografischen Situation.

An einigen Orten, die bis heute zu Recht als historische Altstädte gelten können, wurden gezielt ausgerechnet die jeweiligen Hauptkirchen zerstört: Minden in Westfalen, Kempen oder Schneeberg. Für klar begrenzte Zerstörungsbereiche liefert Ingolstadt ein gutes Beispiel. Dort ging das Areal zwischen Rathausplatz und Burg verloren, sonst ist die Altstadt nach wie vor als Flächendenkmal anzusehen. Dass es im zerstörten Gebiet regenerationsfähige Substanz gab, die der Moderne weichen musste, ist auch Fakt. Auch im nur zu 20 % kriegszerstörten Reutlingen ging ein Areal um das Rathaus unter, die Neubauten dort stellen für die Altstadt regelrechte Störfaktoren dar. Das „alte" Rathaus war nur ein schwacher Bau von 1874, es hat aber dem Stadtbild keine Gewalt angetan.

Andererseits wurden unzerstört gebliebene Städte wie Fürth bei Nürnberg Opfer einer leichtsinnigen „Altstadtsanierung": dort verschwand in den 1970er-Jahren die südwestliche Altstadt. Ein ähnlicher Fall in der DDR war Greifswald.

Punktuelle Verluste sind in kostbaren Altstadtstrukturen zu beklagen, in den alten Bundesländern meist durch den Bau von Sparkassen sowie Kauf- und Parkhäusern verursacht. Beispielsweise in Göttingen sind solche Bausünden zu bedauern, aber seine bedeutende Altstadt hätte durchaus einen Platz in diesem ersten Band finden können. Sie wartet auf eine folgende Publikation (Foto 422). Der Erhalt des Bestandes ist eine in kleineren Orten prinzipiell leichter zu bewältigende Aufgabe, wenn auch die Natur dieser Probleme dort ebenfalls nicht einfach ist. Zeugnisse des Mittelalters sind glücklicherweise überall im Land verstreut, Wertheim wartet wie Göttingen auf seine Darstellung in einem künftigen Band (Foto 423).

Als Autoren haben wir uns vorgenommen, die Freude am Erhaltenen mit möglichst vielen Lesern zu teilen.

Pablo de la Riestra, im August 2015

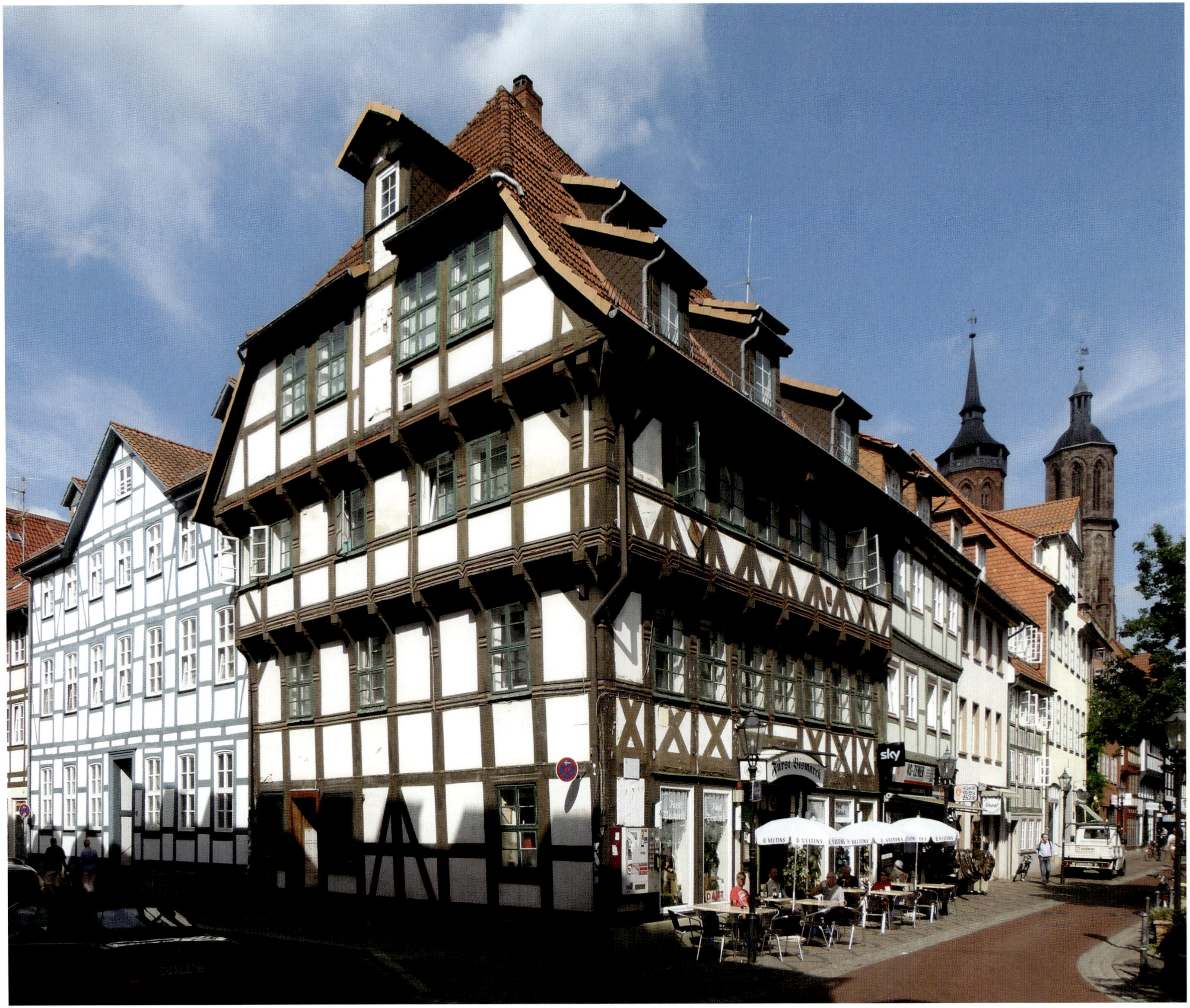
Fürst Bismarck
sky

423 WERTHEIM, Tauberfront der Stadt mit Rotem Turm, Camererschem Gartenhaus und Burg

Seite 272: 422 GÖTTINGEN, Ecke Papendiek/Johannisstraße mit Türmen der Johanniskirche

BIOGRAFISCHES

Elmar Arnhold (*1964) studierte an der Technischen Universität Braunschweig Architektur und erlangte hier 1993 das Diplom. Sein Interessenschwerpunkt ist die Baugeschichte vorindustrieller Epochen, insbesondere die Themen historischer Städtebau, Bürgerhäuser und Fachwerkarchitektur. Auf den Studienabschluss folgte eine zehnjährige Tätigkeit in einem Braunschweiger Architekturbüro für historische Bauforschung und Sanierung.

Seit 2003 arbeitet er als freiberuflicher Bauhistoriker. Sein ebenfalls in Braunschweig beheimatetes Büro, die „Arbeitsgemeinschaft gebautes Erbe", widmet sich verschiedenen Arbeitsfeldern. Schwerpunkte sind weiterhin die Bauaufnahme und Bauforschung, hinzu kommt die Erarbeitung virtueller, rechnergestützter Rekonstruktionen von nicht mehr existierenden Architekturen. So entstand, in Zusammenarbeit mit dem Museum im Schloss Wolfenbüttel, eine Computeranimation des ehemaligen Lustschlosses Salzdahlum. Weiterhin befasst sich „gebautes Erbe" mit der Konzeption und Gestaltung von Ausstellungen zu architekturgeschichtlichen Themen. Kooperationspartner sind Museen, die TU Braunschweig sowie Spezialisten für die 3D-Darstellung und Modellbauer.

Seit 2009 ist Arnhold auch als Buchautor zu baugeschichtlichen Themen tätig. Als Autor und Mitherausgeber der Reihe „Arnhold & Kotyrba Architekturführer" konnte er in diesem Rahmen bisher über 30 Veröffentlichungen realisieren. Neben den regionalen Themen, die das Braunschweiger Land und den Harz umfassen, enthält die Reihe auch Titel zu Denkmalkomplexen wie dem Wörlitzer Park oder in Dresden.

Pablo de la Riestra (*1953) absolvierte in Argentinien ein Studium der Bildenden Künste und übersiedelte 1985 nach Deutschland, wo er 1990 als Dr. phil. an der Philipps-Universität Marburg promovierte. Zwischen 1995 und 2008 war er regelmäßig als Lehrbeauftragter des Kunsthistorischen Instituts der Universität Heidelberg tätig – darüber hinaus an verschiedenen Universitäten von Brasilien, Argentinien und Spanien aktiv. Sein Spezialgebiet ist deutsche Architekturgeschichte (insbesondere die Spätgotik), jedoch auch die historische Architektur Spaniens und Portugals – samt ehemaligen Kolonien. Seit mehr als drei Jahrzehnten bereist er zu Studienzwecken unermüdlich ganz Europa und Südamerika und hält sich immer für mehrere Monate im Jahr in Brasilien und Argentinien auf. Bei diesen Reisen hat sich ein großes Fotoarchiv gebildet, das stets wächst und professionell bearbeitet wird. Schwerpunkte dieser Bestände sind unter anderem Jesuitenarchitektur der Alten und Neuen Welt sowie historische Orte Brasiliens.

Als profunder Kenner vieler Städte der Welt und ihrer Geschichte wirft Pablo de la Riestra einen verschärften und vergleichenden Blick auf die Architekturbestände Deutschlands und setzt sich kritisch mit dieser Thematik auseinander, auch mit Zerstörung und Wiederaufbau.

De la Riestra hatte 1985–2007 seinen Hauptwohnsitz in Marburg, seit 2001 ein Atelier in Nürnberg; 2007 ist er ganz nach Nürnberg gezogen. Auch als Architekturzeichner bekannt, hat er bei verschiedenen Verlagen zahlreiche Publikationen mit seinen Illustrationen in Deutschland, der Schweiz und Brasilien veröffentlicht – zuletzt im Mai 2015 „Madeira – Historische Bauten". Beim Husum Verlag ist 2013 das Buch „Lüneburg, die historische Altstadt" erschienen, das aus seiner Initiative in Zusammenarbeit mit dortigen Autoren entstand.

BILDNACHWEIS

Pablo de la Riestra, Nürnberg:
2, 3, 4, 5, 6, 7, 8, 9, 10, 11, 12, 13, 14, 15, 16, 17, 18, 19, 20, 21, 22, 23, 24, 25, 26, 27, 28, 30, 31, 32, 33, 36, 37, 38, 39, 40, 41, 43, 44, 45, 46, 47, 48, 49, 52, 53, 54, 55, 56, 57, 58, 59, 62, 63, 64, 65, 66, 69, 70, 71, 72, 73, 74, 75, 76, 78, 79, 80, 81, 82, 83, 84, 86, 87, 90, 91, 93, 94, 96, 97, 98, 101, 102, 103, 104, 105, 106, 108, 110, 112, 114, 116, 118, 119, 120, 121, 123, 124, 125, 126, 127, 128, 129, 130, 133, 134, 135, 136, 137, 138, 148, 151, 152, 154, 155, 156, 157, 158, 159, 162, 163, 164, 165, 166, 167, 168, 170, 171, 173, 174, 175, 176, 177, 178, 179, 181, 182, 183, 184, 185, 186, 188, 189, 190, 191, 192, 193, 195, 196, 197, 198, 199, 200, 201, 202, 203, 204, 206, 207, 208, 209, 210, 211, 212, 213, 214, 217, 218, 219, 220, 221, 223, 224, 225, 226, 227, 228, 230, 231, 232, 233, 234, 235, 239, 240, 241, 242, 243, 244, 245, 247, 248, 249, 250, 251, 252, 253, 255, 256, 257, 258, 259, 260, 261, 262, 282, 283, 284, 285, 286, 287, 288, 289, 290, 292, 293, 294, 295, 296, 297, 304, 308, 309, 310, 311, 313, 315, 316, 317, 318, 319, 320, 322, 323, 324, 325, 326, 327, 328, 329, 339, 340, 341, 342, 343, 344, 345, 346, 347, 348, 350, 351, 352, 353, 354, 356, 357, 361, 363, 365, 367, 368, 369, 370, 372, 373, 374, 375, 376, 377, 378, 379, 380, 383, 387, 388, 389, 391, 392, 393, 394, 395, 396, 397, 398, 407, 408, 409, 410, 411, 412, 415, 421, 422, 423

Hajo Dietz, Nürnberg:
1, 8, 15, 26, 29, 34, 35, 42, 50, 51, 60, 61, 67, 68, 77, 85, 88, 92, 99, 100, 109, 122, 132, 139, 140, 141, 142, 143, 144, 145, 146, 147, 149, 150, 153, 160, 161, 169, 180, 187, 194, 205, 215, 216, 222, 229, 238, 246, 254, 263, 274, 275, 276, 277, 278, 279, 280, 281, 291, 298, 307, 312, 314, 321, 330, 336, 337, 349, 355, 358, 359, 360, 362, 371, 382, 390, 399, 400, 401, 402, 403, 404, 405, 406, 413

Elmar Arnhold, Braunschweig:
113, 115, 117, 264, 265, 266, 267, 268, 269, 270, 271, 272, 273, 299, 300, 301, 302, 303, 305, 306, 331, 332, 333, 335, 414, 416, 417, 418, 419, 420
Deutschlandkarten zur Zerstörung und zum Unzerstörten Erbe

Theo Noll, Nürnberg:
89, 95, 107, 131, 172, 236, 237, 338, 366, 381, 358, 386
Bearbeitung aller Fotos dieses Bandes (bis auf die Fotografien von Hajo Dietz und Sándor Kotyrba)

Sándor Kotyrba:
111, 364

Hans-Christian Krass, Berlin; Staatliche Kunstsammlungen Dresden:
384

INHALTSVERZEICHNIS

VORWORT (Pablo de la Riestra)	5
VORWORT (Elmar Arnhold)	8
KARTE DER ZERSTÖRTEN ORTE	10
KARTE DES HIER BEHANDELTEN UNZERSTÖRTEN ERBES	10
ANSBACH	11
BAD MÜNSTEREIFEL	15
BAMBERG	19
CELLE	25
COBURG	30
DINKELSBÜHL	36
DUDERSTADT	40
EICHSTÄTT	46
ERFURT	51
ESSLINGEN am Neckar	58
FREIBERG	63
GELNHAUSEN	68
GÖRLITZ	72
GOSLAR	78
HANN. MÜNDEN	84
HEIDELBERG	89
JÜTERBOG	93
KONSTANZ	98
LANDSBERG am Lech	103
LANDSHUT an der Isar	107
LEMGO	113
LIMBURG an der Lahn	119
LUDWIGSBURG	123
LÜNEBURG	127
MARBURG an der Lahn	134
MEISSEN	140
MONSCHAU	145
MÜHLHAUSEN	149
NAUMBURG	155
NÖRDLINGEN	160
PASSAU	165
QUEDLINBURG	170
RAVENSBURG	176
REGENSBURG	180
ROTTWEIL	187
SALZWEDEL	192
SCHLESWIG	197
SCHWÄBISCH GMÜND	202
SCHWÄBISCH HALL	206
SCHWERIN	211
SOEST	216
SPEYER	223
STADE	228
STOLBERG im Harz	233
STRALSUND	238
TORGAU	245
TÜBINGEN	250
WEIMAR	255
WIESBADEN	260
WOLFENBÜTTEL	265
SCHLUSSBEMERKUNG	271
BIOGRAFISCHES	274
BILDNACHWEIS	275